Ich bedanke mich bei Norbert Laugwitz, meiner Mutter und den anderen Helfern beim Korrekturlesen für ihre Anregungen.

Conrad, Jo:
Wendungen – über den Umgang mit Ängsten im neuen Jahrtausend/
Bignose Media – Worpswede/2004

ISBN: 3-933718-02-3

Umschlaggestaltung und Satz: Jo Conrad

1. Auflage August 2004
2. Auflage Februar 2005

JO CONRAD

Wendungen

Über Hintergründe des Weltgeschehens
und den Umgang mit Ängsten

Inhalt

Zitate

Vielleicht kann ich die Wahrheit finden, indem ich die Lügen vergleiche.
(Leo Trotzki)

Willst du den Charakter eines Menschen erkennen, so gib ihm Macht.
(Abraham Lincoln)

Glaube denen, die die Wahrheit suchen, und zweifle an denen, die sie gefunden haben.
(André Gide)

Es wird niemals so viel gelogen wie vor der Wahl, während des Krieges und nach der Jagd.
(Otto von Bismarck)

Je weniger die Leute davon wissen, wie Würste und Gesetze gemacht werden, desto besser schlafen sie.
(Otto von Bismarck)

Wahrheit und Freiheit sind unlösbar miteinander verbunden. Nur in der Freiheit kann man die Wahrheit erkennen, und nur wer sich der Erforschung der Wahrheit widmet, wird wirklich ein freier Mensch sein.
(Ernst Reuter)

Am Anfang war das Vorwort

Viele Menschen haben Ängste. Laut einer WHO-Studie sind Angst-Krankheiten weit verbreitet. Je mehr wir über die Welt erfahren, desto mehr Sorgen bereitet uns das, was uns täglich an Schreckensmeldungen vorgesetzt wird. Bestimmte Kräfte wollen natürlich, daß wir in Angst leben, da wir so leichter zu kontrollieren sind und eher Maßnahmen zustimmen, die wir ohne Angst niemals gut heißen würden.

Natürlich können auch gerade die Dinge, mit denen ich und andere Autoren, die über geheime Hintergrundmächte und deren Machenschaften, schreiben, Angst machen. Dabei sollte eigentlich das Gegenteil der Fall sein. Deswegen ist es wichtig, sich diese Ängste genau anzusehen, damit sie nicht unser Leben bestimmen.

Wenn wir Angst vor unheilbaren Krankheiten haben, dann können wir bei intensiverer Betrachtung vielleicht feststellen, daß viele Krankheiten heilbar wären, wir aber aus Angst oftmals gerade den schlimmsten Maßnahmen zustimmen. Angst vor Terror schwindet auch, wenn man erkennt, welche Hintergründe eine Rolle spielen. Angst vor der Zukunft können wir überwinden, wenn wir erkennen, daß es einen Sinn in all dem gibt, was uns „zustößt". Dennoch ist die Bereitschaft nötig, als bekannt angenommene Weltvorstellungen zu hinterfragen – was natürlich selber schon ein Angstfaktor ist. Denn an was können wir uns denn noch halten, wenn all das, was wir zu wissen glauben, zu bröckeln beginnt? Mut brauchen Sie schon, sich Ihren Ängsten zu stellen und sie genauer zu betrachten. Aber Sie hätten nicht angefangen, dieses Buch zu lesen, wenn Sie diesen Mut nicht hätten, wenn Sie nicht denken würden, daß es Lösungen für die Ängste geben muß.

Die Themen, mit denen ich mich befasse, sind naturgemäß nicht immer ganz eindeutig geklärt. Man ist in vielen Bereichen auf Vermutungen und eigene Überlegungen angewiesen.

Ich habe nicht die Wahrheit gepachtet, und Sie müssen nichts einfach glauben. Wichtig ist das gerade in der aktuellen Lage, wo Kriege geführt und Freiheiten eingeschränkt werden und viele der von Verschwörungsautoren beschriebenen Szenarien immer offensichtlicher ablaufen. Denn wenn wir in Zukunft Kriege und Leid verhindern wollen, müssen wir auf den Kern der dahinter liegenden Abläufe kommen.

Es geht darum, daß Sie *Ihre* Wahrheit finden, *Ihr* Verständnis dafür, warum Sie hier sind, was die Ursachen dafür sind, wenn Ihnen etwas zustößt, das Ihnen Kummer bereitet.

Letztlich geht es um grundsätzliche Fragen der Menschheit – und damit also in letzter Konsequenz darum, ob es einen Gott gibt, der bestimmte Dinge mit uns vorhat oder von uns erwartet. Ob unser Schicksal schon vorherbestimmt ist, oder ob wir selber unser Leben zum Besseren verändern können.

Viel Wissen ist gar nicht neu, sondern uralt und wird erst nach und nach wieder von den Menschen entdeckt. Und dann könnte man meinen, der eine Autor schreibt vom anderen ab, wenn es in letzter Zeit mehr und mehr Bücher gibt, die sich mit ähnlichen Themen beschäftigen. Aber es ist ein Zeichen der Zeit, daß immer mehr Menschen die Dinge hinterfragen.

Und Beweise? Wenn ich nun in meinem Garten ein Ufo landen sähe, könnte ich es Ihnen beweisen? Ich könnte Fotos machen, aber ebenso kann man Fotos anzweifeln, weil man heute alles beliebig und in makelloser Qualität fälschen kann. Wenn ich jemanden hier hätte, der mir erzählte, daß er von Außerirdischen entführt worden ist oder eine innere Stimme hört, die ihm eine wichtige Botschaft vermittelte... könnte ich es beweisen? Würden Sie mir glauben, könnte ich den Besucher als Quelle in einer Fußnote angeben, obwohl er kein Buch geschrieben hat?

Wissen können Sie nur durch eigene Erfahrung erwerben. Vielleicht paßt das eine eher in Ihr Weltbild als das andere, vielleicht lehnen Sie bestimmte Dinge ab, die ich schreiben werde, und Sie fragen sich: Wo sind die Beweise? Andere wiederum passen in Ihr Weltbild. Vielleicht aber gelingt es mir auch an der einen oder anderen Stelle, Ihre Vorstellungen ins Wanken zu bringen und Sie anzuregen, die Dinge einmal aus einer anderen Warte zu sehen.

Ich weiß, einige erwarten von so einem Buch einfach nur Bestätigung für das, was sie eh schon glauben. Vielleicht trauen Sie den Ärzten eh nicht und freuen sich, etwas zu finden, was Ihre Ansichten untermauert. Vielleicht erwarten einige, daß ich etwas über finstere Machenschaften schreibe und sind enttäuscht, daß ich nicht mehr *gegen* bestimmte Gruppen aufbringe.

Ich werde mit einem Buch die Macht der Mächtigen nicht ins Wanken bringen können, nicht die globalen Probleme lösen und auch keinen Plan zur Revolution gegen die finsteren Mächte vorstellen. Ich kann niemanden befreien, der im Gefängnis sitzt, oder die Gifte in der Umwelt durch dieses Buch umwandeln. Erwarten Sie von mir also nicht, daß ich Ihre Probleme lösen kann. Ich kann nicht mal Ihr Denken ändern. Nein.... das können nur Sie selber. Und ich will Sie dazu anregen.

Wie auch immer: Ich werde Ihnen nicht alles beweisen können, was ich schreibe. Gut, ich habe Dinge fliegen gesehen, die nach unseren bekannten Technologien niemals fliegen dürften. Ich habe Apparate sich drehen gesehen, die in ihrer Schlichtheit jeder herkömmlichen Antriebstechnik Hohn sprechen. Ich habe mit Geheimdienstlern und Opfern von Entführungen und üblen Ritualen gesprochen.

Vielleicht geht es Ihnen ja auch wie vielen Menschen derzeit: Sie spüren, daß viele Dinge, die offiziell gesagt werden, nicht wahr sind, trauen den Politikern oder Massenmedien nicht mehr über den Weg. Und tatsächlich haben die Ereignisse, die die Neue Weltordnung festigen sollten, dazu beigetragen, daß die Menschen skeptischer werden. Die Anschläge vom 11. September 2001 und die daraus folgenden Kriege gegen Afghanistan und Irak sind vielleicht im ersten Augenblick als unabwendbare Ereignisse gesehen worden, aber je mehr Lügen über die Kriegsgründe zugegeben werden mußten, desto mehr Menschen beginnen zu begreifen, daß da Dinge ablaufen, bei denen offizielle Darstellungen und im Hintergrund ablaufende Ereignisse völlig verschieden sind.

In Bezug auf Völkerverständigung scheinen wir teilweise auf Entwicklungsstufen noch vor Kant zurückzufallen. Das Recht des Stärkeren scheint Kriege und Wirtschaftspolitik zu bestimmen. Wie kann man da positiv denken, sich des Lebens erfreuen, eine positive Grundeinstellung aufrecht erhalten?

Dennoch gibt es enormes spirituelles Wissen, das von einer Minderheit der Menschen, zu denen wahrscheinlich auch Sie gehören, aufgenommen wird. Und nun sind Sie an einem Punkt, an dem Sie zweifeln, daß all ihr Wissen um kosmische Dinge überhaupt etwas nützt? Sie haben Angst, daß sich alles zum Schlechten wendet, trotz all des Wissens?

Das, was uns die Massenmedien tagtäglich an Gewalt und Katastrophen, an Dumpfbacken, die Superstars werden, und allgemeiner Mißachtung des Lebens präsentieren, ist nicht die Welt, wie sie ist. Es ist das, was bestimmte Kräfte wollen, was Sie von der Welt denken. Und da sie wissen, daß Gedanken Wirklichkeit erschaffen, wollen sie die Gedanken der Massen auf negative Dinge ausrichten, anstatt auf das Schöne, die Liebe, die Freude am Leben. Wir hingegen müssen es schaffen, uns von dieser Manipulationsfalle zu lösen. Es mag zu viel verlangt sein, den Fernseher rauszuschmeißen und die Tageszeitung abzubestellen, ist aber immer noch ein ernstzunehmender Tip. Auch das Internet, das eine verlockende Informationsquelle sein kann, ist ebenso eine Energiefalle. Man kann alles benutzen, darf sich dann aber nicht wundern, wenn Sorgen und Ängste sich breit machen.

Wir dürfen nicht den Fehler machen zu denken, daß die

Menschheit sich negativ entwickelt, weil sie früher vielleicht schon mal viel weiter war. Die Menschen hatten früher viele Fähigkeiten, die im Laufe der Entwicklung verloren gingen. Dennoch ist die Individualität, die wir heute haben, und auch der Verstand, der uns die Möglichkeit gibt, abstrakt zu denken und unsere Entwicklung selbst zu bestimmen, keineswegs immer so gewesen. In früheren Zeiten waren die Menschen tatsächlich eher wie Herdentiere; sie waren zwar geistig mehr miteinander verbunden und empfanden ihre Umwelt ganz anders als wir heute, aber daß wir uns heute individuell frei entscheiden können, was wir mit unserem Leben machen, ist eine Entwicklungsstufe, der viele Lernschritte vorausgingen.

Die Kategorien von „gut“ und „böse“ entwickelten sich erst über eine lange Zeit, und es brauchte den Verlust der geistigen Verbindungen, um diese Erfahrungen überhaupt erst machen zu können. Für Engel oder Naturgeister gibt es *keine* Unterscheidung zwischen „gut“ und „böse“. Sie unterscheiden zwischen aufbauenden und zerstörerischen Kräften, werten diese aber nicht. Es gibt Wesen, von denen sie sich lieber fernhalten, aber keineswegs können sie abstrakte Ereignisse zueinander in Beziehung setzen, so wie wir es heute können. Das galt auch für die Menschen in früheren Entwicklungsstadien: Daß sie mit Naturgeistern kommunizierten und „im Einklang“ mit der Natur leben mochten, bedeutet nicht, daß sie uns voraus waren. Wir dürfen nicht vergessen, daß das alles eine Entwicklung ist, in der verschiedene Erfahrungen uns reifen lassen, und eben auch Erfahrungen des Leids, des Kriegs, der Angst und des Schmerzes.

In der Tat ist dies eine höchst bedeutungsvolle Zeit. Auch wenn es so aussieht, als würde alles um uns herum den Bach runter gehen, ist das nur ein Teil der Wahrheit und eine einseitige Wahrnehmung. Tatsächlich machen wir gerade – individuell und kollektiv – Erfahrungen von Zerstörung der Lebensgrundlagen, Verlust der Freiheit, Überwindung der Angst usw., die wichtig für unsere Entwicklung zu vollbewußten Wesen sind.

Vielleicht wird es erst noch schlimmer kommen, noch mehr Überwachung geben, noch weniger individuelle Freiheit, mehr wirtschaftliche Sorgen und Existenzängste für den Einzelnen. Dennoch dürfen wir, die wir uns mit den spirituellen Hintergründen befassen, nicht vergessen, daß wir es sind, die dem Bewußtsein der Menschheit eine neue Richtung geben können. Wenn wir uns hinunterziehen ließen und selber negativ würden, wäre das bedauerlich.

Wir erleben ja nicht nur die Angriffe der negativen Kräfte global, sondern auch individuell. Wir werden angegriffen, wenn wir uns für das Positive einsetzen. Je weiter wir uns aus dem Fenster lehnen und die Dinge sagen, die gesagt werden müssen, desto mehr werden wir mit Schmutz überhäuft. Man versucht, uns einzuschüchtern, Angst zu machen, ja, unsere Existenz zu vernichten. Aber diese Versuche, uns in die Negativität zu ziehen, dürfen keinen Erfolg haben. Wenn wir meinen, jetzt reicht´s, jetzt schieße ich zurück, dann ist wirklich Sorge angesagt.

Sie denken vielleicht, Sie müssen die Welt retten. Ja, das ist ein schöner Wunsch, der daraus kommt, daß man sich als erwachender Mensch in der Verantwortung fühlt. Tatsächlich kann man aber nur sich selber ändern, und da man Teil von allem ist, überträgt sich das auf alles. Es ist recht frustrierend, wenn man sich vorstellt, man müßte 6 Milliarden Menschen aufwecken. Sicher, die Illuminaten hätten die Möglichkeit, über die Massenmedien die meisten Menschen der Erde positiv zu beeinflussen. Aber offensichtlich tun sie das nicht. Und daß Sie oder ich die Möglichkeit bekommen werden, über die Massenmedien die Menschen zu erreichen, ist in nächster Zeit eher unwahrscheinlich. Allerdings muß auch gar nicht jeder erreicht werden. Denn Erkenntnisse, die nur ein kleiner Teil der Menschen erlangt hat, gelangen irgendwann automatisch ins Bewußtsein des Rests der Menschheit.

Die Welt ist Ausdruck dessen, was in den Menschen vorgeht. Diesen Zustand denen „da oben“ in die Schuhe zu schieben, ist leicht, und sicherlich mag es Gründe für diese Ansicht geben. Offensichtlich aber *lassen* sich die Menschen ja auch beeinflussen. Die ganze Hierarchie der weltlichen Strukturen macht ja all das mit. Sicher kommen die Befehle von oben, aber würden sie nicht ausgeführt, würden sie nicht funktionieren. Aber ganz offensichtlich wird auch nicht alles ausgeführt, was von oben kommt. Der Dritte Weltkrieg ist – zumindest bei Drucklegung – immer noch nicht im Gange, obwohl er schon für das Ende des letzten Jahrtausends geplant war.

Zu erwachen bedeutet auch zu akzeptieren, was ist. Und der Zustand der Welt ist ein Spiegel des Bewußtseins der Menschheit.

Wie vielschichtig Ängste auf uns Einfluß nehmen und sich auswirken, will ich versuchen darzustellen. Da ist die Angst, daß wir von äußeren Mächten kontrolliert, manipuliert, geschädigt, in unserer freien Entwicklung behindert werden. Da gibt es die Illuminaten, die Logen, die Russen, die Juden, die Nazis, die Hochfinanz und noch viele andere Gruppierungen, denen wir unter dem Thema Weltverschwörung unterstellen, gegen uns zu arbeiten. Jedoch werden wir sehen, daß sie eigentlich nur dadurch Einfluß auf uns haben können, wenn wir Angst vor ihnen haben. Und wenn wir die Angst vor ihnen verlieren, haben sie keine Macht mehr über uns. Das zu erkennen, bedeutet, nicht anderen Macht über uns zuzusprechen, sondern diese selber zu übernehmen und unser Leben nicht von außen bestimmen zu lassen.

Ängste haben uns von klein auf begleitet, Angst bei der Geburt und als wir das erste Mal der Mutter weggenommen wurden, vielleicht Angst vor einem strengen Vater oder anderen Familienmitgliedern, gegen die wir lernten, uns zu behaupten, Angst, in der Schule verprügelt zu werden, uns im Sportunterricht zu blamieren, Prüfungsängste. Später Angst vor Versagen in der Arbeit, vor Arbeitsplatzverlust, vor Steuerprüfungen, Angst, was die Nachbarn sagen, Existenzängste, Angst vorm Alleinsein, Angst, verletzt zu werden, wenn wir jemanden lieben. Aus all diesen Ängsten handeln wir in dieser oder jener Weise. Aber immer sind Ängste auch unsere Lehrmeister. Können wir nicht rückblickend sagen, daß wir dadurch gewachsen sind, daß wir einige der oben beschriebenen Ängste überwunden haben? Daß wir uns behauptet, unser Recht, uns nicht von anderen unterbuttern zu lassen, durchgesetzt haben?

Wenn wir versuchen, das, was uns Angst macht, mit Gewalt zu bekämpfen, entstehen oft Situationen, die uns noch mehr Angst machen. Wer aus Furcht, auf dem Schulhof verprügelt zu werden, selber gewalttätig wird und lieber angreift, bevor er angegriffen wird, wird immer wieder kämpfen müssen. Er macht anderen Angst, um seine zu kompensieren und lebt in ständiger Angst, wird aber irgendwann an einen Stärkeren geraten, vielleicht einen mit einer Waffe, einen, der ihm „eine Lektion verpaßt". Dieses Spiel läuft im Kleinen und im Großen, individuell und kollektiv.

Wenn Sie dieses Buch lesen, gehe ich jedoch davon aus, daß Sie nicht zu denen gehören, die versuchen, Probleme mit Gewalt zu lösen, sondern auf der Suche sind, diesen Kreislauf aus Angst und Gewalt zu durchbrechen, und sehr wahrscheinlich schon über diese Stadien hinaus sind. Dennoch aber kennen auch Sie Ängste. Vielleicht sind es komplexere Situationen, die Ihnen Angst machen, Abmahnungen, Angst, daß alles den Bach runter geht, oder Angst vor dem großen Knall, dem Weltuntergang, dem Zusammenbruch.

Auch ich kenne all diese Ängste, und die Entscheidung, dieses Buch zu schreiben, ist in Wochen intensiver Angst gereift. Rückblickend kann ich sagen, daß ich durch alle Situationen, die mir Angst machten, immer gewachsen bin. Daß ich Ängste in der Schule, in der Lehre vor einem cholerischen

Chef, konkrete Bedrohungen des Lebens beim Taxifahren, Ängste, wegen meiner Meinungen in den Büchern und im Internet vor Gericht gestellt oder sonstwie bekämpft zu werden, überwinden konnte und dadurch stärker, reifer, eigenverantwortlicher geworden bin. Und immer habe ich nach dem Sinn von all dem gesucht, gedacht, daß das Leben in dieser Weise doch nicht „das Gelbe vom Ei" sein kann.

Und ich kann entweder glauben, daß die Welt nun mal so ist und es keine Garantie gibt, daß ich nicht im nächsten Augenblick in eine äußerst gefährliche, leidvolle Situation geraten könnte, oder daß es eine Entwicklung gibt und man das Leiden durch Erkenntnis überwinden kann.

Natürlich gibt es „die da oben", die Illuminaten, Satanisten, machthungrige Gruppen, die Gewalt und Leid in die Welt bringen. Genauso gibt es noch die Jungs in der Schule, die sich schwächere Mitschüler auf dem Schulhof herauspicken, um sie zu drangsalieren. Aus der Schule bin ich herausgewachsen. Heute würde ich manchen Situationen vielleicht einfach mit mehr Selbstbewußtsein und Witz begegnen.

Sicher gibt es immer noch Leute, denen ich lieber nicht im Dunklen begegnen möchte. Aber die Frage ist, ob ich ihnen noch begegnen *werde*. Vielleicht ja, aber wenn, dann nur, um etwas von ihnen zu lernen. Das ist meine Überzeugung. Um das zu verstehen, brauchen Sie jedoch ein bißchen Hintergrundwissen, das viele Leser vielleicht schon haben, andere aber nicht. (Nicht, daß ich Angst hätte, die einen zu langweilen und die anderen zu überfordern.) Ich fasse mich also so kurz wie nötig und so verständlich wie möglich.

Grundlagen

Es gibt ein paar Dinge, die Sie über diese Welt wissen sollten... begann der Umschlagtext meines ersten Buches „Entwirrungen“. Nun setze ich für die Leser dieses Buches schon ein wenig voraus, muß natürlich aber auch bedenken, daß es Leser gibt, die meine anderen Bücher oder ähnliche Literatur noch nicht kennen und vielleicht Verständnisprobleme haben, wenn ich auf etwas aufbaue, das teilweise Grundlage für diese Dinge ist. Der Leser sollte vielleicht schon mal von geheimen Hintergrundmächten, von Freimaurern, Bilderbergern, CFR und Trilateraler Kommission gehört haben, von Manipulationen durch die Massenmedien und Profitstreben im medizinisch-industriellen Komplex und anderen Bereichen. Letztlich führt aber alles irgendwann zu den alles entscheidenden Lebensfragen, den spirituellen Hintergründen all dieser Irrungen und Wirrungen des Lebens. Ich schicke also ein paar Dinge im Schnelldurchgang voraus:

Ich gehe davon aus, daß das Universum sinnvoll geordnet ist, so daß auch unser Leben nicht völlig sinnlos, zufällig aus dem Chaos entstanden ist, sondern einer sinnvollen – und für uns nachvollziehbaren – Ordnung folgt. Daß das Bewußtsein, was wir von uns haben, nicht mit dem Körper, den wir haben, gleichzusetzen ist. D.h. das, was wir als „ich“ empfinden, ist nicht physisch, keine chemische Reaktion des Gehirns oder von Nervenverbindungen und Synapsen. Wir sind Teil eines Universums, in dem es nur auf der physischen Ebene scheinbare Trennung gibt. Trennung voneinander und von Gott. Ich glaube nicht, daß Gott irgendwo da oben ist und von uns erwartet, daß wir nur die zehn Gebote befolgen und ansonsten mit ewiger Verdammnis oder Sonstigem rechnen müssen, sondern daß wir unsterbliche Bestandteile von Gott sind, die sich bewußt auf der geistigen Ebene entschieden haben, Erfahrungen in einer Welt der Dualität zu machen, um uns selber als das zu erfahren, was wir sind. Wir leben nicht nur ein Leben, sondern Tausende oder wie viele auch immer, in denen wir uns entwickeln – oftmals leidvolle Erfahrungen machen, aber so selber Erkenntnisse sammeln, die wir sonst nicht hätten. Wir sind zwar ursprünglich Licht, können uns aber nicht als Licht erkennen, wenn alles um uns herum auch Licht ist, daher sind wir buchstäblich in die Dunkelheit hinabgestiegen, um uns als Licht im Unterschied zur Dunkelheit zu erfahren. Leider haben wir im Laufe der Zeit vergessen, wo wir herkommen, vielleicht auch gerade, um diese Erfahrung zu machen. Genau wie ein Kind, das irgendwann die Eltern verläßt und sich erst frei entwickeln kann, wenn die Eltern es nicht vor allem beschützen und für alles sorgen, sondern das Kind sieht, was ohne diese elterliche Zuwendung passiert und es so selbständig und erwachsen wird.

Einige von uns haben dann vielleicht gedacht, daß dieser Plan von Gott nicht so doll ist, und daß man es besser machen könnte, daß sie es vielleicht ebenso gut oder sogar besser machen könnten. Dabei gefiel ihnen die eigene Herrlichkeit so gut, daß sie von anderen verherrlicht werden wollten und immer mehr deren Energie haben wollten und unersättlich wurden und schließlich Tricks erfanden, um an mehr der Energie (oder Aufmerksamkeit) anderer zu kommen. Und für dieses Ziel war es gut, wenn die anderen vergessen würden, wo sie herkommen, und ihre Aufmerksamkeit voll diesen „gefallenen Göttern", oder wie immer wir sie nennen wollen, widmen sollten.

So leben wir in einer Welt, in der einige Wenige große Anstrengungen unternehmen, um Sie und mich davon abzuhalten, sich an die Quelle des Lichts zu erinnern. Das taten sie über Äonen und waren damit sehr erfolgreich. Sie gaben sich vielleicht sogar selber als Götter aus, und vielleicht sind Teile unserer heiligen Schriften Beschreibungen von Begegnungen mit diesen Göttern, die aber keineswegs die Urquelle oder Schöpfer des Universums sind.

So gibt es auf unserem Planeten viele unterschiedliche Konzepte von Gott und dem Universum. Ein wissenschaftliches Weltbild ohne Gott und viele verschiedene, mehr oder weniger freie Religionen. Immer mehr Menschen aber beginnen, sich an ihre Herkunft zu erinnern, schreiben Bücher oder halten Vorträge, um die Menschen zu befreien. Und natürlich werden diese bekämpft, denn diejenigen, die an unsere Energien wollen, verlieren ihre Macht, wenn sich die Menschen wieder an ihren göttlichen Ursprung erinnern würden. Genau das aber geschieht im Moment: ein Spiel der Kräfte, bei dem wir hin und hergerissen sind von den unterschiedlichsten Konzepten und Weltbildern.

Die Massenmedien, die Milliarden Menschen auf der Erde leicht erreichen können, sind ziemlich fest in den Händen der Kräfte, die uns von uns selber ablenken wollen, und daher erfahren wir dort kaum etwas über unsere innere Verbindung mit der Quelle. Und wenn wir denken; wenn das alles wahr wäre, warum erfahren wir es nicht in den Sendungen im Fernsehen, in den Zeitungen, warum sagen es uns weder unsere Politiker, noch die Kirchenleute oder andere, die im Rampenlicht stehen? Nun, weil diese ihre Macht verlieren würden und sie inzwischen vergessen haben, daß die Lebensenergie aus der Urquelle kommt und sie daher anderen Menschen abziehen, in Form von Aufmerksamkeitsenergie, Geld oder beliebigen Zwischenformen.

Ich habe manchmal den Eindruck, daß wir durch die modernen Medien einen anderen Blick auf die Welt bekommen: Fast wie Gott können wir überall hinsehen. Durch Fernsehen und Internet können wir alles sehen, was in früheren Zeitaltern uns verborgen geblieben wäre, Sex in allen Variationen, Leid von Menschen, von Tieren, wenn wir wollen, ferne Welten usw. So können wir lernen, diese Dinge mit Abstand zu betrachten. Also können wir im Grunde heute lernen, die Welt zu sehen, wie Gott sie sieht. Okay, vielleicht nicht die höheren

Ebenen. Aber doch fast jeden Aspekt des physischen Lebens auf diesem Planeten betrachten - mit Abstand, und es nicht bewerten, sondern als Teil der Erfahrungen des Lebens ansehen.

Mit*leid* nützt niemandem etwas. Mit*gefühl* hingegen ist eine natürliche menschliche Sache. D.h. wenn wir aus früheren Leben die Erfahrung kennen zu ertrinken, zu verbrennen oder sonstwie Schmerzen zu erleiden, dann können wir das nachempfinden, wenn wir von anderen hören, was sie erfahren müssen. D.h. mir braucht nur jemand zu erzählen, daß er sich in den Finger geschnitten hat, und ich spüre den Schmerz, bzw. kann ihn in dem Augenblick empfinden. Allerdings ist es unsinnig, dieses Gefühl überzudramatisieren. Das hilft niemandem.

Ich denke auch, daß Gott die Leiden der Menschen mit einem lachenden und einem weinenden Auge betrachtet. Er weiß halt, daß jede Erfahrung, die Menschen machen wollen, dazu dient, daß sich deren Seelen weiter entwickeln. Würde er immer mitleiden, würde er vielleicht irgendwann das Leiden abschaffen wollen. Aber das wäre ja ein Eingriff in unsere Freiheit. Wir können ja nur lernen, indem wir das, was wir in die Welt setzen, zurückbekommen und so selber entscheiden können, ob etwas gut oder schlecht ist. Wenn Gott irgendwo eine Grenze setzen würde, was wir nicht machen dürfen, könnten wir eben *nicht* jede Erfahrung machen, die wir machen wollen. Und wir wüßten niemals, wie das ist, wenn wir es machen würden.

Es ist für die Seele nicht sehr leicht, in einem Körper inkarniert zu sein und dann noch auf einem Planeten, auf dem die Menschen sich das Leben gegenseitig schwer machen. Erst mal sollte man seine Gottesvorstellung klar kriegen, d.h. den „Alten Herrn" aus der Bibel über Bord schmeißen, aber auch eine rein materielle Welt ohne geistigen Plan hinterfragen, wie ich es in meinen Büchern getan habe. Vielleicht erkennt man dann irgendwann, daß man sich selber entschieden hat, hier zu inkarnieren, um Erfahrungen zu machen. Es hat seinen Grund, daß wir uns nicht daran erinnern, wo wir herkommen, sonst könnten wir es gar nicht aushalten, hier zu leben.

Übrigens ist der Schlaf nicht dazu da, daß sich unser Körper erholen kann, sondern die Seele vom Körper. Nachts kann sie „wandern". Wenn wir uns erinnern, daß wir nicht dieser Körper sind, sondern Teil von Allem-was-ist, und daß wir uns selber entschieden haben, Erfahrungen in der physischen Welt zu machen, dann können wir die Verantwortung für alles übernehmen, was uns „zustößt". Dann ist eine neue Situation, die uns vielleicht sonst Angst macht, einfach eine neue Gelegenheit, uns zu erfahren. Von der Theorie bis zu der Erkenntnis, wirklich völliges Vertrauen zu finden, daß es kein „grausames Schicksal" gibt, sondern wir Dinge erleben, die uns wachsen lassen, ist es weit. Das geht nicht von heute auf morgen.

Unsere Gedanken formen unsere Umwelt. Tatsächlich besteht alles aus Schwingung und Bewußtsein. Auch das, was wir als feste Materie empfinden, besteht letztlich aus Energie, die in einer bestimmten Frequenz schwingt. Unsere Gedanken haben ebenfalls Schwingungen. Nun gibt es Schwingungen, die miteinander in Resonanz gehen. Wenn wir z.B. die Angst haben, nachts überfallen zu werden, wenn wir allein durch den Park gehen, ziehen wir jemanden, der zufällig in diesem Park auf Opfer lauert, eher an als jemand, dessen Gedanken sorgenfrei und fröhlich sind. Oder ein anderes Beispiel: Wenn wir Geldprobleme haben, versuchen wir manchmal, Rechnungen später zu bezahlen, versuchen aber, das Geld, das wir zu bekommen haben, möglichst schnell einzutreiben. Wir versuchen, etwas „Luft" zu bekommen, indem wir es lange hinauszögern, den Leuten, denen wir etwas schulden, das Geld zu geben. Wenn wir so handeln, wird das Geld nicht mehr, sondern das Problem wird immer größer. Wenn wir statt dessen das Geld fließen lassen, also unsere Rechnungen gleich bezahlen usw.

und uns keine Sorgen machen, nicht an Mangel denken, sondern an die Fülle, die das Universum ja tatsächlich bereit stellt, werden wir immer genug haben. Ich weiß, daß das die schwersten Übungen sind: Wenn man schon kein Geld mehr von der Bank bekommt, ist es schwer, es „fließen“ zu lassen. Aber wir müssen zuerst unser Denken ändern, damit sich das ändern kann, was zu uns zurückkommt.

Man muß bedenken, daß es auch in allen geheimen Verbindungen Menschen gibt. Und daß es auch immer Menschen gibt, deren Bestreben es ist, etwas weiterzugeben, was sie für wichtig erachten. So gibt es auch in den Geheimlogen und Geheimdiensten unterschiedlich ausgerichtete Gruppen. Die einen, die meinen, es müßte alles geheim bleiben, und die anderen, die meinen, die Öffentlichkeit müßte die Dinge wissen. Außerdem muß sich die „veröffentlichte Meinung“ ein bißchen an das anpassen, was schon nach außen gedrungen ist. Momentan passiert sehr viel dieser Entlarvungen, und wir haben die Möglichkeit, Einblicke in Zusammenhänge zu bekommen, die uns in früheren Zeiten verborgen geblieben wären.

Es gibt zahlreiche Geheimlogen, die hinter den Kulissen der Gesellschaft die Politik und Wirtschaft infiltrieren und nach ihren Wünschen gestalten, wie z.B. die Freimaurer, Illuminati, Bilderberger, Club of Rome, u.v.a. Sie sind unter sich genauso zerstritten wie alle, die nach Macht streben, und werden so ihre Ziele nie leicht erreichen können.

Wir sind immer wieder inkarniert, um Erfahrungen im Spannungsfeld zwischen den Polaritäten zu machen und herauszufinden, wer und was wir sind.

Um es noch prägnanter auf den Punkt zu bringen, schrieb ich 2003 den Inkarnationsvertrag, der inzwischen als Poster vielfach verkauft wurde und auf lockere – nicht immer ernst zu nehmende Art - zum Nachdenken über diese Dinge anregen will. Daher übernehme ich ihn für dieses Buch.

INKARNATIONSVERTRAG

☞ Es ist hilfreich, über jeden Satz einzeln nachzudenken.

§1) Sie erhalten einen Körper. Dieser Körper ist neu und einmalig. Niemand sonst bekommt den gleichen.
§2) Sie erhalten ein Gehirn. Es kann nützlich sein, es zu benutzen.
§3) Sie erhalten ein Herz. Die besten Resultate erzielen Sie, wenn Hirn und Herz ausgewogen benutzt werden.
§4) Sie erhalten Lektionen. Niemand bekommt exakt die selben Lektionen wie Sie oder kann sie Ihnen abnehmen.
§5) Sie können tun, was Sie wollen. Alles, was Sie anderen antun, kommt zu Ihnen zurück.
§6) Eine Lektion wird so lange wiederholt, bis sie begriffen wurde. (Auch inkarnationsübergreifend)
§7) Dieser Vertrag ist für alle gleich. Es gibt keine Privilegien, auch wenn einige das behaupten. (Handschriftliche Änderungen haben keine Gültigkeit.)
§8) Sie bekommen Spiegel, um zu lernen. Viele Spiegel sehen aus wie andere Körper. Sie sind dazu da, Ihnen etwas zu zeigen, das in Ihnen ist.
§9) Wenn Ihr Körper zerstört wird oder aufhört, zu funktionieren, bekommen Sie einen neuen. (Es kann zu Wartezeiten kommen.)
§10) Der Inkarnationsvertrag läuft erst aus, wenn alle Lektionen zu einem befriedigenden Ergebnis geführt haben.
§11) Was befriedigend ist, bestimmen Sie!

☞ Nützliche Hinweise und Tips:

Ziel ist es nicht, beim Verlassen eines Körpers möglichst viel Geld zu haben.
Es gibt keinen Bonus für Berühmtheit oder Beliebtheit.
Sie müssen sich nicht an den Fehlern anderer orientieren.
Regeln sind dazu da, überprüft zu werden.

Behauptungen anderer über das Ziel können Ablenkungen sein.
Sie können nichts falsch machen. Es kann höchstens länger dauern.
Zeit ist eine Illusion!
Sie haben Zugriff auf alle Antworten über eine spezielle Verbindung in Ihrem Herzen.
Alles innerhalb des Schulungsraums reagiert auf Herzensausstrahlung.
Versuche, den Schulungsraum zu beschädigen, führen zu Einschränkungen.
Niemand kann Ihnen die Verantwortung abnehmen.
Gewalt führt niemals zu einer Lösung.
Es kann nützlich sein, darauf zu achten, welche Situationen sich wiederholen.
Drogen (legale und illegale) können die Wahrnehmung der Lektionen verfälschen.
Nur, weil alle sich auf eine Weise verhalten, muß das nicht bedeuten, daß es richtig ist.
Es gibt selten nur eine richtige Lösung.
Sie können einen Antrag auf Vergebung stellen.
Es gibt keine Extraklauseln für niemanden.
Sie werden geliebt. (Auch wenn Sie in der Bronx oder Somalia sind.) Alles andere ist Täuschung.
Lektionen sind besondere Gelegenheiten, sich zu entwickeln und keine böse Absicht.
Es kann riskant sein, seinen Körper anderen anzuvertrauen.
Andere in der Entwicklung zu behindern, bringt keinen Vorteil.
Sie bekommen (vorzugsweise während der Nachtstunden) Gelegenheit, den Körper zu verlassen.
Erinnerungen an Erfahrungen außerhalb des Körpers werden nicht im Körper bzw. Gehirn gespeichert.
Herumspielen an Ihrem Körper ist Ihr gutes Recht. An den Körpern anderer erfordert deren Einwilligung.
Abgucken ist sinnlos!
Wer Ihnen eine Lebensversicherung anbietet, ist ein Betrüger.
Das mutwillige Beenden einer Inkarnation führt zu viel unnützem Papierkram.
Wissenschaftliche Gutachten und heilige Schriften dienen der Verwirrung.
Es geht nicht darum, Erster zu sein.
Es geht nicht darum, cool auszusehen.
Niemand macht in Ihrer Situation eine bessere Figur als Sie.
Sie sind nicht der Einzige, der am Sinn des Inkarnationsvertrages zweifelt.
Da Sie diesem Vertrag zugestimmt haben, ist es unnütz, sich darüber zu beschweren, daß Sie hier sind.

Vom Terror zur Tyrannei

Mit die einschneidendsten Ereignisse auf dem Weg zur Neuen Weltordnung sind die Anschläge vom 11. September 2001. Inzwischen gibt es viele gute Bücher, die die offizielle Version anzweifeln und interessante Fakten und Hinweise liefern. Daher will ich im nächsten Kapitel nur ein paar Beispiele für Widersprüche und Lügen aufzeigen, obwohl es sehr viel mehr zu allem zu sagen gäbe. Aber grundsätzlich geht es darum, daß Sie erkennen, daß man Ihnen da etwas vorspielt, um Sie – als Teil der breiten Masse - dazu zu bringen, Maßnahmen zuzustimmen, die sie sonst ablehnen würden, aber nun, mit der Angst vor dem Terror, doch akzeptieren.

Ein Rechtsstaat zeichnet sich dadurch aus, daß jemand unschuldig ist, solange seine Schuld nicht bewiesen ist, und daß man mißliebige Personen oder Gruppen nicht präventiv einsperrt oder bekämpft. Amerika hat eine großartige Verfassung, in der jeder das Recht hat, nach seiner Façon glücklich zu werden. Amerika ist zu Recht stolz auf das Land der „Freien und Mutigen". Doch seit den Anschlägen am 11.9.2001 hat sich einiges verändert.

Das FBI will uns glauben machen, einer der Attentäter habe vor seinem Selbstmordanschlag mit einem entführten Flugzeug mehrere Koffer aufgegeben, von denen einer beim Umsteigen auf den zweiten Flug verloren ging. Man fand angeblich Fluguniformen, ein Video über kommerzielle Flugzeuge und einen Abschiedsbrief. Diese erstaunlichen Geschichten sind die ersten Erkenntnisse des FBI, im SPIEGEL 38/2001 abgedruckt. Aber macht irgend etwas davon Sinn?

Wo wollte Terrorist Atta das Video angucken, wenn es im Frachtraum liegt? Was nutzten ihm Uniformen im Koffer, den er aufgab? Wieso hinterläßt er einen Abschiedsbrief nicht zu Hause oder schickt ihn an seine Familie? Bei dem Anschlag auf das World Trade Center wäre der Brief mit Sicherheit vernichtet worden und wäre als Abschiedsbrief völlig nutzlos. Er hätte ihn also gar nicht erst zu schreiben brauchen, was er aber angeblich tat.

Jeder Fluggast weiß, daß Koffer oft genug sonst wo landen, nur nicht am Ankunftsort. Wäre der Koffer mit Fluguniform und Abschiedsbrief zufällig vom Band gefallen – was ja angeblich tatsächlich geschah - und untersucht worden, hätte man die Attentäter schon vor ihrem Anschlag verhaften können. Hatten die Attentäter das nicht bedacht? Wozu überhaupt geben sie Koffer auf, wenn sie den Plan hatten, das Flugzeug als Bombe zu benutzen? Und überhaupt, warum benutzen sie bei einer so großangelegten Terroraktion keine falschen Namen und Pässe? Atta wurde schon vorher vom FBI überwacht. Die einfachste Vorsichtsmaßnahme, um den Anschlag nicht zu gefährden, wäre gewesen, falsche Namen anzugeben. Selbst Opa, der einen Porno kaufen will, würde keine Kreditkarte benutzen, weil es ihm peinlich wäre und er nicht damit in Verbindung gebracht werden will. Unsere Terroristen aber mieten Autos mit ihren Kreditkarten und legen einen Koran hinein. Aber warum nehmen sie ihn nicht mit auf den Flug, wenn es schon ein religiös motivierter Anschlag war? Überhaupt, warum haben sie einen Mietwagen am Bostoner Airport, obwohl sie zuvor mit einem anderen Flugzeug (das sie nicht entführt haben) von Portland nach Boston geflogen sind?

Angeblich fand man in den Trümmern des WTC, von dem überwiegend nur Staub zurückblieb, einen Paß einer der Entführer. Wie wahrscheinlich ist es, daß so etwas passiert? Sind das die Erkenntnisse des FBI? Schnell werden also Osama Bin Laden und die El Kaida-Gruppe als Drahtzieher der Anschläge hingestellt – mit äußerst fadenscheinigen Begründungen.

Später wird ein Leitfaden veröffentlicht, den der Anführer des Kommandos handschriftlich verfaßt haben soll. Darin steht „Die Arbeit der Gruppe sollte Priorität haben, weil dies Sunna ist“. Osama Bin Ladens spiritueller Hintergrund ist aber der

Wahabismus. Die Wahabiten stehen den Anhängern der Sunna seit über 300 Jahren feindlich gegenüber. Ein Wahabit würde sich niemals auf die Sunna berufen, da deren Anhänger für ihn Götzendiener sind, die vom rechten Weg des Islam abgekommen sind, und die man töten sollte.

Nach dem Leitfaden sollen die Terroristen gut rasiert und parfümiert zum Anschlag erscheinen. Ja, sind denn die Taliban, die jetzt als Schuldige ausgemacht sind, jemals rasiert? Ist nicht gerade der üppige Bartwuchs bei ihnen ideologisch bedingt? Der Vater von Atta soll übrigens zwei Tage nach dem Anschlag noch einen Anruf von seinem Sohn erhalten haben. Er ist von dessen Unschuld völlig überzeugt und meint, es sei eine politische Verschwörung. Im übrigen hat sich bei einigen der Araber, die man nach den Anschlägen als die Selbstmordattentäter genannt hatte, kurze Zeit später herausgestellt, daß sie noch lebten. Warum legt man also dermaßen schnell Namen der Attentäter vor – die sich teilweise als falsch herausstellen – während die gesamten Geheimdienste der USA *vor* den Anschlägen offenbar keine Hinweise auf den Plan hatten. Hatten sie nicht? Offiziell natürlich nicht, aber es gibt massenhaft Hinweise, daß einige Leute vor den Anschlägen Bescheid gewußt haben müssen:

Die Einsatzkräfte der amerikanischen Katastrophenkontrollbehörde FEMA waren schon am Abend *vor* den Anschlägen in New York. Ein Offizieller der FEMA, Tom Kennedy, sagte zu CBS-Reporter Dan Rather am 11. September: „Wir trafen montags am späten Abend (also am Abend vor den Anschlägen) ein und traten gleich am Dienstag morgen in Aktion"! Da waren wohl Hellseher am Werk. Allerdings haben sie nicht verhindert, daß es zu den Anschlägen kam.

Videos mit Stellungnahmen von Osama Bin Laden kommen an die Öffentlichkeit. Aber er hat sich darin nicht zu den Anschlägen bekannt. Er hat zwar interpretiert, warum Amerika angegriffen wurde und auch weitere Anschläge angekündigt.

Da hätte er sich auch gleich zu den Anschlägen vom 11. September 2001 bekennen können.

Diese ganze Aktion ist viel zu gut organisiert für ein paar Hirtenjungen aus Afghanistan. Und mit einem Flugschein für Kleinflugzeuge ist es auch nicht getan, auch wenn nun überall Fluglehrer Betroffenheit heucheln, weil die angeblichen Attentäter bei ihnen im Unterricht waren – mit Sportflugzeugen.

Warum legt das FBI so fadenscheinige Erkenntnisse vor, die jeder Hobby-Sherlock-Holmes auseinander nehmen kann?

Ich möchte keineswegs den Anschlag auf das WTC verharmlosen. Es ist eine schreckliche Katastrophe. Aber offenbar nicht für alle überraschend. Selbst Bushs Reaktion auf die Nachricht wirkt wenig überrascht. Ja, wenn man sein Verhalten in der Zeit der Anschläge betrachtet, muß man sich wirklich fragen, was da gespielt wurde. Er war in einer Grundschule in Florida zu Besuch. Als das erste Flugzeug ins World Trade Center rast, erfährt er nach eigenen Aussagen noch in der Limousine davon, geht aber dennoch zu den Kindern in die Schule, anstatt diesen relativ unwichtigen Termin aufgrund einer nicht unerheblichen nationalen Katastrophe abzusagen. Inzwischen rast das zweie Flugzeug ins WTC-Gebäude. Er wird informiert. Aber springt er nun auf, da er spätestens jetzt begreift, daß es kein Unfall mehr sein kann? Nein, er bleibt sitzen und läßt sich weiter von den Kindern vorlesen. Wer die Aufnahmen gesehen hat, wie ihm ins Ohr geflüstert wurde und er danach ausgesehen hat, muß sich fragen, ob er nicht sogar von den Ereignissen gewußt hat und aus irgendeinem Grunde abwartete, bis die schrecklichen Ereignisse abgelaufen waren.

Viele Menschen, die im WTC arbeiteten, erschienen an dem Tag nicht zur Arbeit. CNN, das ein Büro im 110 Stockwerk des Nordturms des WTC – der zuerst getroffen wurde - hat, beklagt keinen einzigen Mitarbeiter. Aus dem 110. Stockwerk – über dem Flammeninferno - hätte keiner mehr lebend entkommen können, es sei denn per Hubschrauber. Dennoch berichteten CNN-Reporter sofort nach den Anschlägen von einem Nachbargebäude mit Blick auf die rauchenden Türme. Offenbar ist im New Yorker Büro eines der größten Nachrichtensender der Welt morgens um Neun weder eine Telefonistin noch irgendein Redakteur, Kameramann, Nachrichtensprecher, ja nicht mal eine Putzfrau gewesen. Wie sie es da schaffen, rund um die Uhr Nachrichten aus aller Welt zu machen, muß einen wundern. Selbst beim Offenen Kanal Bremen ist tagsüber immer wenigstens jemand da, der den Sendeablauf des Bürgerfernsehens gewährleistet. Bei CNN war offenbar niemand im Haus. Wie wahrscheinlich ist das?

Auch richtete ein Kameramann, der in Südmanhattan ein Interview mit New Yorker Feuerwehrleuten drehte, auf einmal mitten in den Aufnahmen die Kamera auf das WTC, ausgerechnet eine Sekunde, bevor die erste Maschine in den Nordturm kracht. Die Aufnahmen haben den Copyright-Vermerk von Gamma-Press, die gleiche Presseagentur, die die ersten Reporter im Tunnel bei Lady Di´s tödlichem Unfall hatten. Zufall?

Ein Sprengmeister, der die Aufgabe hätte, zwei solche Türme perfekt in sich zusammen stürzen zu lassen, hätte monatelang schlaflose Nächte. Er müßte sehr genau Hunderte von Sprengladungen plazieren und sie in einer präzise abgestimmten Sequenz zünden. Wenn er Pech hätte, würde ein Teil stehenbleiben, und er müßte nachbessern. Es wurde aber nicht *ein* solcher Turm durch einen Flugzeugabsturz perfekt zerlegt, sondern gleich derer *zwei*.

Während der ersten Live-Berichte wurde mehrmals erwähnt, daß Reporter Explosionen hörten, was später von den offiziellen Medien nie wieder aufgegriffen wurde.

Beim Bau des WTC hatte man stolz verkündet, daß die Türme sogar dem Absturz eines Jumbo-Jet standhalten würden. Inzwischen hat man der Öffentlichkeit erklärt, wie es doch zu der Zerstörung kommen konnte, indem Stahlträger durch die große Hitze abrissen und so die gesamte Konstruktion zum Einsturz brachte. Allerdings wurde nicht erklärt, warum dieser Vorgang, der ja offenbar in beiden Türmen gleich ablief, bei dem einen Turm ca. eine Stunde länger dauerte als beim anderen. Denn obwohl der Nordturm ca. 20 Minuten *vor* dem Südturm getroffen wurde, ließen sich die Vorgänge, die zum Zusammenbruch führten, wohl viel mehr Zeit, denn der Nordturm stürzte wesentlich später als der Südturm ein.

Interessant ist auch ein Nachbargebäude, das WTC 7. Es wurde von keinem Flugzeug getroffen, aber dennoch fiel es genauso in sich zusammen wie die Zwillingstürme. Und das Schöne ist: Kein einziger war an dem Tag in dem Gebäude.

Um 8 Uhr 45 raste das erste Flugzeug (Flugnummer AA011) ins WTC, um 9 Uhr 03 das zweite. (UA 175) Um 9 Uhr 17 werden die New Yorker Flughäfen geschlossen. Bush spricht um 9:30 von einer nationalen Tragödie. Trotzdem ist die Flugverbotszone über Washington völlig offen, als um 9:43 der UA Flug 077 in das Pentagon rast – in einen Flügel, der gerade renoviert wird. Eine halbe Stunde nach den ersten Anschlägen wäre gerade in diesem Hochsicherheitsbereich sicherlich die Möglichkeit gewesen, weitere Anschläge durch Boden-Luft-Raketen zu verhindern. Wo war die Luftabwehr der diversen Air-Force-Basen, die sich in der Nähe der Regierungshauptstadt befanden? Was taten sie vom ersten Bekanntwerden der Entführung bis zum Angriff auf das Pentagon, also innerhalb wenigstens einer Stunde?

Allerdings sind auf den Aufnahmen des Pentagon kaum Schäden zu erkennen, die eine solche Maschine verursachen würde. Nirgendwo sind Flugzeugtrümmer zu sehen. Ja, es steht noch die komplette Gebäudefront, wie auf Aufnahmen direkt nach den Anschlägen zu sehen ist, und erst etwas später kippt ein Teil der Front um.

Auf Aufnahmen, die eine Überwachungskamera machte, ist zwar die Explosion des Einschlags zu sehen, aber nicht die

Spur eines Flugzeugs.

Wie konnten die Entführer alle Flugzeugbesatzungen überwältigen, ohne daß auch nur ein einziger Pilot es schaffte, vier Ziffern für den Notfall in den Transponder zu tippen oder einen Funkspruch abzusetzen? Wenn es den Attentätern in ein oder zwei Fällen gelungen sein mag, ist es doch äußerst unwahrscheinlich, daß es in allen vier Fällen gelang. Auch würde nach den Regeln der Luftfahrtbehörde kurz nach Wegfall eines Transpondersignals höchste Alarmbereitschaft ausgelöst und eine Entführung angenommen werden. Per Handy riefen angeblich Passagiere aus den entführten Maschinen an. Jedoch kein Wort darüber, daß die Täter arabisch aussahen.

Genau so, wie offenbar viele Leute dem WTC fernblieben, gab es auch vergleichsweise wenige Opfer in *allen* entführten Flugzeugen; Flug AA077 (die Boeing 757, die angeblich ins Pentagon raste) hatte Platz für 289 Passagiere, aber nur 64 Plätze waren besetzt. AA 011 hatte 351 Plätze, 92 waren belegt. UA 175 hatte 351 Sitzplätze, 65 Leute waren an Bord. UA 093: 289 Sitze, 45 besetzt. Bei solch einer Ausnutzung wären die beiden Fluggesellschaften schon vor den Anschlägen pleite gewesen.

Aber interessant: An der Börse wurde *vor* den Anschlägen offenbar auf einen rapiden Wertverlust der Fluggesellschaften United Airlines und American Airlines spekuliert. Auch interessant, daß nur diese beiden Fluggesellschaften betroffen waren. Hatten die Terroristen Bonusmeilen bei AA und UA? In der CBS Sendung „60 Minutes" vom 17. September kam zur Sprache, daß nahe Freunde von Präsident Bush Tage vor den Anschlägen all Ihre Aktien von Fluglinien verkauft hatten. Es wurde nie wieder darüber berichtet.

Einen Tag, bevor zwei Flugzeuge der American Airlines entführt und als fliegende Bomben zum Absturz gebracht wurden, ist das Handelsvolumen der Verkaufsoptionen auf die Muttergesellschaft AMR um den Faktor 60 gestiegen. Auch die

Zahl der Put-Optionen auf die Titel der United Airlines, die von den Anschlägen betroffen war, stieg um ein Vielfaches. (http://www.spiegel.de/wirtschaft/0,1518,158001,00.html)

Und auf der Seite www.illuminati-news.com/bush-martin-financed-9-11-hijackers.htm wird sogar behauptet, das FBI habe Beweise, daß Flugtickets für die entführten Flugzeuge mit Kreditkarten bezahlt wurden, die man Hillary Clinton und John Kerry zuordnen kann.

Man könnte noch viel mehr Merkwürdigkeiten auflisten, aber viel wichtiger scheint mir, was *nach* den Anschlägen geschah, nachdem *vorher* offenbar die einfachsten Sicherheitsmaßnahmen nicht gegriffen haben, obwohl es klare Warnungen gegeben hatte.

Bush hielt eine flammende Rede. Tenor: Wer nicht für uns ist, ist gegen uns. Standing Ovations im Senat. Keine kritischen Bedenkenträger, wie bei uns im Bundestag, sondern einhellige Begeisterung für eine nichtssagende, chauvinistische Rede. Amerika ist die zivilisierte Welt, und die Feinde sitzen in der arabischen Welt.

Tony Blair reiste gleich hinüber und bekundete Bush seine volle Unterstützung. Ja mehr noch. Hörte man ihn reden, könnte man meinen, das World Trade Center habe in Great Britain gestanden. So sehr blairte Tony über die Notwendigkeit, daß die Briten zurückschlagen müssen. Auch Schröder reist nach Washington, bietet zunächst die uneingeschränkte Unterstützung der deutschen Regierung an.

Wenige Wochen später wird Afghanistan bombardiert. Nach den fadenscheinigen Beweisen für Attas Täterschaft und den Fäden zu Bin Laden. Man trifft auch sehr präzise: u.a. ein Gebäude, in dem vier UN-Spezialisten fürs Minenräumen umkommen. Ein Unterschlupf von Terroristen ist im Umkreis von 25 km nicht zu finden.

Amerika läßt seine Muskeln spielen. Man sieht Flugzeugträger, von denen im Minutentakt Angriffsflüge starten. Sehr beeindruckend, diese riesigen schwimmenden Städte, die Milliarden kosten. Da müßten die Taliban doch schon aus reiner Ehrfurcht verblassen und die weißen Fahnen schwenken.

Übrigens gibt es Verbindungen von Bush zur Familie Bin Laden: Der Vater von Osama Bin Laden stieg in den 60er Jahren in Texas ins Ölgeschäft ein. Er kam bei einem etwas seltsamen Flugzeugabsturz ums Leben, worauf Osamas Bruder Salim Bin Laden die Firmenleitung übernahm. Er gründete auch die Fluggesellschaft Bin-Laden-Aviation in Austin, Texas und kam in Kontakt mit der wirtschaftlichen Elite des Bundesstaates, auch mit George Bush senior, der ab 1976 CIA-Chef war und später Präsident der USA wurde. Da Bush Junior ja die finanziellen Quellen der Terroristen trockenlegen will, sollte er sich vielleicht schon mal in der eigenen Nachbarschaft umgucken. Es gab etliche Verwandte von Bin Laden in den USA. Und das Unglaubliche: Während direkt nach den Anschlägen im ganzen Land Flugverbote ausgesprochen wurden, gelang es all diesen Familienmitgliedern des Staatsfeindes Nummer 1, aus allen Teilen des Landes zusammen geflogen zu werden und nach Saudi Arabien zu fliegen. Komischerweise erklärt man zwar sofort Osama Bin Laden zum Drahtzieher der Anschläge, man hält es aber nicht für nötig, seine Familienangehörigen zu verhören, sondern verschafft ihnen offenbar einen Sonderstatus, um das Land zu verlassen.

Die St. Petersburg Times vom 9. Juni 2004 bestätigt, daß es solch einen Flug gab: Während fast der gesamte Flugverkehr in den USA nach den Anschlägen gestrichen war und Araber für die Anschläge verantwortlich gemacht wurden, sind vom Flughafen von Tampa, Florida, mehrere Saudis geflogen. Tampa International Airport (TIA) gab die offizielle Stellungnahme an den Untersuchungsausschuß, daß zwei Tage nach den Attentaten vom 11. September ein Lear Jet 35 auf dem Flughafen gelandet und von dort nach Lexington, Kentucky, geflogen ist. Danach flog er wieder nach Tampa.

An Bord befanden sich mindestens drei Saudi-Araber, angeblich auch ein Mitglied der saudischen Königsfamilie. Diese Maschine wurde von einem ehemaligen Polizisten und einem Ex-FBI-Agenten begleitet. Die Saudi-Araber verließen dann von Kentucky aus das Land.

Und obwohl die Bin Laden Familie überwiegend aus Saudi Arabien kommt, bombardiert man nicht Saudi Arabien, sondern Afghanistan.

Michael Moore stellt in seinem Buch „Volle Deckung, Mr. Bush" etliche Fragen, die bis jetzt nicht zufriedenstellend beantwortet sind. Z.B. über die Geschäftsbeziehung der Familie Bin Laden zu der Königsfamilie von Saudi Arabien. Er schreibt, daß Osama Bin Laden regelmäßig zur Dialyse muß, weil er ein Nierenleiden hat, und es kaum vorstellbar ist, daß man nicht gefaßt werden kann, wenn man einmal die Woche an ein Gerät angeschlossen werden muß, von dem es in Afghanistan wahrscheinlich gerade mal eine Handvoll gibt.

Der „Figaro" berichtete am 31. Oktober, daß Osama Bin Laden im Juli 2001 mit einem hochrangigen CIA-Beamten in einem Krankenhaus gesprochen hatte. Warum wurde er nicht verhaftet?

Das Weiße Haus und andere Behörden hatten bisher immer dementiert, daß dieser Flug jemals stattgefunden hat. Trotz der offiziellen Bestätigung wurde weder vom FBI noch der Untersuchungskommission zu 9/11 ein Kommentar dazu abgegeben.

Daß nach den Ereignissen nicht umgehend eine Untersuchungskommission gebildet wurde, ist sehr ungewöhnlich. Bush und Cheney hatten Druck auf den Kongreß ausgeübt, um eine Untersuchung zu verhindern. Erst Ende 2002 nahm eine Kommission ihre Arbeit auf. Auch die New Yorker Feuerwehrleute wunderten sich, daß keine Untersuchung der Einsturzursache stattfand, sondern sofort die Trümmer abtransportiert wurden, womit ja wichtige Spuren und Beweismittel vernichtet wurden. Und das, obwohl es sich ja auch um einen gigantischen Versicherungsfall handelte: Das Zwillingsgebäude war erst wenige Monate zuvor von einem Larry Silverstein gekauft worden, und ungewöhnlicherweise schloß er auch eine Versicherung gegen Terroranschläge ab, was sonst kaum gemacht wird, da es viel Geld kostet und bisher in den USA nur selten Gebäude von Terroranschlägen betroffen gewesen sind.

Im Frühjahr 2004 kamen Informationen ans Tageslicht, wonach vor, während und nach den Anschlägen Militärmanöver durchgeführt worden sind. Gerade an diesem 11. September 2001 fand in New York ein Manöver statt, bei dem ein Anschlag mit einem Passagierflugzeug auf die zentrale Satellitenüberwachungsbehörde bei Washington geprobt wurde. Angeblich waren viele Militärs an diesem Tag verunsichert, ob es sich bei den Anschlägen um eine Übung oder den Ernstfall handelte.

Die FAZ schrieb am 08. 10. 2001, daß die Taliban aus dem Drogengeschäft aussteigen wollten und schon die ganze Ernte 2000 vernichtet hatten. 75% des Rohopiums der Welt kommen aus Afghanistan. Die CIA ist am Drogenverkehr nach Amerika beteiligt und verdient Unsummen damit. Die Nordallianz will die Drogengeschäfte wieder weiterführen.

Geht es also um Drogen, oder gibt es noch andere Interessen? Nun, es gibt angeblich ein gigantisches, noch unerschlossenes Erdgas- und Ölvorkommen unter dem Kaspischen Meer. Man kann es von Tschetschenien aus erschließen, aber auch aus anderen Ländern. (Vielleicht daher der Kampf der Russen gegen die tschetschenischen Terroristen?) Will man das Öl in den Westen bringen, könnte man eine Pipeline durch Afghanistan gebrauchen. Daß viele Kriege der Amerikaner um Öl gefochten werden und nicht aus reiner Gutherzigkeit, ist nichts Neues. Auch andere globalpolitische Interessen können eine Rolle spielen. Immerhin können die USA nun Militärbasen im Mittleren Osten errichten.

Amerika hat zuvor die Taliban im Kampf gegen Rußland

unterstützt, nun unterstützt es die Nord-Allianz, die auch kein demokratischer Debattierclub ist, wie Massenhinrichtungen im Kampf gegen die Taliban gezeigt haben. Auch Saddam Hussein und Milosevic waren zuerst Freund, dann Feind der Amerikaner.

Auch läßt sich nach diesen verheerenden Anschlägen in New York und Washington vieles durchsetzen, was vorher schwer machbar gewesen wäre: Die Leute rufen nach mehr Sicherheit. Und will man mehr Sicherheit, muß man mehr Kontrollen hinnehmen. Wenige Stunden nach den Anschlägen standen FBI-Agenten bei Internetprovidern auf der Matte und forderten, die Software „Carnivore" zu installieren, die eine Überwachung sämtlicher Internetvorgänge ermöglicht. Auch Mobilfunkbetreiber bekommen jetzt Schwierigkeiten, wenn sie nicht die Möglichkeit zum Abhören der Gespräche ermöglichen. Die Bundesregierung plant Fingerabdrücke in Pässen und sogar Chips mit personenspezifischen Daten. Big Brother – ick hör Dir trapsen.

Im Internet kursieren – an den Massenmedien vorbei – kritische Beiträge und Friedensaufrufe zuhauf. Anders als in internetlosen Zeiten sind die Menschen nicht nur von der Propaganda der Massenmedien abhängig, sondern haben Zugriff auf systemkritische Stimmen. Wenige Wochen nach den Anschlägen gab es bei den Providern kritischer Internetseiten und Diskussionsforen plötzliche Ausfälle und Schließungen. Auch mein Internetforum, das mehr als 700.000 Zugriffe in den Monaten nach den Anschlägen gezählt hatte, wurde plötzlich gelöscht.

Daß selbst Medienleute nicht verschont bleiben, konnte Ulrich Wickert erfahren, als er eine falsche Bemerkung über Bush gemacht hatte. Auch anderswo wurden kritische Reporter gefeuert, Lehrer suspendiert, die die falschen Dinge sagten.

Aber die Amerikaner geben sich gern humanitär, also warfen sie nicht nur Bomben auf Afghanistan, sondern noch gleich

Freßpakete hinterher. Es ist schon fast drollig, wie leicht man meint, seinen Ruf aufrechterhalten zu können, obwohl die USA immer nur – ohne jemals angegriffen worden zu sein – ihre Waffen in fremden Regionen der Welt abluden. Atombomben in Japan, Agent Orange und Napalm in Vietnam mit Auswirkungen bis heute oder uranangereichtere Munition in Serbien. Für die Bewohner dieser Gegenden ist die Bombardierung ihrer Städte und Hochhäuser sicherlich ebenso traumatisch, wie für die Amis die Anschläge auf die Zentren der Macht, WTC und Pentagon. Aber was diese Menschen fühlen, wird uns nicht so bildreich vermittelt. Die Amerikaner kennen wir aus Tausenden von Hollywoodstreifen, Fernsehserien und Berichten. Dort sehen sie immer gut aus, stehen für die Freiheit und die Menschlichkeit - wenngleich auch oftmals mit der Waffe in der Hand. So wurde schon gesagt: „Da haben Leute, die wir nicht kennen, Leute getötet, die wir kennen.“ Ja, aber sind die Leute, die wir nicht kennen, automatisch schlechter als die, die wir meinen zu kennen, die aber gar nicht so sein müssen, wie Hollywood es uns vorführt?

Zum Glück gibt es auch in Amerika besonnene Stimmen. Auch wenn nur eine einzige Stimme im Kongreß gegen Vergeltungsmaßnahmen war, ist Amerika weiterhin ein Land, in dem große Teile der Bevölkerung der Regierung nicht über den Weg trauen. Sie mögen im ersten Eindruck der Anschläge in New York nur sich selbst sehen und nicht, was andere über sie denken. Aber sie werden darüber nachdenken müssen, wie ihre Aktionen anderswo aufgenommen werden. „Wer böse ist, bestimmen wir“, kann kein dauerhaft befriedigendes Konzept sein.

Erschreckend ist die Behandlung der gefangenen Taliban, die die Amerikaner nach Guantanamo Bay auf Kuba brachten. Gefesselt und geknebelt, mit Mund-, Ohr- und Sichtschutz fast völlig von äußeren Sinneswahrnehmungen abgeschnitten, wurden sie kniend in vergitterten Käfigen gehalten – ohne irgendeinen Nachweis einer Schuld, ohne die Möglichkeit, sich zu verteidigen oder einen Anwalt zu nehmen. Ist das die „Schöne Neue Welt“? Im „Kampf gegen den Terror“ kann jeder beliebig seiner Menschenrechte entledigt werden – wenn die Amerikaner es wollen. Kritik daran ist kaum mehr möglich. Besonders amerikanische Journalisten spüren den harten Wind der NWO: Wer die Maßnahmen kritisiert, fliegt. Ganz nebenbei gefragt: Wieso werden die Gefangenen in Kuba untergebracht? Gab es nicht immer eine extreme Abschottung zwischen dem kommunistischen Kuba und „der freien Welt“? Und nun bringen die Amerikaner ausgerechnet ihre Gefangenen dort unter? Ist Kuba eine Gefangeneninsel der Neuen Weltordnung?

Viele Umstände deuten also darauf hin, daß gewisse Kreise in Amerika vor den Anschlägen informiert gewesen sein müssen. Unvorstellbar? Man erinnere nur an Pearl Harbour: Roosevelt wußte von dem geplanten Angriff. Die wertvollen Flugzeugträger wurden rasch von der Militärbasis abgezogen. Aber 3000 amerikanische Soldaten wurden bei den Angriffen für ein größeres Ziel geopfert: Roosevelt brauchte einen Grund, in den Krieg – der erst dadurch zum 2. Weltkrieg wurde – einzutreten. Hollywood frischte die Erinnerung an die Katastrophe erst jüngst bildgewaltig auf – unterschlug aber die wahren Hintergründe.

Der Anschlag auf das Murrah-Gebäude in Oklahoma City? Wollte man erst auch arabischen Terroristen in die Schuhe schieben. Inzwischen hat man Timothy Mc Veigh dafür hingerichtet, obwohl es sicherlich auch kein Einzeltäter war und jemand vorher von dem Anschlag gewußt haben muß: das „Buero for Alcohol, Tobacco and Firearms“, das Räume in dem Gebäude hatte, war am Tage des Anschlags „zufällig“ leer. Niemand von der Bundesbehörde ATF kam ums Leben.

Interessant ist, daß die Amerikaner schon seit einiger Zeit internationale Organisationen, wie die UNO oder den Internationalen Gerichtshof, übergehen. Dies sollten ursprünglich Organe der Neuen Weltordnung sein. Will Amerika nun seine eigene NWO und seine anerkannt stärkste Militärmacht benutzen, um sich endgültig zum Herrscher der Welt zu machen?

Auch die angeblich zu erwartenden Anschläge mit biologischen Waffen sollen die Menschen in Angst halten und den Weg für mögliche Vorsichtsmaßnahmen, wie Massenimpfungen und noch mehr Überwachung, ebnen. Die bisherigen Fälle von Anthrax, die bekannt geworden sind, betrafen allerdings immer nur Einzelpersonen oder entpuppten sich als Zeitungsente. Ein ehemaliger US-Offizier verbreitete über das Internet seine Ansicht, daß biologische Waffen bei weitem überschätzt würden und man damit keine Massen wirkungsvoll töten könne. Ebenso wurde schnell klar, daß die aufgefundenen Anthrax-Briefe aus amerikanischen Labors stammten, so daß diese Pläne offenbar nicht weiter verfolgt wurden.

Jeder Mensch macht seit diesen Anschlägen sehr viele innere Prozesse durch. Jeder muß fertig werden mit seiner Angst, muß sich Gedanken über Ursache und Wirkung machen, über Vergebung und Vergeltung, über Sicherheit und Freiheit.

Die Ereignisse des 11. September waren wie eine Immunisierung, eine Desensibilisierung. Auch, wenn weitere solcher Ereignisse kommen mögen – sie werden unsere innere Entscheidung für das Gute nicht mehr umkehren können. Die Massen mögen nach Umfragen die einfachen Strickmuster der militärischen Reaktionen befürworten. Aber wir dürfen nicht vergessen, daß viele Menschen sich innerlich entschieden haben, sich nicht von Angst und Vergeltungsgedanken einholen zu lassen.

Amerika, das Land der Freien und Mutigen, muß sich fragen, wie zivilisiert es noch sein wird, wenn es sich von geschickten Rhetorikern Sand in die Augen streuen läßt und nicht erkennt, daß die Grenze von dem Land, auf das man zu Recht stolz ist, zu einem Polizeistaat, leicht – allzuleicht - überschritten werden kann.

Montag abend bei Attas

Achtung! Satire.

„Schatz, was tust Du da?“
„Das siehst Du doch: packen.“
„Willst Du mich verlassen?“
„Quatsch. Für den Selbstmordanschlag morgen.“
„Aber da brauchst Du doch nicht zwei Koffer.“
„Ich muß doch Sachen zum Wechseln haben.“
„Aber doch nicht den dicken Wintermantel.“
„Vielleicht ist es ja kalt an Bord um diese Jahreszeit.“
„Unsinn!“
„Und Unterwäsche sollte ich auch besser ein bißchen mehr mitnehmen.“
„Und was willst Du mit der Videocassette?“
„Ach, ich weiß auch nicht...“
(liest vor) „How to fly a commercial airplane...?”
„Naja, man kann ja nie wissen. Vielleicht kann es mir unterwegs helfen.“
„Aber dann solltest Du es ins Handgepäck nehmen.“
„Ich will nicht so viel schleppen. Du weißt doch... mein Kreuz.“
„Ja, aber wenn Du die Koffer aufgibst... wer weiß, wo die landen.“
„Ist doch egal. Ich sterbe eh morgen früh.“
„Dann nimm besser auch den Koran mit.“
„Oooch, muß das sein. Der wiegt mindestens 10 Kilo!“
„Stell Dich nicht so an.“
„Ach, die Kollegen, die den Mietwagen zum Bostoner Flughafen fahren, bringen sicher einen mit.“
„Sicher?“
„Ja, ist so abgesprochen. (zu sich) Hoffentlich lassen die Idioten ihn nicht im Wagen liegen.“

„Und was willst Du mit den Fluguniformen?“
„Ach, die sind einfach nur cool.“
„Dann zieh sie doch an.“
„Neeinn. Was sollen denn die Leute sagen?“
„Und nimm vorsichtshalber einen falschen Bart mit.“
„Quatsch. Damit fall ich viel mehr auf.“
„Dann denk wenigstens an einen falschen Paß. Du weißt doch, daß die Dich schon unter Beobachtung haben.“
„Mir passiert schon nichts. Mach Dir nicht so viel Sorgen.“
„Naja, aber es kann doch so viel passieren.“
„Ach, morgen ist alles vorbei. Es wird nie mehr etwas so sein, wie vorher.“
(Schmollend): „Ja, ja. Das sagst Du jedesmal.“
(Er nimmt sie in den Arm) „Glaub mir, Schatz: Morgen wirst Du sehr stolz auf mich sein.“
„Schreibst Du denn mal´n Brief?“
„Hab ich schon.“
„Darf ich ihn lesen?“
„Neeinnn. Erst hinterher. Ich tu ihn in den Koffer.“
„Ja, aber was ist, wenn der Koffer bei dem Anschlag zu Schaden kommt?“
„So schlimm wird's schon nicht werden. Diese Frachträume in den Flugzeugen sind heutzutage so was von sicher. Ich hab mich lange damit befaßt.“
„Bist Du sicher, daß Du das tun willst?“
„Ja, natürlich. Du weißt doch, daß es Allah gefällig ist und daß ich ins Paradies komme mit vielen geilen Frauen mit geilen Tit.... äh, tollem Charakter.“
„Steht das im Koran?“
„Woher soll ich das wissen? Nein, die Jungs von dem Bin Laden Fanclub haben das gesagt.“
„Und Du glaubst denen?“
„Ich werd schon dran glauben. Spätestens morgen.“
„Denk an den Rasierapparat. Und hast Du genug Kreditkarten

mit?“
„Mach Dir nicht solche Sorgen. Es sind nur zwei Kurzstrecken. Und beim zweiten Flug.... schlagen wir dann zu.“
„Denk daran, daß Du noch Bonusmeilen bei American Airlines hast.“
„Ja, Schatz. Wir entführen nur Flugzeuge von United und American. Das ist alles abgesprochen.“
„Aber Du hattest doch immer Angst vorm Fliegen.“
„Ja. Aber glaub mir; Fliegen ist viel sicherer als jedes andere Verkehrsmittel. Die Wahrscheinlichkeit, in New York von herabfallenden Trümmerteilen erschlagen zu werden, ist viel höher, als die, mit einem Flugzeug abzustürzen....“

Hollywood, Florida 33021
DOB: 5/9/78
Issue date: 4/12/01
Exp. date: 5/9/07
Duplication date: 6/19/01

(LES/OC) FBI Boston reported that Mohamed Atta and Abdulaziz Alomari had traveled to Boston from Portland, Maine. One of the bags belonging to Atta did not make the AA #11 flight. Airline uniforms, video or commercial aircraft, and a suicide note were found in the bag.

Im „Spiegel“ wurde ein Fahndungsersuchen des FBI veröffentlicht, das die Kernpunkte dieser Satire vorgibt.

Hinters Licht geführt

Kriege beginnen immer mit einer Lüge. Nehmen wir als Beispiel den Kosovo-Krieg, an dem wir Deutsche ja erstmals nach dem zweiten Weltkrieg wieder militärisch involviert waren. Angeblich mußten wir aus humanitären Gründen im Kosovo eingreifen. Natürlich mußte zur Führung dieses Krieges erst mal die Öffentlichkeit überzeugt werden, und es wurden ganz massive Propagandalügen in die Welt gesetzt, um diesen Krieg zu rechtfertigen. Die Beweise dafür, daß sie entlastendes Material ignorierten, um die Notwenigkeit dieser „humanitären Maßnahmen" zu rechtfertigen, wurden in der ARD-Sendung „Es begann mit einer Lüge" vom 8.2.2001 veröffentlicht.

Norma Brown, US-Diplomatin im Kosovo, sagte: „Bis zu dem Beginn der NATO Luftangriffe gab es keine humanitäre Krise". NATO-Sprecher Jamie Shea, der während des Krieges mit seiner gemütlichen, jovialen Art die Bilder kommentierte, hält die Propaganda für unverzichtbar: *„Nicht nur Minister Scharping, auch Kanzler Schröder und Minister Fischer waren ein großartiges Beispiel für politische Führer, die nicht der öffentlichen Meinung hinterher rennen, sondern diese zu formen verstehen." ... „Wenn wir die öffentliche Meinung in Deutschland verloren hätten, dann hätten wir sie im ganzen Bündnis verloren."*

Mit anderen Worten, hätten sich die meisten Deutschen nicht von der Propaganda einlullen lassen, wäre dieser Krieg womöglich gar nicht angefangen oder zumindest rasch beendet worden.

Rudolf Scharping trat am 28.3.1999 vor die Kameras und behauptete, daß die Serben ein großes S an ihre Haustüren malen sollten, damit sie von den ethnischen Säuberungen ausgeschlossen würden. Doch das war eine reine Propaganda-Lüge, die wohl an das „J" im Paß der Juden während der Nazizeit erinnern sollte.

Angeblich hatten die Serben in den Katakomben unter den Stadiontribünen Pristina ein KZ betrieben. Die WDR-Filmleute befragten einen kosovarischen Politiker, dessen Haus direkt auf das Stadion blickt. „Es hat dort damals keinen einzigen Gefangenen oder eine Geisel gegeben."

Das deutsche Verteidigungsministerium gab Broschüren heraus, in denen Luftaufnahmen zu sehen sind, die angeblich Bombardements der Serben zeigten. Wenn man genau hinguckt - was die WDR-Macher getan haben - sieht man, daß die Aufnahmen ein Datum haben, das auf die Zeit der NATO-Bomben verweist. Später nahm man die Datierungen aus den Bildern der Broschüre heraus.

In einem geheimen Lagebericht des Verteidigungsministeriums heißt es: „Am 29. Januar ´99 wurden in Rugovo bei einem Gefecht 24 Kosovo-Albaner und ein serbischer Polizist getötet." Aber der WDR-Bericht zeigt, daß es keine Zivilisten waren, sondern UCK Kämpfer, die in einem Feuergefecht umgekommen waren. Die Leichen wurden für die Aufnahmen, die später als Beweise für die Massaker an der Zivilbevölkerung im Fernsehen gezeigt wurden, extra arrangiert.

OSZE-Beobachter Henning Hensch, Polizeibeamter vor Ort, sagt aus: „*... daß der Verteidigungsminister noch am Tage der ersten Veröffentlichung (...) von mir darüber in Kenntnis gesetzt worden ist, daß die Darstellung, die da abgelaufen ist, so nicht gewesen ist.*" Das Ergebnis seines Ermittlungsberichts zu dem angeblichen Massaker in Rugovo: *„Kein Massaker an Zivilisten."*

Dennoch wurden diese Bilder als letzten Endes ausschlaggebend für den Krieg der Öffentlichkeit vorgesetzt: Noch mal: Die Minister wußten, daß diese Aufnahmen kein Massaker zeigten, verwendeten jedoch das Material, da sie die Bevölkerung davon überzeugen wollten, daß „humanitäre" Hilfe, mit anderen Worten Bombardierungen der NATO, nötig seien.

Zitat aus der Sendung: *„April 1999. Während Scharping*

von einem Massaker berichtet, das keines war, und von einem KZ, das es nie gab, war der Kosovo-Krieg weiter in vollem Gange. In Deutschland wie in den USA wurde für diesen Krieg Stimmung gemacht."

Wayne Merry, Berater der US-Regierung, sagte in der Sendung: *„Manche Regierungsleute aus dem Außenministerium reden davon, daß Kosovo nur der Auftakt ist für zukünftige Kriege der NATO, die noch viel entfernter sein werden."*

Und NATO Sprecher Jamie Shea sagte im Nachhinein: *„Nach dem Angriff auf den Flüchtlingskonvoi bei Djakovica, dem ersten „Unfall" des Krieges, fiel die öffentliche Zustimmung in vielen Ländern, auch in Deutschland, um 20 bis 25 Punkte. Wir mußten sechs Wochen hart arbeiten, um die öffentliche Meinung zurückzugewinnen."*

Wie wir inzwischen wissen, hat dieser Krieg nichts an der Situation im Kosovo verbessert. Statt dessen belasten die Folgen, wie z.B. die Uran-angereicherte Munition der U.S. Kräfte, die Region noch auf Jahrzehnte.

Man hat nun endlich eine „demokratische Regierung" in Jugoslawien. Wahrscheinlich eine, die bereit ist, sich den Zielen derjenigen, die diesen Krieg unbedingt wollten, unterzuordnen. Und wenn nicht... dann wird man einen neuen Krieg vom Zaun brechen, die einen als die Bösen und die anderen als die Guten bezeichnen, damit die Bevölkerung glaubt, daß dieser Krieg nun mal unumgänglich sei, um menschliches Leid zu verhindern. Gebracht haben die „humanitären Einsätze" gar nichts. Die verschiedenen Gruppen bekämpfen sich weiterhin gegenseitig. Und die Albaner sind keineswegs „die Guten", wie uns das während des Krieges dargestellt wurde.

Wie kann es angehen, daß die Turnschuhgeneration, die früher die schöne Vision hatte: „Stell Dir vor, es ist Krieg und keiner geht hin", nun ihre Vertreter in den Parlamenten hat, und diese sich nicht deutlich gegen den Krieg einsetzten, sondern ganz bewußt die Lügen mit verbreiteten, damit dieser geführt werden konnte? Zum Glück haben Sie beim Irakkrieg etwas mehr Haltung gezeigt.

Und was es im Vorfeld des Irakkrieges alles für Lügen gegeben hat, darauf muß ich hier nicht weiter eingehen, da vieles davon inzwischen sogar offiziell eingestanden werden mußte. Nicht, daß die Diktatur unter Saddam Hussein verharmlost werden soll, aber seit wir wissen, daß von amerikanischen Soldaten dem irakischen Gefängnis Folter begangen wurde, wird auch dem letzten klar, daß diejenigen, welche vorgeben, ein Land zu befreien, keineswegs immer moralisch besser sind als das, was sie bekämpfen. Das gilt auch für andere Kriege aus der Vergangenheit: Die Sieger berichten meistens nur über die Grausamkeiten der Besiegten und versuchen, ihre eigenen Verbrechen zu verbergen.

Entscheidend ist, daß man der Bevölkerung einfache Gut/Böse-Muster vorlegt, die das gewünschte Ergebnis bewirken. Und da zeigt sich, daß es manchmal auch damit zu tun hat, wie kritisch ein Volk ist: Ein großer Teil der Amerikaner weiß gar nicht, wo der Irak liegt, und ließ sich leicht einreden, daß Saddam Hussein eine Bedrohung für die USA wäre. Die meisten Europäer hatten die einfachen Darstellungen nicht so leicht geschluckt und sich mehrheitlich gegen den Irak-Krieg ausgesprochen, wofür sie von den Amerikanern als feige Verräter angesehen wurde. Ob es einfach sein dürfte, den nächsten Krieg als unumgänglich und notwendig zu verkaufen, bleibt abzuwarten.

Welche Interessen hinter dem Irakkrieg wirklich standen, darüber darf man kaum laut spekulieren, um nicht politisch korrekte Empörung zu ernten. Aber selbst in den USA mehren sich die kritischen Stimmen, die über die wahren Hintergründe sprechen. So sagte der ehemalige Marinegeneral und Nahostvermittler Anthony Zinni in der CBS-Sendung „60 Minutes“, daß es das am schlechtesten gehütete Geheimnis in Washington sei, daß die neokonservativen Denker auf die Invasion des Irak gedrängt hätten, um den Mittleren Osten demokratischer und sicherer für Israel zu machen. Denn die USA waren durch den Irak nie bedroht, Israel sehr wohl.

Jedenfalls haben diese Kräfte einen erheblichen Rechtfertigungsnotstand, und es muß damit gerechnet werden, daß sie weitere Terroranschläge inszenieren werden, um die Menschen von der Notwendigkeit ihres „Kampfes gegen den Terror“ zu überzeugen.

Wann werden wir uns das nächste Mal einlullen lassen, um Unrecht als Recht und Böses als Gut einzustufen? Wann werden wir erkennen, daß wir im Fernsehen nicht immer die Wahrheit vorgesetzt bekommen, auch wenn die Bilder noch so „echt“, so „live“ sind? Wann werden unsere Politiker endlich genauso hart bestraft für das, was sie anrichten, wie jeder von uns, der selten Milde vor Gericht erwarten darf? Ohne es zu bemerken, haben wir die „schöne neue Welt“ und George Orwell´s „1984“ längst, haben Meinungen angenommen, die wir uns nicht selber erarbeitet haben.

Viel von unserem „Wissen“ ist gar kein Wissen, sondern Desinformation, Werbung, verlogene Propaganda. Vieles, was wir heute über die Welt zu wissen glauben, wurde uns mit gewaltigem Aufwand eingetrichtert. Nehmen wir nur ein Beispiel: Ein relativ neues Produkt der Pharmaindustrie namens Viagra ist heute jedermann bekannt. Unabhängig von den Eigenschaften des Mittels geht es hier darum, daß heute fast alle Menschen mehr über die Eigenschaften von Viagra wissen, als über die Eigenschaften von Löwenzahn. (Eine Pflanze, die z.B. hervorragend zur Leberentgiftung geeignet ist. Und man muß nicht mal umständlich irgendwelche Bestandteile der Pflanze herausziehen, sondern man kann alles von Wurzel über Stengel, Blättern bis Blüte in heißes Wasser geben und hat so einen wundervollen, gesunden Tee.) Da Löwenzahn aber ja überall wächst, kann damit kaum ein Geschäft gemacht werden, und so hat niemand ein Interesse daran, die tollen Eigenschaften dieser oder einer anderen Pflanze zu bewerben.

Die Natur hat keine Lobby, und so verlagert sich unsere Ansammlung von „Wissen“, das in unserem Kopf gespeichert wird, zunehmend weg von dem, was seit ewigen Zeiten den Menschen das Leben ermöglicht und schön gemacht hat, hin zu Scheinwissen über Dinge, von denen einige wenige es gezielt verbreiten, weil sie sich einen Profit davon versprechen.

Bei anderen Produkten der Pharmaindustrie wird es noch deutlicher: Wenn die Konzerne ein „neues“ Medikament entwickelt haben, das scheinbar gewisse Eigenschaften hat, dann wird erst der Bedarf dafür geweckt, d.h. man macht Werbung für eine neue Krankheit, für die es nun zufällig auf einmal ein Heilmittel gibt. Gerade im Bereich des persönlichen Empfindens des Menschen sind in den letzten Jahren immer neue Krankheitsbilder aufgetaucht, die meistens angeblich mit irgendeinem neuen Produkt behoben werden können, anstatt daß man sich um die Befindlichkeiten des Einzelnen kümmern muß. So wird mangelnde Aufmerksamkeit bei Kindern heute als Krankheit definiert und mit chemischen Substanzen behandelt – ohne daß sich die meisten Menschen Gedanken darüber machen, warum denn die Kinder in der Schule nicht so aufmerksam sind. Vielleicht liegt es ja am lebensfremden Lehrstoff oder der Art des Unterrichts.

In Bezug auf das gefürchtete Cholesterin hat man die Grenzwerte so gesetzt, daß heute fast jeder, der seine Cholesterinwerte messen läßt, in den Bereich der krankhaften Werte fällt, nun Cholesterinsenker oder anderes verschrieben bekommt, was freilich niemandem wirklich hilft, eher schädliche Nebenwirkungen hat, aber als Hauptwirkung viel Geld in die Kassen des medizinisch-industriellen Komplexes bringt.

Aber nicht nur in diesem Bereich werden wir mit Scheinwissen vollgestopft, das wir leichtfertig übernehmen, da wir im guten Glauben davon ausgehen, daß die Ärzte und Wissenschaftler ja Experten sind und uns helfen wollen.

Ob auch anderswo erst Lösungen erfunden und dann die entsprechenden Probleme erst in die Köpfe der Menschen gepflanzt werden müssen, fragt man sich zurecht. Denn vielleicht sind ja auch z.B. die zunehmenden Terroranschläge nur die Probleme, an deren Lösungsversuchen eine gewaltige Lobby von Rüstungsfirmen und sonstigen Interessengruppen profitiert.

Es geht darum, daß es Menschen gibt, die tatsächlich sehr gezielt daran arbeiten, wie man erwünschte Reaktionen bei den Menschen auslösen kann. In sogenannten „Thinktanks" wird Tag und Nacht darüber gebrütet, wie man Massen manipulieren kann, um bestimmte Ziele zu erreichen. Und wenn man die Frage stellt, ob erst der Terror da war und dann Menschen versuchten, Lösungen zu finden, oder ob man plante, Menschen dahin zu bringen, freiwillig einen Teil ihrer Rechte und Freiheiten aufzugeben und Kriegen zuzustimmen, und die scheinbaren Auslöser der Maßnahmen selber geplant und mit großem Aufwand durchgeführt wurden, kommt man vielleicht zu dem Ergebnis, daß man gar nicht so raffiniert und perfide denken kann, als daß andere das nicht schon sehr viel früher und sehr viel intensiver und gezielter getan haben und tun.

Das Fernsehen ist eines der raffinierten Mittel der Manipulation. Denn es hat durchaus eine hypnotische Wirkung. Achten Sie einmal darauf, wenn Sie mit Menschen zusammen sind und der Fernseher läuft. Es ist tatsächlich so, daß ein vernünftiges Gespräch kaum möglich ist, da ein Teil der Aufmerksamkeit aller Anwesenden vom Fernseher angesogen wird.

Durch den zeilenweisen Aufbau des Fernsehbildes entsteht im Grunde der gleiche Effekt, den ein Hypnotiseur benutzt, indem er eine Lampe oder ein Pendel vor den Augen hin und herbewegt. So versetzt er Sie leichter in Trance – wobei ich jedem davon abraten möchte, sich hypnotisieren zu lassen. Denn so kann der Hypnotiseur den meisten Menschen (einige lassen sich nicht hypnotisieren) seinen Willen aufzwingen. Und nun überlegen Sie mal, was das Fernsehen macht: Es erzeugt einen Trancezustand. Und in diesem Zustand gelangen die Informationen in Ihr Unterbewußtsein, wo es gar nicht mehr vom Verstand hinterfragt wird. Und so übernehmen wir Fernsehkonsumenten sehr leicht die Meinungen, die uns aus der „Glotze“ vorgesetzt werden, wenn wir nicht bewußt daran arbeiten, unseren kritischen Verstand zu bewahren. Auf die Massen jedenfalls hat das Fernsehen eine sehr suggestive Wirkung, und der heutige Zustand der Welt hat sicherlich auch damit zu tun, daß wir viele Entscheidungen nur noch unkritisch einfach hinnehmen.

Viele hatten gehofft, daß ein Angriffskrieg einer überlegenen Militärmacht wie jetzt auf den Irak nicht mehr stattfinden würde, weil sich das Bewußtsein der Menschheit vielleicht darüber hinaus entwickelt hätte, und doch fand er statt. Läßt man sich jedoch nicht in das Massenbewußtsein hineinziehen und betrachtet die Lage aus einer höheren Warte, ergibt auch die derzeitige Situation durchaus Sinn: Offenbar gibt es noch Krieg in uns, haben wir noch innere Trennung aufzulösen, sonst gäbe es den Krieg im Äußeren nicht. Der Krieg gegen Viren und Mikroben aus Angst vor SARS, AIDS usw. spiegelt ebenso nur wider, daß wir scheinbar noch etwas in uns bekämpfen wollen.

Und nun spielen also Menschen auf der Welt die Rolle des Bösen, ob wir nun Saddam oder Bush in dieser Rolle sehen, oder sonst wen. Ob wir uns auf die eine Seite oder die andere schlagen; immer geben wir der Trennung Raum. Und solange wir urteilen, ist dieser Konflikt auch eben ein Teil von uns. Selbst wenn wir uns auf die Seite der Kriegsgegner stellen, sind wir in der Polarität. Solange Menschen es noch wollen, müssen sie diese Erfahrung machen. Ein solches Muster kann nur aufgelöst werden, indem es dramatisiert wird. Und nun haben also ein paar hunderttausend hier inkarnierte Seelen die Rollen des Kriegsspielens übernommen – kollektiv für uns alle.

Wir können froh sein, daß sie es tun, und es ist leicht, sich zurückzulehnen und zu sagen, ich habe nichts damit zu tun, ich würde mich nie an einem Krieg beteiligen. Kann sein, daß dies stimmt. Aber dennoch beteiligen wir alle uns doch auch immer wieder an kleineren Kriegen, sei es beim Streit mit dem Nachbarn, dem Chef oder dem Lebenspartner. Es ist schwer, nicht in Konflikte zu geraten.

Manches, was wir gerade am weitesten von uns wegschieben wollen, kommt oft am vehementesten auf uns zu. Ob wir auf einmal mit den Glaubensvorstellungen einer Sekte konfrontiert werden, von denen wir ja aus den Medien zu wissen meinen, daß Sekten meistens böse Psychospielchen treiben, ob wir mit Geldproblemen konfrontiert werden, egal, ob das Finanzamt oder sonst jemand noch mehr von uns will oder wir kaum noch mit dem Vorhandenen auskommen, ob wir mit politisch extremen Richtungen zusammenprallen oder selbst auf der Suche nach Liebe gerade immer das erleben, was wir uns eigentlich gerade nicht gewünscht haben; immer sind solche Situationen eine Gelegenheit, etwas aufzulösen, das in uns noch unerlöst ist. Immer haben wir verschiedene Möglichkeiten, damit umzugehen. Nie ist nur eine Möglichkeit eindeutig richtig. Immer wieder müssen wir abwägen, welche Handlung – oder Unterlassung – das Beste ist.

Vielleicht müssen wir Konflikte, die wir in uns selbst tragen, im Äußeren dramatisieren, damit wir sehen, wie es ist, wenn wir anders damit umgehen.

Die neue Krankheit SARS macht Angst, sich damit anzustecken, genau wie vorher Angst vor Pocken oder Anthrax aus Biologischen Waffen oder vor HIV oder sonstigen bösen Erregern, die uns hinterrücks anfallen können.

Nun, SARS hat bisher ein paar Menschen getötet, was schlimm ist. In der gleichen Zeit starben jedoch Tausende an Malaria und Zigtausende an Krebs. Warum wird SARS so aufgebauscht, wenn es vielleicht nur eine Lungenentzündung ist, die etwas anders ist als die bekannten Formen? Vielleicht soll uns damit nur wieder Angst gemacht werden. Vielleicht ist SARS nur ein soziales Experiment, vielleicht funktioniert es, weil Menschen sich Angst davor machen lassen und damit in Resonanz gehen.

Genau wie AIDS vielleicht auch eher durch Bioresonanz wirkt als durch tatsächliche Erreger. Denn, was die Wenigsten wissen: das Blut wird für einen HIV-Test 400-fach verdünnt, weil sonst *jede* Blutprobe HIV-positiv wäre! Was macht Ihnen nun mehr Angst? HIV zu bekommen oder daß Sie HIV-positiv wären, wenn man für den Test Ihre Blutprobe nicht verdünnen würde? Oder müssen Sie sich da nicht fragen, ob Sie vor etwas Angst haben, was offenbar jeder irgendwie im Blut hat und die Angst möglicherweise einer der wichtigsten Faktoren bei AIDS ist.

Tatsache ist, daß es viel Beängstigendes in unserer Welt gibt. Je weniger wir mit diesen Dingen in Resonanz gehen, je weniger wir urteilen, je mehr wir es schaffen, eine Haltung des inneren Unbeteiligtseins zu erreichen, desto mehr können wir auflösen, was noch an Ankern für negative Gefühle in uns ist.

Angst ist real. Angst haben wir, weil wir das kennen, wovor wir Angst haben. Vielleicht waren wir in früheren Leben nicht nur Opfer, sondern auch Täter. So können wir nur versuchen, mit unseren jetzigen Taten möglichst wenig Leid zu verursachen.

Vielleicht gelingt es uns manchmal, uns von den Manipulationen der Massenmedien zu lösen, uns nach innen der Stimme unseres Herzens zuzuwenden und einmal eine andere Perspektive der Wahr-nehmung auszuprobieren. Aus höherer Warte dient nämlich alles der Entwicklung unserer Seele, die letztlich wieder zurück zur Quelle will, aus der sie einst kam.

Täglich werden wir abgelenkt von diesen inneren Prozessen. Diese Zeit bietet besondere Gelegenheiten zum geistigen Wachsen. Verwirrend ist die Vielzahl der oft widersprüchlichen Informationen sicherlich, und die Massenmedien spiegeln kaum wider, was sich alles tut, da sie es tunlichst vermeiden, über Menschen zu berichten, die „nur“ spirituelle Weisheiten zu geben haben. Die Wahr-nehmung, die wir durch die Massenmedien von der Welt erhalten, ist also verzerrt und eher entmutigend. Viel mehr Menschen, als wir denken, arbeiten an ihrer geistigen Entwicklung, und noch viel mehr Menschen in aller Welt wollen eigentlich nur in Frieden leben.

Wir haben das Staunen über die Welt verloren, da jeder glaubt, im Groben zu wissen, was in der Welt vorgeht - nämlich das, was allgemein anerkannt ist. Ja, das Fatale ist, daß wir glauben, ein allgemeines Wissen über das Funktionieren der Welt zu haben und es eher uncool ist, über Sorgen und Ängste, die die verschiedenen Ansichten der Welt mit sich bringen, zu reden. So ist es immer schwerer, einfach Freude am Leben zu haben, da uns unsere moderne Informationsgesellschaft Wissen über weltumspannende Probleme aufbürdet, aber keine Möglichkeit, einen Einfluß auf sie zu nehmen.

Entscheidend ist, daß wir erkennen, daß unsere Ängste benutzt werden können, um uns zu manipulieren. Die Angst, den Arbeitsplatz zu verlieren, läßt uns einem immer stärkeren Sozialabbau zustimmen. D.h. wenn wir sehen, wie viele Menschen arbeitslos sind – und es sind weit mehr, als uns geschönte Statistiken weismachen wollen – sind wir eher einsichtig, wenn uns gesagt wird, wir müßten länger arbeiten für weniger Geld und akzeptieren, daß Arbeitslosengeld und Rente immer mehr gekürzt werden.

Weil wir meinen, so cool zu sein, alles über die Welt zu wissen, reißen wir alles aus dem Zusammenhang, was uns eigentlich zum Staunen und Wundern bewegen sollte. So wird aus Wasser einfach H^2O und aus Salz Natriumchlorid. Mit fatalen Folgen: So ist das Kochsalz, das wir heute in der Nahrung haben, seiner Natürlichkeit beraubt, da die Wissenschaft und Industrie alles, was nicht zu NaCl zählt, als Verunreinigung ansieht und rausraffiniert. Sie könnten folgenden Versuch machen: Füllen Sie etwas Kochsalz in das Wasser eines Aquariums. Die Fische würden sehr schnell mit dem Bauch nach oben schwimmen. Würden Sie jedoch natürliches Kristallsalz oder Meersalz nehmen, würde das nicht geschehen. Dennoch nehmen wir dieses giftige Salz heute als Lebensmittel hin. Es ist spottbillig, während Salz früher teuer wie Gold gehandelt wurde und Kriege darum geführt wurden. Denn natürliches Salz ist lebensnotwendig für den Menschen. Es enthält In-Formationen, mit denen der Mensch in Resonanz gehen kann, da wir auch aus Wasser und Salz bestehen. Aber Salz ist eben wesentlich mehr als NaCl. Es enthält unzählige andere Mineralien und Verbindungen, und man muß es, wie alles, ganzheitlich begreifen und nicht die Bestandteile aus dem Zusammenhang reißen und so tun, als wäre es das gleiche wie vorher. Natürliches Salz hat Millionen von Jahren in der Erde gelegen und dort Informationen aufgenommen. Während das heutige Kochsalz vom Körper nicht verstoffwechselt werden kann, sich an den Knochen ablagert und so irgendwann zu Krankheiten wie Rheuma, Arthrose oder Gicht führt, kann natürliches Salz viele Heilungsprozesse in Gang setzen.

Viele andere falsche Konzepte werden von uns blind geglaubt, weil sie uns von einer sich wissenschaftlich gebenden Industrie gesagt wurden. Haben Sie schon mal vom Säureschutzmantel der Haut gehört? Und daß man pH-neutrale Seifen benutzen sollte, um den Säureschutzmantel nicht zu zerstören? Nun, das, was da als natürlich angenommen wird, sind Ausscheidungen der Haut. Wir sind nämlich heute derart übersäuert, daß der Körper versucht, Säure über die Haut loszuwerden. Und es ist sehr wohl nützlich, die Haut mit basischen Seifen zu waschen, denn die Säureschicht ist eben nicht natürlich. Vieles von der Industrienahrung, die wir heute zu uns nehmen, enthält Säure, andere Sachen verwandeln sich im Körper zu Säure. Es ist sinnvoll, sich weiter mit Entsäuerung zu befassen.

Wir suchen ständig nach In-Formation. Viele Informationen bekommen wir nicht über Worte oder Bilder, sondern über Schwingungen. Schwingungen, die in der Natur vorhanden sind. Im Sonnenlicht, im Wasser, im Salz und den Pflanzen, die wir essen. Das, was wir heute als Lebensmittel bezeichnen, enthält oft kaum noch Lichtinformationen. Es ist biophysikalisch nachweisbar, daß in den Zellen unseres Körpers Licht ausgetauscht wird, daß es in natürlicher Nahrung vorhanden ist und in moderner Industrienahrung kaum noch. Daher suchen die Menschen nach diesen Informationen, versuchen alles mögliche, und diese Suche kann zur Sucht werden, wenn wir uns an einen Ersatzstoff gewöhnt haben, der uns vorspiegelt, Informationen zu enthalten, wie Süßigkeiten, Zigaretten, Alkohol oder andere Drogen. Viele Süchte könnten geheilt werden, wenn wir dem Körper wieder mehr natürliche Informationen zuführen würden, wie sie z.B. im natürlichen Kristallsalz oder auch Meersalz vorhanden sind.

Einige Leute in Indien leben ihr ganzes Leben in vollkommener Enthaltsamkeit. Sie sitzen ihr ganzes Leben auf einem Fleck und halten vielleicht ihr ganzes Leben einen Arm hoch, um Gott zu preisen. Nun ja, wenn sie es gerne möchten... Nur was für ein Leben ist das? Glauben sie, daß sie Gott gefälliger sind, weil sie totale Enthaltsamkeit leben?

Wir schaffen unsere Realität mit dem, was wir denken. Wenn wir Mangel und Enthaltsamkeit denken, wird Gott uns nicht im Wege stehen. Dann dürfen wir uns aber auch nicht beschweren, wenn wir um uns herum Mangel erleben.

Gott will, daß es uns gut geht, daß wir das, was wir uns wünschen, bekommen. Wenn wir selber denken, daß es uns nicht zusteht, dann wird er sich nicht über unseren Willen erheben. Denn das Universum liebt uns dermaßen, daß es uns jeden Wunsch erfüllen will. Leider klaffen die Dinge, die wir meinen, uns zu wünschen, und das, was wir darüber denken, oft meilenweit auseinander.

Das Spiel der Kräfte

Während wir glauben, in freien, zivilisierten Ländern zu leben, arbeiten einige Kräfte zielstrebig an der Versklavung der Welt. Da aber die Wenigsten dies für möglich halten, werden Politiker, Soldaten, Behörden, Firmenbeschäftigte und einfache Bürger benutzt, um Einzelziele zu erreichen. Dazu gehören:

Die Einführung elektronischer Zahlungsmittel. Angeblich bequem und sicher, sollen sie über Geldchipkarte, Strichcode, und Mastercode irgendwann zum unter die Haut eingepflanzten Chip und damit totaler Kontrolle des Geldes führen, wie in der Offenbarung des Johannes vorausgesagt.

Die Pharmaindustrie versucht seit einiger Zeit, alle Naturheilmethoden, von Vitaminversorgung über Homöopathie, Ayurveda, Neue Medizin usw. gesetzlich verbieten zu lassen, damit nur noch Produkte und Behandlungsmethoden des medizinisch-industriellen Komplexes zugelassen werden. Dabei gibt es für zigtausende pharmazeutischer Produkte keinen Wirkungsnachweis und mehr Nebenwirkungen als Heilung.

Durch Abkommen zur Globalisierung sollen große Firmen den Status von Nationalstaaten bekommen. Sie werden also faktisch über dem Gesetz stehen. Schon in der EU werden viele politische Entscheidungen nicht mehr durch demokratisch gewählte Volksvertreter getroffen, sondern durch Kommissionen, in denen Vertreter der Industrien sitzen, die ein Interesse an der Ausweitung ihrer Märkte haben. Dazu gehört Privatisierung von ursprünglichen zu den Hoheitsbereichen eines Staates gehörenden Bereichen wie Bahn, Post und Telekommunikation und Cross-Boarder-Leasing, bei dem Teile der Infrastruktur eines Landes, wie Wasserwerke u.ä., an internationale Firmen verkauft und von dort wieder geleast werden, womit später die Kosten für Dinge des Grundbedarfs erheblich in die Höhe getrieben werden können.

Um die NWO zu festigen, werden Staaten, die sich gegen

diese Bestrebungen erheben, im Ernstfall in einen Krieg gezogen. Man stellt die Kämpfe als notwendige humanitäre Einsätze dar, um Freiheit und Frieden zu bewahren. Die kontrollierten Massenmedien schaffen es, den Widersacher als absolut böse darzustellen, wie bei Saddam Hussein, den Taliban oder Milosevic geschehen. In den meisten Fällen wurden diese Leute vorher von den gleichen Mächten finanziell und politisch unterstützt, um sie danach als Buhmänner benutzen zu können, und die Weltpolizei als Retter der Freiheit und Humanität darstellen zu können.

Die Massenmedien schaffen durch ihre Berichterstattung ein Klima des Hasses gegen Systemkritiker und bieten nur noch seichte und gewalttätige Unterhaltung, um die Menschen von ihrer spirituellen Entwicklung abzulenken.

Obwohl offiziell die Einfuhr von Drogen bekämpft wird, kann man in der Praxis beobachten, daß Drogendealer aus dem Ausland ins Land gebracht, kaum polizeilich verfolgt und, wenn festgenommen, sofort wieder frei gelassen werden. Einige Drogen können den freien Willen, den Widerstand und das eigenständige Denken der Menschen enorm schwächen. Aber auch legale Drogen, speziell Psychopharmaka, werden massenhaft unters Volk gebracht. Diese Psychopharmaka sollen Depressionen, Hyperaktivität bei Kindern etc. verhindern, schaffen das durch eine Trennung von Gefühlen und Verstand. Dadurch wird aber auch das natürliche Mitgefühl unterdrückt.

Für die Neue Weltordnung soll eine Welteinheitsreligion geschaffen werden, die eigentlich keine Religion ist, sondern ein Ritus, der die Menschen in Angst vor einem strafenden Gott hält. Kleine Religionsgemeinschaften, die sich nicht in dieses Schema pressen lassen, werden von den Medien als fanatische Sekten bezeichnet und politisch verfolgt.

Obwohl behauptet wird, daß unser Schulsystem die Menschen zum kritischen Denken erziehen soll, wird durch Multiple Choice, Mengenlehre, Rechtschreibreform und andere Experimente eher eine Verdummung der Schüler und eine Beliebigkeit von grundlegenden Fertigkeiten erzeugt. Lehrer, die die Schüler wirklich zum unabhängigen Denken erziehen, bekommen Schwierigkeiten und geben irgendwann auf. Das Auswendiglernen wird belohnt.

Menschen, die die Gefahr der Neuen Weltordnung und den Einfluß übernationaler Mächte sehen, werden in die Nähe der Verbrechen der Nazis gestellt, denn natürlich will niemand etwas mit denen zu tun haben. Auf diese Weise kann jede berechtigte Kritik an der Neuen Weltordnung als rechtsextrem bezeichnet und damit unterdrückt werden. Ich selbst bin Opfer solcher Attacken geworden, deren Ziel es war, mich beruflich und finanziell zu ruinieren. Meine Homepage und mein Forum wurden mehrmals ohne Angabe von Gründen gesperrt, und ich mußte sie woanders weiter führen. Dies passiert auch vielen anderen kritischen Stimmen im Internet, aber das Schöne ist, daß dieses Medium so flexibel ist, daß Informationen, die irgendwo gelöscht oder zensiert werden, sofort woanders – und gleich mehrfach – wieder auftauchen.

Wenn es unabhängige Ziele wären und wir eine freie Presse hätten, würden findige Aufdeckungsjournalisten längst solche Machenschaften aufgedeckt haben. In den Chefredaktionen aller wichtigen Medien sitzen aber längst Zöglinge der NWO, Mitglieder von Geheimlogen, die, bewußt oder unbewußt, die Ziele dieser Bestrebungen fördern und jede Kritik unterdrükken.

Es gäbe nichts gegen eine Weltregierung einzuwenden, wenn sie die besten Intentionen für die Menschheit hätte. An den Spitzenpositionen der Macht sitzen aber skrupellose Egomanen, und Millionen Menschen in der Welt arbeiten - bewußt oder unbewußt – ihren Zielen in die Hände.

Im Buch „334 Promille Lüge“ beschreibt ein angeblicher Hoher Meister vom Stuhl seinen Werdegang von der Rekrutierung in eine Loge bis an die Spitze eines weltweiten Netzes von Geheimlogen. Es zeigt, daß es Menschen gibt, die jegliche Skrupel gegenüber den Meinungen anderer, deren Leben oder sogar vor Gott ablegen, um sich an die Spitze der Macht zu bringen. Er beschreibt u.a., wie er selber einen Menschen auf grausame Art tötete, um in der Hierarchie aufzusteigen.

Jemand, der sich mit Weltverschwörungstheorien befaßt, sollte zuallererst erkennen, daß diejenigen, welche versuchen, die Weltherrschaft zu erlangen, grundsätzlich immer jede Seite fördern, nach dem Konzept „teile und herrsche". Dadurch, daß sich Rechte und Linke so absolut verabscheuen, passiert den Hintergründmächten das Beste, was ihnen passieren kann: Jede Seite unterstellt der jeweils anderen, für das Böse in der Welt verantwortlich zu sein, anstatt die Hintergrundmächte zu erkennen. Nicht die Religion, Abstammung, Rasse oder Nationalität bestimmt, ob jemand mehr oder weniger geeignet ist, sich so viel Macht in der Welt zu verschaffen, daß er ganze Länder manipulieren und ganze Bevölkerungen beeinflussen kann, sondern die Skrupellosigkeit.

Ein Beispiel, wie die Politik absichtlich Prozesse verzögert, auf Kosten der einfachen Menschen, ist die Regelung der Ladenöffnungszeiten. Vor einiger Zeit mußten Geschäfte in der Woche um 18 Uhr schließen, am Samstag um 13 Uhr. Man mag davon halten, was man will; in anderen Ländern der Welt bleibt es jedem Geschäftsinhaber selber überlassen, wann er seinen Laden öffnet oder schließt.

Als das Thema in die Diskussion kam, wäre eine vernünftige Entscheidung gewesen, die Zeiten frei zu geben oder gleich so auszuweiten, wie wir sie heute haben. Denn dann wäre Arbeitsplätze geschaffen worden, da die Geschäfte neues Personal eingestellt hätten, das z.B. zu den Abendstunden und gewonnenen Zeiten am Wochenende gearbeitet hätte. Was jedoch getan wurde, ist eine schrittweise Erhöhung, die zur Folge hat, daß kaum neue Arbeitsplätze geschaffen wurden, sondern die Angestellten länger arbeiten mußten. Erst erhöhte man um eine halbe Stunde am Tag und die Geschäftsinhaber konnten zu Recht von den Angestellten verlangen, diese halbe Stunde mehr zu arbeiten, um konkurrenzfähig zu bleiben. Dafür neue Leute einzustellen – das sieht auch jeder ein – wäre ziemlich unsinnig gewesen. Dann erhöhte man die Zeiten erneut um ein oder zwei Stunden. Auch dort das gleiche: Die Angestellten müssen länger arbeiten, meistens ohne dafür mehr zu bekommen, und es wurden keine neuen Arbeitsplätze geschaffen. Eine sofortige Freigabe der Öffnungszeiten hätte wahrscheinlich enorm viele Arbeitsplätze geschaffen, was die Politiker sich ja immer auf die Fahne schreiben, aber ganz offenbar mit diesen edlen Zielen nur vor der Wahl hausieren gehen, in Wirklichkeit aber die Interessen der Geschäftsinhaber unterstützen. Und so geht es weiter, und inzwischen werden mühsam errungene Sozialleistungen und Tarifvereinbarungen wieder abgebaut – und zwar von einer Regierung, die sich eigentlich als sozial und arbeitnehmerfreundlich gibt. Bei uns wird aber derzeit von einer rot/grünen Regierung der größte Sozialabbau der letzten 60 Jahre betrieben.

Deutschland ist nach wie vor eines der größten Exportländer der Welt und sollte eigentlich aufgrund seiner Leistungsfähigkeit wachsen, anstatt zu schrumpfen. Aber natürlich werden die Gelder nach überall hin verteilt, Staatsbetriebe privatisiert, in Aktiengesellschaften umgewandelt und, wie bei dem Börsengang der Telekom sichtbar wurde, Werte nicht in Milliarden, sondern Billiardenhöhe zu unsichtbaren Nutznießern der Hausse verschoben.

Das alles ist nur möglich durch unser Geldsystem, das durch und durch unnatürlich ist, da jemand, der viel Geld ansammelt und dem Umlauf entzieht – mithin Energie dem Leben vorbehält – immer mehr bekommt, während in der Natur einen ständigen Kreislauf bewirkt, den wir Leben nennen. Es gibt und gab Geldsysteme, die so funktionierten, daß das Geld in regelmäßigen Abständen seinen Wert verlor, z.B. alle zwei

Jahre neue Münzen ausgegeben wurden, die einen geringeren Wert hatten und damit gleich die Steuern einbehalten wurden. So hatte jeder ein Interesse, sein Geld dem Leben zur Verfügung zu stellen, bevor es weniger wert war. In diesen Zeiten entstanden die schönsten Städte und Kathedralen und alles war im Überfluß vorhanden. Es gibt bis heute keinen Grund, warum dieses System nicht funktionieren würde, wäre da nicht die Gier einiger weniger, die ein Geldsystem bevorzugen, bei dem sie immer reicher werden können, ohne etwas dafür zu tun, nur durch geschickten Geldverleih, wodurch das Geld nicht vermehrt, sondern Mangel erzeugt wird. Das Buch „Wer hat Angst vor Silvio Gesell" geht ausführlicher auf diese wichtige Thematik ein.

Es gibt nicht „die eine große Weltverschwörung". Es gibt viele, viele unterschiedliche Gruppen, die sich die Weltherrschaft wünschen, denn das ist letztlich das Ziel *jedes* skrupellosen Egomanen, der als Kind keine Liebe bekommen hat, oder mißhandelt wurde. Einige haben im Laufe der Jahrhunderte sehr, sehr viel Macht und Geld angehäuft, so daß sie Einfluß auf globale Entwicklungen auf der Erde nehmen können. Dennoch ist es immer ein Spiel der Kräfte; Die Skrupellosen wollen das eine, andere Skrupellose wollen es ihnen wegnehmen, und andere, von edleren Zielen getriebene Menschen, bringen vielleicht die eine oder andere Schweinerei ans Licht und verhindern das Schlimmste.

So gibt es also niemanden, der die absolute Kontrolle über die Welt hat. Nicht alles läuft so glatt, wie „die" das gerne hätten. Die ganz, ganz Mächtigen können zwar versuchen, die Massen vom wirklichen Denken abzuhalten, aber vor dem Geist der Massen, die nach Freiheit und Gerechtigkeit streben, müssen auch sie sich beugen.

Die Kriegstreiber, die von einem finsteren Geist der Trennung und Zerstörung beseelt sind, treten in edlen Anzügen vor die Mikrofone der Massenmedien, die positiven Kräfte treten manchmal gar nicht sichtbar in Erscheinung, oder nur in Form von Meditationsgruppen und Aufrufen zum Frieden.

Das – mühsam errungene – Grundrecht, daß jemand unschuldig ist, bis die Schuld bewiesen ist, zählt seit dem 11. September nicht mehr. Orwell´sches „Neusprech" verdreht die Tatsachen und läßt immer deutlicher werden, mit welcher Macht bestimmte Interessengruppen Krieg wollen, wie verzweifelt sie versuchen, Gründe zu finden, zu beweisen, wie „böse" der Feind ist und tun doch selber, was sie dem bösen Feind unterstellen.

Das System, das sie errichten wollen, könnte man in letzter Konsequenz auch als faschistisch bezeichnen. Das Perfide daran ist jedoch, daß sie vorgeben, den Faschismus zu bekämpfen und den Eindruck erwecken, daß es überall nur so von Rechtsextremen wimmelt. Gerade auch Antifa-Gruppen merken meistens nicht, daß die Gefahr des Faschismus keineswegs von Glatzköpfen in Springerstiefeln ausgeht und auch nicht von Autoren wie mir, sondern daß sie benutzt werden, die tatsächlichen Ziele zu verschleiern und jede Kritik an der Neuen Weltordnung mit Totschlagvokabeln wie rechtsextrem oder antisemitisch zu unterbinden.

Schon jetzt wird geplant, Gesetze zu schaffen, wonach jede Kritik an dem herrschenden System als Straftat behandelt werden kann. Die Regierung und Opposition im Reichstag wollen im gesamten EU-Gebiet einen einheitlichen Fahndungs- und Operationsraum schaffen, wobei speziell extremistisches Gedankengut verfolgt werden soll. Es richtet sich gegen Personenkreise, deren „Opposition dem westlichen Imperialismus" gilt. (Rede des Bayerischen Innenministers Günther Beckstein über internationalen Terrorismus vom 29.4.2004.) Das Konzept ähnelt dem der amerikanischen Homeland Security, die nach den Anschlägen vom 11. September 2001 in den USA geschaffen wurde und es ermöglicht, unter dem Verdacht des Terrorismus jedem Menschen die ihm zustehenden Rechte abzuerkennen, ihn also ohne Anklage, Recht auf Verteidigung und Gerichtsverfahren ins Gefängnis stecken zu können. Im Zuge dieses Konzepts sollen in der EU auch Soldaten gegen deutsche und EU-Bürger eingesetzt werden können. Und zwar muß einem klar sein, daß eine „Opposition zum westlichen Imperialismus" jeden treffen kann, der irgendwelche kritischen Meinungen zu Globalisierung, Kriegsführungen usw. hat, worunter auch Kritik in Gesundheitsfragen wie z.B. an Pharmaindustrie usw. strafbar werden würde, da sie Bestandteil des westlichen Imperialismus sind. Man kann es gar nicht weit genug verbreiten, was da geplant wird – und wofür man islamistische Extremisten wie Metin Kaplan als abschreckendes Beispiel der Opposition zum westlichen Imperialismus anführen wird. Und da sowohl die Regierungsparteien, als auch die Opposition ähnliche Konzepte hat, besteht die Gefahr, daß diese Gesetze durchgebracht werden.

In Amerika, dem angeblich freiesten Land der Welt, braucht man heute nur mal einen Flughafen zu betreten, um die allgegenwärtige Angst und die strengen Kontrollen aus Angst vor Anschlägen zu erleben. Es ist erschütternd zu sehen, wie die negativen Kräfte es geschafft haben, den Geist der Freiheit zu vergiften.

Ob es nun Osama Bin Laden oder Saddam Hussein ist, der als böser Bube hingestellt wird; die Kräfte, die nun mit den Fingern auf diese Bösewichter zeigen, sind kein Stück besser.

Alttestamentarische Rachegedanken führen immer nur in eine Spirale der Gewalt. Vergebung ist die einzige Einstellung, die Kriege beenden und Frieden herstellen kann. Präventivkriege waren lange Zeit vom Völkerrecht geächtet, nun verkleidet man den Präventivkrieg als Verteidigungskrieg, verdreht die Wörter und versucht so, das Volk, das eigentlich nur in Frieden leben will, von der Notwendigkeit eines Krieges zu überzeugen.

Man wendet alles an, vor dem die Menschen Angst haben,

auch Krankheit. Nun sollen Menschen vorsorglich gegen Pocken geimpft werden, weil Saddam Hussein oder El-Kaida-Terroristen, zu denen man eine Verbindung herzustellen sucht, solche biologischen Waffen einsetzen könnten. Dabei gibt es die letzten Bestände an Pockenviren nur in westlichen Labors. Die Angst wird aufgebauscht. Deutschland hat Zigmillionen Dosen Pockenimpfstoff erworben. Daran verdient zunächst einmal die Pharma-Industrie. Ob Impfungen etwas nützen, ist die nächste Frage.

Viele Experten sind der Ansicht, daß Impfungen eher schädlich sind. Die Pockenimpfstoffe würden nach heutigen Standards gar nicht mehr zugelassen, und eine Zulassung nach heutigen Richtlinien würde Jahre brauchen. Ein Geimpfter kann durchaus dennoch an Pocken erkranken. Und er kann andere Menschen anstecken. Daß die Pocken durch Impfungen ausgerottet wurden, ist ein verbreiteter Irrglauben. Daß die meisten Epidemien gefährlicher Krankheiten immer dann verschwanden, wenn die hygienischen Verhältnisse und die Ernährung sich verbesserten, wird unter den Teppich gekehrt. Statistiken weisen sogar aus, daß Krankheiten wie Typhus oder Pocken nach einem Rückgang ohne Impfungen erst durch später angeordnete Massenimpfungen wieder zunahmen.

Die Nebenwirkungen sind enorm, und bei Millionen zu Impfenden kann man von Tausenden Todesopfern ausgehen, die allein eine bundesweite Impfaktion fordern würde. Menschen mit Hautkrankheiten, geschwächtem Immunsystem, Schwangere und Stillende dürften wegen des hohen Risikos gar nicht geimpft werden. Ein Pocken-Ausbruch ließe sich durchaus durch andere Maßnahmen unter Kontrolle bringen. Dabei ist die Ansteckungsgefahr von Pocken weit geringer als die von Masern und Windpocken.

Tatsächlich sind biologische Waffen viel weniger effektiv, als die Angstmacher uns weismachen wollen. Biologische Waffen dienen also viel eher als psychologische Waffen, denn die Angst vor Pocken, Anthrax und anderen verbreitet sich wesentlich schneller als die Erreger selber. Und Angst ist genau das, was die negativen Kräfte brauchen, um uns ihre Kontrolle aufzuzwingen. Und nach deren verquerer Logik gibt es „gute“ Massenvernichtungswaffen, wie die der USA, Israel und anderer westlicher Länder, und „böse“ Massenvernichtungswaffen, wie die des Irak oder von Nordkorea.

Den Hintergrundmächten, die nach verschiedenen Quellen noch an einem 3. Weltkrieg arbeiten, ist es weitgehend egal, wer als „gut“ oder „böse“ dasteht. Sie fördern nach dem machiavellischen Prinzip „teile und herrsche“ die Rechten und die Linken, die Moslems und die Christen, die Umweltzerstörer und die Umweltschützer. Für die negativen Kräfte ist es egal, wer die Oberhand gewinnt, und wer unterliegt, solange es Trennung und Krieg gibt. Jeder Krieg erzeugt Leid, Schmerz, aber auch neuen Haß, der sich fortpflanzt. Man braucht im Grunde nur ein kleines Zündholz irgendwo strategisch geschickt anzulegen, und ein Flächenbrand entzündet sich.

Aber ich glaube, daß trotz düster scheinenden täglichen Nachrichten die Menschheit einen anderen Weg gehen will, als die negativen Kräfte es erzwingen wollen.

Galaktische Geschichte

Um zu begreifen, warum es auf diesem Planeten so überaus kompliziert ist, es so viele sich widersprechende Konzepte des Lebens gibt, muß man begreifen, daß dies ein ganz besonderer Planet ist. Daß hier der Versuch gemacht wurde zu sehen, wie verschiedene Rassen miteinander koexistieren können. Das ist keineswegs selbstverständlich. Obwohl es zwar im Universum von Leben nur so wimmelt, herrscht auf den meisten Planeten doch eine mehr oder weniger homogene Art von Leben vor, die dort entstanden ist und so auch wenigstens mit sich selber und der Umwelt klar kommt. Nicht so auf der Erde.

Ich habe in meinen bisherigen Büchern schon auf die verschiedenen Eingriffe von Außerirdischen hingewiesen, und es gibt reichlich Bücher, in denen einzelne Aspekte der galaktischen Geschichte ausführlicher dargestellt sind.

Es kommen aber immer neue Betrachtungsweisen hinzu, und es ist schwierig, diese zusammenzufassen. Denn wir sehen ja schon, wie schwierig es wäre, die Ereignisse der letzten 50 Jahre zusammenzufassen. Eine Geschichte, die über Hunderttausende oder Millionen Jahre geht, kann man nur schwer auf ein paar Seiten beschreiben.

Das Problem ist zudem noch, daß ich versuchen muß, aus verschiedenen Quellen ein Bild dieser Geschichte zusammenzustellen, und daß jede Quelle die Geschichte aus einer anderen Sichtweise erzählt. Genauso, wie ein Iraker die Geschichte der „Befreiung“ des Iraks vielleicht anders darstellen würde als ein Amerikaner, oder jedes Mitglied irgendeiner Nation oder einer Gruppe die eigenen Leistungen oder Fehler in seiner Geschichtsschreibung mehr oder weniger genau oder auch wahrheitsgemäß darstellen würde.

Als Grundlage wäre die Lektüre meines Kapitels „Eine kurze Geschichte von Gott“ aus meinem Buch „Zusammenhänge“ empfehlenswert, das noch weiter zurückgeht.

Steward Swerdlow stammt aus einer Familie, die Verbindungen zu den höchsten Kreisen hat. Sein Großonkel war Jakob Swerdlow, der die Ermordung des Zaren und seiner Familie anordnete, und der erste Präsident der UDSSR. Offenbar hat er großes Insiderwissen und gibt dieses weiter. Ich gebe hier einige seiner Gedanken wieder, die er am 29. Sep. 2000 im Kongreßhaus Zürich in einem Vortrag weitergab, die sich mit Beschreibungen aus anderen Quellen decken.

Vor langer, langer Zeit sollen Wesen aus einem anderen Universum in unser Universum vorgedrungen sein. Sie gelangten in das System, das wir Lyra nennen. Dort lebten mehr oder weniger feinstoffliche Wesen, die wie transparente, zartgliedrige Wesen ausgesehen haben sollen. (Ich denke, daß die Wesen am Ende des Films „AI" und auch die Wesen aus „Abyss" einen Eindruck von diesem Aussehen geben könnten, aber auch in anderen Science-Fiction Filmen gibt es Andeutungen.) Swerdlow berichtet darüber:

„Als ich in Montauk arbeitete, wurden mir Informationen gezeigt, worin eine Gruppe von transparenten oder hellen Wesen erwähnt waren. (...) Die durchsichtigen Wesen hatten eine menschliche Form. Es ist sehr schwer, sie in der Umgebung zu unterscheiden, weil sie durchsichtig sind. Man kann, wenn man sie auf energetische Art betrachtet, Blutgefässe und ein Art von Organen erkennen."

Die Wesen aus dem anderen Universum waren viel physischer und hatten reptilienartige Körper. Die Wesen aus dem Lyra-System waren sehr fasziniert, ja bezaubert von den physischen Wesen, da sie so etwas nie zuvor gesehen hatten. Die Eindringlinge kamen aus einer Welt, in der es sehr viel Unterdrückung, zentrale Kontrolle und Gedankenmanipulation gab. Die Lyrer aber hatten überhaupt keine Erfahrungen mit Krieg oder Konfrontationen, keinerlei Konzepte von Verteidigung und auch keine Abwehrkräfte in jedwedem Sinne. Sie konnten daher sehr leicht von den feindselig gesonnenen Wesen aus dem anderen Universum überrumpelt werden. Diese ließen sich im Draco Sternensystem nieder und zerstörten die Lyrer weitgehend. Es gelang einigen von den Lyrern zu fliehen, und sie gründeten Niederlassungen auf verschiedenen Sternsystemen in unserer Milchstraße. Die aggressiven Reptilien werden Dracos genannt, aber es ist nicht ganz klar, ob das System nach ihnen oder sie nach dem System benannt wurden. Ich habe in „Ursprünge" einiges über die Dracos und ihre Verflechtungen mit den verschiedenen Kabalen auf der Erde geschrieben.

Eine Eigenart der Dracos soll sein, daß sie in sehr langen Zeiträumen denken und planen, nicht wie wir Humanoiden, die wir Angriffe möglichst schnell durchführen, um ein Ziel zu erreichen. Die Dracos dagegen haben Zeit, viel Zeit. Das liegt daran, daß sie sich nicht weiterentwickeln, was man auch an Reptilien auf der Erde sehen kann, die sich nur über sehr lange Zeiträume verändern, während es in der Natur der Humanoiden liegt, sich ständig weiter zu entwickeln. Die intelligenten Reptilien im Universum denken viel langfristiger. Während wir versuchen, in unserem Leben möglichst viele unserer Ziele zu erreichen, ist es den Reptilien nicht so wichtig, kurzfristige Erfolge zu erzielen, die sie selber als Individuen noch miterleben. Den Dracos ist ein Sieg, den sie erst in Hunderten oder Tausenden von Jahren erringen, ebenso lieb wie ein schneller Triumph, wenn er weniger Gefahr für sie selber bedeutet. Sie ziehen langfristige Strategien vor, die auch Infiltration und Intrigen über viele, viele Generationen bedeuten können.

Die Dracos benutzen in der Kriegführung angeblich auch gerne natürliche „Waffen", setzen also weniger auf High-Tech, sondern vielleicht auf Kometen oder sonstige, natürlich vorhandene Dinge, um sie gegen einen Feind zu richten. Und da kommen wir irgendwann zur Geschichte der Erde.

Angeblich hieß die Erde damals Tiamat. Das Sonnensystem hat sich offenbar im Laufe der Zeit immer wieder verändert. Jedenfalls steuerten die Dracos einen Kometen bzw. kleinen

Planetoiden in unser Sonnensystem, der gigantische Umwälzungen mit sich brachte. Es ist wahrscheinlich Nibiru, der auch in anderen Aufzeichnungen erwähnt wird. Sie veränderten dessen Laufbahn so, daß sie ins Sonnensystem führte. Hier traf er den Planeten Tiamat, so daß er aus seiner Umlaufbahn geriet und ein Teil von ihm abgespalten wurde.

Es gelang einigen der damaligen Bewohner, rechtzeitig auf den Mars zu fliehen. Jedoch wurde durch den nahen Vorbeiflug des Planetoiden ein großer Teil der Marsatmosphäre in den Weltraum gerissen, so daß es da – bis heute – nur noch eine sehr dünne Atmosphäre gibt. Die Marsianer, die ja zunächst Flüchtlinge von der Erde waren, konnten sich teilweise in unterirdische bzw. untermarsianische Anlagen retten.

Der Mond der Erde ist angeblich kein natürlicher Himmelskörper, sondern wurde von den Dracos in einer Erdumlaufbahn geparkt. Zu erkennen daran, daß er sich nicht, wie bei sonstigen Himmelskörpern, dreht, sondern immer mit der selben Seite auf die Erde zugerichtet ist, was durch natürliche Gegebenheiten nicht zu erklären ist.

Wenn wir davon ausgehen, daß die Geschichte stimmt, daß die reptilienartigen Wesen aus einem ganz anderen Universum kamen, hatten sie doch zumindest hier Fuß gefaßt, und es entwickelten sich im Laufe der Millionen Jahre sowohl die Nachkommen der Lyrer als Humanoide, die auf verschiedenen Systemen der Galaxis siedelten, als auch die Reptiloiden. Beide Arten lagen ständig im Kampf miteinander.

Die Erde wurde offenbar von verschiedenen Besuchern als „Freiwild" betrachtet, und es wurden Rohstoffe abgebaut usw. (Siehe dazu auch das Interview mit dem reptiloiden Wesen „Lacerta", das ich in „Ursprünge" wiedergegeben habe.)

Laut Swerdlow sind die Humanoiden in dieser Galaxie offenbar in der Überzahl und stellen ca. 70% des intelligenten Lebens, während die Reptilien ca. 25% stellen und der Rest auf verschiedene andere Rassen verteilt ist.

Da es ständig Streitigkeiten und verschiedene Besitzansprüche gab, wurde irgendwann die galaktische Föderation gebildet, in der man, vergleichbar mit unserer UNO, versuchte, die verschiedenen Interessen unter einen Hut zu bringen. Daß es dabei natürlich auch zu Kompromissen kommt, ist klar.

Jedenfalls beschloß man irgendwann, quasi ein „soziales Experiment" zu machen, um in einem kleinen Mikrokosmos zu sehen, ob nicht ein friedliches Zusammenleben der verschiedenen reptiloiden und humanoiden Rassen möglich sei. Daher wurde entschieden, auf einem Planeten eine Rasse mit den genetischen Merkmalen aller beteiligten Rassen zu schaffen. Als Ort des Experiments wählte man einen Planeten „ganz, ganz weit draußen", so daß in dem Fall, daß das Experiment schief ginge, nicht gleich die ganze Galaxie davon betroffen würde. Wie Sie vielleicht wissen, befindet sich unser Sonnensystem in einem Seitenarm ganz weit am Rande unserer Galaxis, die wir als Milchstraße bezeichnen. Wir können deshalb den größten Teil der Milchstraße nachts am Himmel sehen.

Es wurde also die Erde, die schon zuvor Schauplatz mannigfacher Umwälzungen und außerirdischer Eingriffe gewesen ist, für dieses Experiment ausgewählt.

Man schuf ein Wesen, dem man die genetischen Anteile aller in der galaktischen Föderation vorherrschenden Rassen gab. Da der humanoide Anteil in der Galaxis überwiegt, sind auch wir Humanoide, haben aber amphibische und reptiloide Anteile in uns.

Swerdlow behauptet sogar, daß diejenigen, die uns schufen, versuchten, ihre Anteile stärker zu betonen und andere zu beschneiden. Jedenfalls haben wir mehr oder weniger starke Anteile von allem: *„An der Basis eines jeden Gehirns haben wir ein Reptiliengehirn. (...) Wenn wir die Entwicklungsstadien im Mutterleib durchmachen, dann fangen wir androgyn an und werden uns zuerst zum Reptil entwickeln, dann zum amphibischen Geschöpf und zum Säugetier. Das ist bei keiner anderen*

Spezies so. Und deshalb sind wir Menschen von so großem Interesse für den Rest der Galaxie.“

Deswegen steht in der Entstehungsgeschichte der Bibel auch, daß *die* Götter (also Mehrzahl), die Elohim, uns schufen nach *ihrem* Ebenbild. Also nicht nach dem Ebenbild *eines* Wesens, sondern nach dem von mehreren. Der Name Adam stand für den von verschiedenen Außerirdischen geschaffenen Menschen auf der Erde.

Schwer zu verstehen: wir sind nicht von einem Schöpfer geschaffen worden, sondern von Außerirdischen für diesen Planeten speziell gezüchtet, als Experiment, wie sich die verschiedenen genetischen Anteile auswirken. Dennoch sind wir natürlich göttliche Wesen, da unsere Seelenanteile Teil von Gott sind, unsere Körper aber genetische „Designmodelle“.

Man muß es so betrachten, daß göttliche Lichtfunken die Möglichkeit haben, in Körper zu inkarnieren. Die Seele besteht aus weiteren Anteilen, die im Laufe vieler Inkarnationen die Erinnerungen und Erfahrungen enthalten. Jedenfalls können auch genetisch manipulierte Körper eine solche Seele aufnehmen.

Swerdlow weiter: *„Ägypten war zu jener Zeit infiltriert von Sirianern. Diese waren technisch sehr weit entwickelt, und sie unterstützten die Reptilien in ihrer Arbeit. Die Namen der Heiligen verwandelten sich in Ägypten in „Osiris“ und „Isis“, das männliche und weibliche Gott-Göttin-Prinzip. Im Kaukasus entwickelte sich das, was wir als die Kasaren kennen.*

Wenn ich über die Sirianer spreche, dann meine ich diejenigen vom Sirius A. Die Sirianer waren sehr stark beteiligt an der Schaffung der „Hebräischen Rasse und Religion“, sowie an der „biblischen Geschichte“, welche in den Jahren sehr stark verdreht worden ist. Es gab in Wirklichkeit nie eine wahre Jüdische Rasse! Die „Hebräer“ wurden von den Sirianern in Ägypten erschaffen. Als sie dann rebellierten und frei gelassen wurden, wählten sie einen Anführer, welcher bei uns als

„Moses" bekannt wurde."

Nach Swerdlow wurden Überwacher des Experiments auf die Erde abgestellt, jedoch war das wohl kein besonders beliebter Job, so daß man angeblich eher zwielichtige Elemente der Föderation dazu verdonnerte. Diese versuchten jedoch, in immer neuen genetischen Experimenten Einfluß auf die Schöpfung auf der Erde zu nehmen.

Auch andere außerirdische Spezies besuchten die Erde und griffen in ihre Entwicklung mit ein. Man muß sich vorstellen, daß das Experiment auf der Erde, auf lange Zeiträume von Äonen angelegt war. Und so befinden wir uns mitten in diesem Experiment.

Die Illuminaten, auf die ich später noch zu sprechen komme, sind Nachfahren derer, die mehr reptilische Anteile haben. Sie bewahrten sich eine Fortpflanzungslinie, indem sie sich nur untereinander paarten und ihre Gene gezielt weitergaben. Das ist Teil ihres langfristigen Plans zur Infiltration eines Planeten.

„Die Reptilienwesen haben ein Blut, das auf Kupfer basiert. Wenn ihr Blut oxidiert, dann wird seine Farbe blau-rötlich, daraus leitet sich auch die Aussage „blaublütig zu sein", ab. So wurde von den Reptilien auf der Erde eine Elite von blaublütigen Menschen geschaffen. Dieses Programm wurde in Sumeria entwickelt und begonnen. Die Königsfamilien, welche aus diesem Gebiet kommen, bestehen wirklich 50% zu 50% aus Reptilien und Menschen.

Die Blaublütigen oder Illuminati unterscheiden sich da auch nicht von anderen Wesen. Sie streben zwar das gleiche Ziel an, kämpfen aber trotzdem auch untereinander. Sie haben sich in 13 regierende Familien zersplittert, und darin sind auch die ganzen Königshäuser Europas enthalten. Darüber hinausgehend ist das Komitee der 300, welches weitere dreihundert Familieneinheiten repräsentiert, die für die 13 über ihnen stehenden tätig sind. Die ganzen Königsfamilien sind miteinander verwandt. Es sind alles Großfamilien."

Wir gehen heute ganz selbstverständlich davon aus, daß es Könige und Adelige gegeben hat, die ihre Besonderheit durch Abstammung nachweisen können. Wo aber liegt der Ursprung? Auch wenn sie heute ellenlange Stammbäume vorlegen können; worauf begründet sich der Anspruch der Adeligen, überhaupt adelig zu sein? Nun ahnen sie es vielleicht.

Übrigens kommt jetzt auch David Ickes Buch „The Biggest Secret", das sich mit den reptiloiden Wesen und Dracos und deren Einfluß auf die Erde befaßt, auf deutsch heraus. „Das größte Geheimnis" erscheint in zwei Teilen

Jedenfalls gibt es viele unterschiedliche Schilderungen der irdischen Geschichte, viele, viele Einflüsse. Wem können wir da noch trauen? Welche Geschichte ist die Richtige? Es gibt unzählige Channelings über außerirdische Eingriffe, einige behaupten, sie hätten sich von den damaligen, negativen und manipulativen Wesen inzwischen zu friedliebenden und die freie Entwicklung aller Wesen respektierenden Wesen entwikkelt.

Welches Channeling ist wahr, was von den Schriften der Bibel, der Veden, der Sumerer usw.? Sicherlich schwierig, aus all diesen Berichten eine schlüssige Geschichte herauszufiltern. Und die verschiedenen Autoren scheinen sich teilweise gegenseitig zu widersprechen, und der eine Teil einer Darstellung mag einer anderen völlig entgegenstehen.

Und damit haben wir da die gleichen Probleme mit der Vergangenheit, wie auch in unserem alltäglichen Erleben. Wem können wir trauen in unserer Firma oder bei einem Geschäft? Ist der Vermieter ehrlich oder der Autoverkäufer? Sagt er die Wahrheit über die Geschichte des Autos, oder läßt er etwas aus, das für ihn unbequem ist? Wir alle scheinen die Spielchen hier genauso zu spielen, wie sie im Großen in der Galaktischen Geschichte auch gespielt werden. Wir alle sind schon betrogen worden, haben uns übers Ohr hauen lassen, ja selbst im Bereich der Liebe haben wir es erlebt, daß wir hintergangen, oder nach einer Trennung unglaublich abgezockt wurden.

Und hier wie da haben wir nur eine Unterscheidungsmöglichkeit, auf die wir uns verlassen können: Unser Herz, bzw. unsere innere Verbindung mit dem Göttlichen. Unser Körper mag genetisch von einem Dutzend Außerirdischer manipuliert sein (dafür funktioniert er gar nicht mal schlecht, oder?) Unsere Umwelt, unsere Technik, Autos, Handys, Computer, Verträge, Bücher, Gutachten, all das mag manipuliert sein und ein neuer Versuch, uns auszutricksen, zu betrügen.

In einer persönlichen Begegnung merken wir jedoch, wenn wir auf unsere inneren Empfindungen achten, daß diese Eindrücke sehr viel ernster zu nehmen sind als alle äußeren, physischen Dinge. Wenn wir bei dem einen oder anderen Menschen spüren, daß er/sie „in Ordnung“ oder „echt“ ist, daß er/sie „das Herz am rechten Fleck hat“, so ist dies unsere beste Möglichkeit zu unterscheiden.

Und solange wir uns selber an den Spielchen beteiligen und auch beim Autoverkaufen vielleicht nicht ganz ehrlich sind oder bei der Abgabe der Steuererklärung, beim Spielen oder wo auch immer das Leben uns Gelegenheiten bietet, den einen oder den anderen Weg zu wählen, so lange dürften wir uns über die Manipulationen der Geschichte der Menschheit nicht beschweren.

Unabhängig von den verschiedenen Genen, den Eingriffen in die DNS, den Einflüssen von verschiedenen Planeten und galaktischen Spezies ist es wichtig, nicht zu vergessen, daß wir als geistige Wesen in diese Körper auf diesem oder jenem Planeten inkarnieren. Daß zwar diese Geschichte wichtig ist, um die Vorgänge auf der Erde zu begreifen, aber wir deswegen keineswegs hilflos ausgeliefert sind. Wenn wir begreifen, daß wir selber Schöpferkräfte haben, können wir unser Schicksal, und vielleicht das der ganzen Menschheit, selber entscheiden, wozu aber das Wissen um die Zusammenhänge nötig ist.

Wenn wir dieses Leben auf der Erde beenden, können wir wahrscheinlich auf irgend einer anderen Welt inkarnieren und dort andere Erfahrungen machen. Die Frage ist aber, ob wir es wollen. Ob wir nicht gerade wieder wählen würden, hier und gerade jetzt zu inkarnieren. Gerade, weil es so ein spannendes Experiment ist. Ein Experiment, bei dem es viel Manipulation, viel Täuschung, viel Leid gibt, aber gerade auch die Chance, uns unserer Herkunft bewußt zu werden und die unterschiedlichen Zwiste zu beenden, um das Leben auf der Erde friedlicher zu gestalten. Damit könnten wir auch einen Einfluß auf große Teile der Galaxie zu haben, von wo ja dieses Experiment initiiert wurde und mit Spannung beobachtet wird.

Um so beschämender ist es, daß wir auf der Erde immer wieder bei Kriegen mitmachen und uns in Konflikte ziehen lassen. Daß das derzeitige Szenario offenbar von den Illuminaten initiiert ist, die immer noch meinen, Anspruch auf die alleinige Macht auf der Erde zu haben, sagt auch Swerdlow:

„Es gibt da noch ein paar Probleme, bis die Kontrolle der Weltordnung abgeschlossen ist. Die beiden Probleme sind die moslemischen Fundamentalisten und die USA selbst. Beide sind arrogant, beide denken, sie sollten die Weltführer sein. Ursprünglich waren sie dafür installiert worden. Es ist leichter, ein Globalisierungs-Programm zu haben, wenn man eine dominierende Kultur hat und eine, die als dauernde Bedrohung eingesetzt wird. Wenn die Globalisierung erreicht ist, muß man die arrogante Kultur wegnehmen und die fremdgemachte Bedrohung entfernen, genau dies tun sie jetzt!"

Da sehen wir, daß keineswegs alles nach Plan läuft, sondern die von den Illuminaten in die Welt gesetzten Probleme eine Eigendynamik entwickeln, die schwer wieder in den Griff zu kriegen ist.

Chaotische Pläne

Ordo ab chao lautet der Wahlspruch für die Erringung der Neuen Weltordnung - Ordnung aus dem Chaos. Es gibt einige, die meinen, alles, was in der Welt geschähe, sei von ganz oben, den Illuminaten, der Spitze der Pyramide, geplant. Andere halten das für blühenden Blödsinn und weisen Verschwörungstheoretiker als ausgemachte Spinner aus. Auch über mich, Jan van Helsing und andere Autoren erscheinen immer wieder Zeitungsartikel, Sendungen und ganze Bücher, in denen diese Vorstellung als lächerlich abgetan wird und wir in die Ecke von Extremisten, ja sogar Nazis gestellt werden. Das Strickmuster ist bekannt, und diese Verleumdungen deuten darauf hin, daß man irgendwo auf der richtigen Spur ist.

Tatsächlich ist es nicht so, daß die Illuminaten alles kontrollieren, aber daß sie es *versuchen,* ist auf alle Fälle wahr und läßt sich nur von bestimmten Interessengruppen ernsthaft leugnen.

Natürlich gibt es viele Vermutungen und Spekulationen, die sich nicht beweisen lassen, und man hofft, daß doch irgendwann einmal einer der Illuminaten aussteigen und sein Wissen der Öffentlichkeit preisgeben würde. Nun, das ist in der Tat inzwischen geschehen. Die Massenmedien werden natürlich nicht darüber berichten, wenn Illuminaten aussteigen und ihr Wissen an die Öffentlichkeit geben wollen, da das nicht zu deren Plan gehört und sie weitgehende Kontrolle über die Medien haben. Ein Medium aber kann nicht vollständig kontrolliert werden, auch wenn es mit allen Methoden versucht wird: das Internet. Dort tauchen schon mal Aussagen von Illuminaten-Aussteigern auf, z.B. gibt es eine Frau, die als Teil der Illuminaten aufgewachsen ist, von klein auf mißbraucht und programmiert wurde, selber ausgebildet wurde, andere Menschen zu programmieren, die es jedoch schaffte, sich aus den Einflußkreisen zu lösen und ein neues Leben zu beginnen – als

Krankenschwester irgendwo in Texas. Sie war Chef-Ausbilderin im Gebiet von San Diego, und 30 Ausbilder waren ihr unterstellt. Sie hat ihr Leben riskiert, um die Menschheit vor der verdeckten Macht der Illuminati zu warnen. Im Internet gibt es ausführliche Beschreibungen und Interviews mit ihr über all das, was sie erlebte und wie sie die Rolle der Illuminaten in der Welt sieht.

Sie schreibt unter dem Internet-Pseudonym Svali. (z.B.: www.ritualabuse.net/svali_speaks.htm) Es bestätigt vieles von dem, was ich und andere Autoren bisher über die geheimen Hintergrundmächte geschrieben haben. Vieles von dem kann Angst machen, aber erst, indem wir es genauer betrachten, können wir von einer irrationalen Angst zu rationaler Bewertung gelangen.

Das, was derzeit auf dem Planeten abläuft, ist geplant, mit all seinen Kriegen, Wirren, wirtschaftlichem Niedergang, Verblödung der Massen usw.

Daß Vieles in der Welt in eine lebensfeindliche, herzlose Richtung geht, ist unübersehbar und Folge der Bestrebungen der Mächtigen aus diesen Reihen. Dennoch wird man erkennen, daß keineswegs alles nach Plan verläuft und man sich in dem Maße von der drohenden Gefahr befreien kann, indem man seine eigene Schöpferkraft erkennt und anwendet.

Über das Buch „Tranceformation of America" von Mind-control-Opfer Cathy O Brian, der es gelang, den Klauen der Peiniger zu entkommen, habe ich schon in „Ursprünge" geschrieben. Es ist inzwischen auf deutsch erhältlich und beschreibt im Grunde die gleichen Methoden der Unterwerfung der Menschen wie Svali sie beschreibt.

Auch mein Freund Jan Udo Holey hatte eine Begegnung mit einem Illuminaten und schreibt darüber in seinem neuen Werk „Hände weg von diesem Buch", das wieder unter seinem Pseudonym Jan van Helsing erschienen ist.

Dieser Illuminat erzählt Jan freimütig, wie diese Elite die

Massen der Menschheit sieht: wie Vieh, das zu dumm ist, um ernst genommen zu werden. Er gibt offen zu, daß sie die Menschen verdummen, aber meint, daß die Menschen ja die Wahl hätten und sich, genau wie Jan, all das höhere Wissen aneignen könnten, wenn sie sich denn dafür interessieren würden. Sie arbeiten an dem Plan, die Neue Weltordnung einzuführen, und sind sich ziemlich siegessicher. Es liefe alles nach Plan; die Terroranschläge, die zu immer mehr Einschränkung der individuellen Freiheit führten, die Kriege und die Kontrolle über das Öl. Seine Verachtung für die Massen, die sich von dummen Fernsehtalkshows und Fußball berieseln lassen, wird deutlich, aber noch frappierender die kalte Herzlosigkeit, wenn er davon spricht, daß es zu viele „nutzlose Esser“ auf der Erde gibt und geplant ist, ganze Bevölkerungsteile mit rassenspezifischen Kampfstoffen zu vernichten, um der drohenden Überbevölkerung (wie sie es sehen) entgegenzuwirken. Sie sehen das alles ganz pragmatisch und meinen, daß die Menschen selber Schuld seien, sich all das gefallen zu lassen und sich nicht gegen die zunehmende Manipulation zu wehren.

Das entscheidende Wissen aller geheimen Vereinigungen ist, daß der Mensch Schöpferkraft hat, daß er seine Gedanken Wirklichkeit werden lassen kann. Jan führt dafür allerlei Beispiele an, von Menschen, die Hunderte von Jahren alt werden, über unglaubliche Heilungen bis zu telepathischen und telekinetischen Fähigkeiten, die er selbst bei vielen Menschen – besonders auch bei den besonders begabten Kindern - beobachten konnte.

„Die da oben“ wenden diese Schöpfungskraft an, setzen sich bewußt Ziele, die sie durchsetzen, weil sie das Geheimnis der Schöpferkraft kennen, während sie uns für dumm halten oder in den Ruin treiben, wenn wir ihnen im Wege stehen.

So finden wir viel Bestätigung dafür, daß das spirituelle Wissen, das scheinbar so massiv bekämpft und lächerlich gemacht wird, genau das ist, was die Illuminaten anwenden.

Daß die Abschaffung des Bargeldes noch kommen wird und der Chip, der uns unter die Haut eingepflanzt wird, davon ist Jan überzeugt. Aber er meint, daß noch einiges dazwischen kommen kann, wenn z.B. die dafür nötige Technik wegen Sonneneruptionen, Computerviren oder von Asteroiden zerstörten Satteliten versagt.

Es sind noch mehr Terroranschläge geplant, um die Menschheit für die Eine-Welt-Regierung weich zu klopfen. Daß Amerikas Zenit bereits überschritten ist und ebenfalls als eigenständige Nation der Weltregierung Platz machen muß, nur nebenbei. Es werden noch turbulente Zeiten auf uns zukommen, aber die Neue Weltordnung wird nicht lange bestand haben, ist Jan überzeugt. Entscheidend ist, daß sich jeder Einzelne von der geplanten Versklavung in der NWO befreien kann, indem er selbständig zu denken beginnt und sich seiner Schöpferkräfte bewußt wird.

Freimaurer können Teil der Illuminaten sein, müssen es aber nicht. Es gibt Gruppen, die Teil davon sind, und welche, die es nicht sind. Das Bild zeigt übrigens das Freimaurerabzeichen des 32. Grades. Der Doppelkopfadler taucht als Symbol sehr oft auf. Ebenso sind große Teile der Geheimdienste der Welt von den Illuminaten unterwandert.

Besonders der Freimaurer-Orden des Goldenen Centuriums (FOGC) ist ein gefürchteter magischer Orden, der nur 99 Mitglieder hat und seine Macht durch einen großen Dämon erhält, dem jedoch auch jedes Jahr ein Mitglied geopfert wird und dafür ein neues Mitglied aufgenommen wird, das in einem Ritual diesem Dämon seinen Astralkörper verspricht. Dazu gibt es auch ein Buch von Christopher Wolfenstein mit dem Titel: Die FOGC - Loge .: 99 : . (Wobei die drei Punkte vor und nach der 99 ein häufig gebrauchtes Logenzeichen sind.)

Auch Svali beschreibt die Macht der Illuminaten, die wenig Rücksichten auf das Wohl der Menschheit nehmen, sondern von einer Elite von gebildeten und reichen Menschen und einem Sklavenheer von dummen – und dumm gehaltenen – Arbeitermassen ausgeht.

Sie beschreibt einen sadistischen Satanischen Kult, geführt von den reichsten und mächtigsten Menschen der Welt. „*Er ist in der Hauptsache homosexuell und pädophil, praktiziert Sex mit Tieren und rituelle Morde. Er vertritt den Glauben an die Überlegenheit der arischen Rasse (an der Spitze wird Deutsch gesprochen), doch sind jüdische Abtrünnige willkommen. Er kontrolliert den weltweiten Verkehr an Drogen, Schußwaffen, Pornographie und Prostitution. Er hat die Regierung infiltriert auf allen Ebenen, der lokalen, Staats- und US-Bundesebene, kontrolliert die Erziehungs- und Finanz-Einrichtungen, Religion und die Medien. Diese Menschen sind nicht sehr glücklich.*

Die Illuminati haben fürs erste einen finanziellen Zusammenbruch geplant, gegenüber dem die große Depression wie ein Picknick wirken wird. Das wird geschehen durch bestimmte Manöver der großen Banken und Finanz-Einrichtungen auf der Welt, durch Börsen-Manipulation und Wechsel der Zinsrate. Die meisten Menschen werden bei der Bundes-Regierung durch Bank- und Kreditkarten-Schulden usw. verschuldet sein.

Die Regierungen werden alle Schulden sofort zurückfordern, doch die meisten Menschen werden nicht zahlen können und bankrott gehen. Dies wird eine generelle finanzielle Panik verursachen, die gleichzeitig weltweit auftritt.

Jemand, der schuldenfrei ist und als Selbstversorger leben kann, wird es leichter haben als andere. Ich würde in Gold investieren, nicht in Aktien, wenn ich ein Einkommen hätte. Gold wird einmal wieder der Welt-Standard sein, und Dollars werden ganz nutzlos sein.

Als nächstes kommt dann die militärische Übernahme, Region für Region wird die Regierung den Notstands-Status ausrufen und das Kriegsrecht. Den Menschen wird zuvor Angst gemacht, daß es eine Anarchie geben könnte, und die Regierung wird sich rechtfertigen, daß dieser Schritt notwendig ist, um die in Panik geratenen Bürger zu kontrollieren. Der Kult hat Militärführer trainiert, und Menschen unter ihrem Befehl werden Waffen, sowie Massenkontrolltechniken einsetzen, um diesen neuen Zustand herzustellen.

Ungefähr vor fünf Jahren, als ich die Illuminati verließ, war ein Prozent der USA-Bevölkerung entweder ein Teil der Illuminati, Sympathisant oder Opfer von Gesinnungs-Kontrolle und deshalb als brauchbar angesehen. Das mag nicht wie viel klingen, aber sie sind besonders geübt im Waffengebrauch, in Massen-Kontrollierung, in psychologischen und Verhaltens-Techniken, bewaffnet und im Verband mit paramilitärischen Gruppen."

Um die „Eine Weltregierung" einzuführen, müßten auch die USA als eigenständige Nation geopfert werden. Und wer glaubt, daß Bushs Kampf gegen den Terror, der immer mehr entgleist, eine dümmliche Fehleinschätzung des Texaners war, der muß eines besseren belehrt werden: all das ist geplant. Durch die Folterfotos, die an die Öffentlichkeit kamen, wurde klar, daß die Amerikaner keineswegs moralisch so „gut" sind, wie sie sich immer gerne selber sehen, und damit meinen, das Recht zu haben, Weltpolizei zu spielen. Und es ist kein Zufall, daß die Foltergeschichten den Weg in die Medien fanden, denn das gehört zum Plan, die moralische Rechtfertigung des amerikanischen Volkes, sich als bessere Nation zu sehen, zu zerstören.

Dazu Svali: *„Das ist der Illuminati-Plan in Aktion: Die Kriegstreiberei ist die Strategie, welche die Bush-Bande benutzt, um den Untergang der USA herbei zu führen, indem sie* *das US-Militär in zu viele Kriege verwickeln und sich andere Länder zu Feinden machen. Es spielt keine Rolle für die Illuminati, wie viele Menschen sterben oder wie viel Zerstörung angerichtet wird, so lange sie ihre Ziele erreichen."*

George W. Bush, der Mitglied der mächtigen Loge Skull & Bones ist, mag zwar dumm erscheinen, dennoch folgen auch seine Fehlentscheidungen einem Plan. Ob Kerry, der sehr wahrscheinlich der nächste Präsident werden wird und für viele ein Segen im Vergleich zum verkommenen Bush darstellt, wirklich „besser" ist? Nein, natürlich nicht. Vor der Wahl haben immer alle die edelsten Absichten, und wenn sie dann im Amt sitzen, führen sie den Plan weiter aus. Denn niemand wurde in den letzten Jahrzehnten Präsident der Vereinigten Staaten, der nicht Mitglied dieser Kreise ist und daher für die Pläne der Illuminaten eingespannt werden kann.

Selbst in einer stinknormalen Tageszeitung findet man inzwischen Infos darüber, daß Kerry (wie Bush) Mitglied im Yale-Geheimclub Skull&Bones ist. (Weser Kurier v. 9.7.2004, Seite 4)

Man muß nur auf Kerry´s Wahlkampf-Internetseite sehen: Sogleich springt einem ein auf der Spitze stehendes Pentagramm, also ein nach unten gerichteter fünfzackiger Stern entgegen. Und im San Francisco Chronicle vom 17. Juli 1983 gibt es ein Bild, auf dem Kerry dem Begründer der Church of Satan, Anton Le Vey die Hand schüttelt, im Hintergrund nur halb verdeckt das auf der Spitze stehende Pentagramm mit dem eingezeichneten Ziegenbock.

Inzwischen muß man jedoch sogar mit der Möglichkeit rechnen, daß Bush die nächste Präsidentschaftswahl verschieben wird, wenn es „zufällig" dann gerade einen Terroranschlag geben sollte und er das nutzt, um im Amt zu bleiben, mit der Rechtfertigung, daß in solch einer bedrohlichen Zeit ein Amtswechsel eine Gefahr für die nationale Sicherheit wäre.

Svali: *„In der kommenden „Weltordnung" wird es zuerst*

eine sehr stark diktatorische und Militär-Regierung geben. Daher gibt es auch eine sehr umfassende Ausbildung von verdeckten Militärkräften aller Ränge. Weil nicht jeder die Herrschaft der NWO begrüßen wird. Ihre Armee ist trainiert in Massenkontrolltechniken, und Lager werden errichtet, um die Andersdenkenden da hin zu schicken. Denken Sie an Hitlers Deutschland, das ein Prototyp war. Die Regierung wird höchst autoritär sein und zentralisiert im Obersten Welt-Rat, mit nationalen und regionalen Räten unter seiner Kontrolle.

Die Einführung eines halb-marxistischen, oder Militär-Sozialismus wird dann folgen (Marx war ein Illuminat, und ihm war aufgetragen worden, was er in seinen Ausführungen zu schreiben hatte), kontrolliert unter dem Dach dieser regionalen und nationalen Räte. Finanzielle Macht wird von den nationalen und internationalen Ebenen ausgehen."

Aber auch mit einigen Irrtümern über die Illuminaten räumt sie auf. Denn von Kritikern der Verschwörungstheorien wird ins Feld geführt, daß die bayerischen Illuminaten unter Adam Weishaupt längst verboten seien und nicht mehr existieren. Dazu Svali:

„Weishaupt hat nicht die Illuminaten gegründet, sondern sie wählten ihn als Gallions-Figur und erzählten ihm, worüber er zu schreiben hatte. Die Finanziers, welche sich zurück datieren bis zu den Bankiers während der Zeit der Tempel-Ritter, welche die frühen Könige in Europa finanzierten, erschufen die Illuminati. Weishaupt war nur ihr „Laufbursche", der ihnen zu Willen war."

Der Niedergang der USA zeigt, daß die Illuminaten keinerlei Loyalität zu irgendeiner Nation haben oder Rücksicht auf ein Volk nehmen. Svali: *„Die USA werden als geringer angesehen als die europäischen Zweige. Deutschland, Frankreich und das United Kingdom formen ein Triumvirat, das den europäischen Kult beherrscht. Die UDSSR hat die stärksten Militärgruppen. Ihr wurde die vierte Position in der Neuen Welt-*

Ordnung (NWO) versprochen, noch vor der Rolle der USA, weil die UDSSR über Jahre hilfreicher und kooperativer war beim Verfolgen der Pläne.

China wird den Rang der UDSSR bekommen, dann kommt die USA. Doch wird eine große Zahl aus der gegenwärtigen US-Führerschaft in Europa sein, wenn der Wechsel eintritt, und viele haben dort Immobilien. Sie werden dann über Nacht die „Nationalität wechseln".

Die UN wurde geschaffen, um eines der größten Hindernisse für die Eine-Welt-Regierung zu überwinden; den Nationalismus. Es nahm Jahre der öffentlichen Beschimpfung der Länder in den Medien und der Zerstörung jeglicher Spur von National-Stolz durch eine (gar nicht so feinsinnige) Medien-Kampagne in Anspruch. Die UNO ist eine Vorbereitung, doch ist sie nicht die eigentliche Macht in der Welt und wird dann relativ unwichtig sein, wenn die NWO Wirklichkeit wird. Die UNO ist ein Sprungbrett auf die NWO hin.

Der Konflikt im mittleren Osten ist ausschließlich zu Gunsten der Illuminaten. Sie hassen Israel und hoffen, es eines Tages zerstört zu sehen, und sie warten auf den richtigen Zeitpunkt. Die UNO wird, wenn sie die Welt übernimmt, anbieten, daß sie im mittleren Osten den Frieden bringt, und das wird von vielen mit Freuden begrüßt werden.

Die CIA half nach dem zweiten Weltkrieg, deutsche Wissenschaftler herüber zu bringen. Viele von diesen waren ebenfalls Illuminatenführer in ihrem eigenen Land, und sie waren mit offenen Armen begrüßt worden von der US-Gruppe. ... Rußland hat uns niemals wirklich bedroht. Der Marxismus wurde gegründet von den Illuminati."

Um diese Pläne durchzuführen, werden skrupellose Helfer gebraucht, und so möchte ich auch auf die grausamen Methoden eingehen, die in diesen Kreisen angewendet werden, um ihre Mitglieder von klein auf zu entmenschlichen. Wer schwache Nerven hat, sollte vielleicht den Rest dieses Kapitels überspringen. Diese Vorstellungen *sind* beängstigend und können Sie in den Schlaf verfolgen. Sie sollten sich nicht intensiver damit beschäftigen, wenn Sie nicht einen starken Glauben an das Gute haben.

Die Illuminaten wissen genau, wie die menschliche Psyche funktioniert und wie man Menschen dazu bringt, entgegen jeder menschlichen Grundsätze zu handeln. Es sind verschiedene Methoden, die sie von klein auf bei ihren Mitgliedern anwenden - die aber ebenso beim CIA und anderen Geheimdiensten rund um die Welt, dem schlecht organisierten Verbrechen und anderen Gruppen, bekannt sind.

Zufügen von Schmerzen, Vertrauensverlust, psychedelische Drogen, Abstumpfung durch ständige Darstellungen von Gewalt Am effektivsten ist es für sie, wenn sie schon ein ganz kleines Kind in die Finger bekommen (Vielleicht die Eltern schon Mitglieder sind und ihre Kinder einfach preisgeben). Diese Kinder werden sie grausam quälen, so daß sie jegliches Vertrauen in irgend etwas Gutes verlieren.

Durch absichtliches Zufügen von Schmerzen bilden sich bestimmte „Abteilungen“ des Bewußtseins, zwischen denen der Betreffende dann „switchen“, also hin und herschalten kann. D.h. wenn ein Erlebnis (wie Folter) nicht auszuhalten ist, spaltet sich ein Teil des Bewußtseins ab. So kann der Betreffende später scheinbar normal weiterleben und würde sich im normalen Bewußtsein nicht mal an das erinnern, was er Schreckliches erlebt hat.

Mindcontrolexperten können jemanden, den sie von klein auf bearbeiten, zum willenlosen Sklaven erziehen, der in bestimmten Bewußtseinszuständen Dinge tun kann, die er normalerweise niemals tun würde.

Svali beschreibt, wie Kinder ausgebildet werden und wie sie es selber erlebt hat:

„Wenn ein Kind 2 Jahre alt ist, nehme es in einen metallenen Käfig oder Gehäuse mit angebrachten Elektroden. Gib ihm

sehr starke Elektroschocks. Nimm das Kind heraus, und gib ihm ein kleines Katzen-Junges in seine Hände. Sage dem Kind, es soll dem kleinen Katzen-Jungen den Hals herum drehen. Das Kind wird weinen und sich weigern.

Nimm das Kind in den Behälter, und gib Elektroschocks, bis es ganz betäubt ist, und gar nicht mehr schreien kann.

Nimm das Kind heraus, und sage ihm wieder, den Hals der Katzen-Jungen umzudrehen. Dieses Mal wird es das Kind vollkommen durchschütteln, es wird weinen, doch wird es das tun, in der Furcht vor der Folter. Das Kind wird dann in eine Ecke gehen und danach erbrechen, während der Erwachsene es lobt dafür, „es so gut gemacht zu haben".

Das ist der erste Schritt. Die Tiere werden dann mit der Zeit größer, wenn das Kind älter wird. Zu einem bestimmten Zeitpunkt werden sie gezwungen, ein Kleinkind zu töten, entweder eine scheinbare Tötung, in virtueller Realität oder in Wirklichkeit. Sie werden stark gelobt werden, wenn sie es gut machen, und sie werden gefoltert, wenn sie nicht einwilligen.

Im Alter von 15 Jahren werden die meisten Kinder auch dazu gezwungen, Nahkampf vor Zuschauern zu machen. (Hochrangige Menschen, die kommen, um die „Spiele" anzuschauen, sehr ähnlich dessen, was die antiken Gladiatoren darstellten). Diese Spiele führen selten zum Tod, gewöhnlich nur, bis ein Kind zu Boden geht. Sie verwenden jede Art von Waffen, welche man sich denken kann, und sie lernen, um ihre Leben zu kämpfen. (...)

Wenn sie ihre Kinder foltern, erzählen sie ihnen: „Ich tue das, weil ich Dich liebe". Ihnen bedeutet die größte Liebe, ein Kind stark und fit zu machen, um zu herrschen, oder um in der Gruppe höher aufzusteigen, egal, welche Mittel dazu erforderlich sind.

Wenn ein Führer ein Kind sieht und es haben möchte als Prostituierte oder Prostituierten, dann werden die „liebenden" Eltern es hingeben, glücklich darüber, daß ihr Kind im Status steigen wird. Sie betrachten Treuebruch als das größte Gut. Sie werden Situationen konstruieren, um ihren Kindern beizubringen, daß sie niemals anderen trauen sollen.

Die meisten von ihnen sind selbst verwundete, mißbrauchte und geschändete Opfer, denen gar nicht klar ist, daß es möglich ist, die Gruppe zu verlassen. Es gibt viel Unzufriedenheit in den Rangstufen, und es würde einen Massen-Auszug geben, wenn die Mitglieder glaubten, daß es wirklich möglich ist, herauszukommen (und zu leben). Viele der Ausbilder, die ich kenne (ich kenne geile, verruchte, folternde Pädophile) waren NICHT glücklich mit dem, was sie taten. Sie würden wohl ganz leise flüstern, oder mit einem Blick aufzeigen, daß sie nicht einverstanden sind mit dem, was sie tun müssen. Doch würden sie pflichtbeflissen ihre Aufgabe tun, in der Hoffnung um Beförderung. Eine der größten Verlockungen für den Aufstieg in der Gruppe ist, daß sie keine Menschen mehr verletzen müssen und nicht mehr geschändet werden können.

Sie alle sind in der Gemeinde wohlrespektierte, als „Christen" erscheinende Führer in der Geschäftswelt. Das Ansehen in der Gemeinde ist für einen Illuminaten höchst wichtig. Sie werden alles tun, um die normale, respektierte Fassade aufrecht zu erhalten. Keiner der Illuminaten, welche ich kenne, war in seinem Alltags-Leben etwa unfreundlich oder böse im Auftreten, doch hatten manche Fehlfunktionen, so ähnlich als seien sie Alkoholiker. Die Absonderung, welche die Illuminaten antreibt, ist ihre größte Tarnung."

Und Robin de Ruiter bestätigt in „Die 13 satanischen Blutlinien", daß man Mitgliedern der Illuminaten das keineswegs ansehen muß, daß sie des Nachts mitunter in Roben schlüpfen und an für uns unvorstellbaren Ritualen teilnehmen. Sie können tagsüber geachtete und angesehene Bürger sein, die sogar freundlich, gewinnend, charmant, gebildet und Teil einer Kirchengemeinde sind:

„Die Satansanhänger betrachten es als eine goldene Re-

gel, eine angesehene und respektable Position in der Gesellschaft zu erlangen, um ihre wahre Identität zu verdecken. Jeder der führenden Satanisten hat mindestens eine Tarnung. Diese besteht in dem Leben, welches sie der Öffentlichkeit präsentieren. Sie können zum Beispiel der Bürgermeister einer Stadt sein, ein Unternehmensleiter oder sogar ein „christlicher" Evangelist bzw. Prediger. Das Hauptziel einer guten Tarnung besteht für den Satanisten darin, sich in der Öffentlichkeit als „angesehen" und als „respektvolle" Person darzustellen, oder zumindest mächtig genug, um jegliche Kritik gegen sich bereits im Vorfeld zu unterbinden"

Und all das genießt einen ganz besonderen Schutz: es ist so unglaublich unmenschlich, daß jemand, der versucht zu fliehen und sich Außenstehenden anvertrauen will, kaum ernst genommen wird. Denn normale Menschen können sich nicht vorstellen, daß es neben der uns bekannten, normalen Alltagswelt eine Parallelwelt geben soll, in der derart unmenschliche Dinge passieren. So wird auch bei Fällen von rituellem Kindesmißbrauch den Kindern sehr oft nicht geglaubt. Und die breite Öffentlichkeit möchte lieber gar nicht wissen, warum jedes Jahr so viele Kinder spurlos verschwinden, können sich allenfalls durchgeknallte Einzeltäter vorstellen, aber nicht, daß es dahinter ein Netzwerk von einflußreichen Menschen gibt, die Kinder mit grausamen Methoden quälen und töten und dabei Lust empfinden. In Deutschland verschwinden jedes Jahr an die Zehntausend Kinder und tauchen nie wieder auf. Wenn ab und zu eine Fahndung nach einem Kind durch die Medien geht, muß man sich fragen, warum gerade dieser eine Fall solche Öffentlichkeit erlangt. Aber so wird der Eindruck erweckt, daß es nur ab und zu vorkommt, obwohl es täglich etliche Fälle von spurlos verschwundenen Kindern gibt.

„Im Jahre 1996 kam in Belgien ans Licht, das eine unbestimmte Anzahl von Ritualopfern aus Kinderheimen und Pflegefamilien genommen wurden, die unter der Aufsicht der rich-

terlichen Macht standen. Selbst Jugendrichter waren Lieferanten! Als die Sache endlich bekannt wurde, haben einflußreiche Politiker und Mitglieder der Magistratur alle Hebel in Bewegung gesetzt, um die Untersuchung zu sabotieren. In der Presse wurde gemeldet, daß die Angelegenheit nur mit einer pädophilen Aktivität und Kindersex zu tun hatte. Bedauerlicherweise hatte keiner bemerkt, daß eine deutliche Verbindung zu „satanischen Aktivitäten" besteht." (aus: „Die 13 satanischen Blutlinien" von Robin de Ruiter)

Warum wurden die Ermittlungen im Fall der belgischen Kinderschänder immer wieder gestört? Wieso dauerte es Jahre, bis Marc Dutroux vor Gericht kam? Wie kam es, daß er immer wieder Hilfe bekam, Handschellenschlüssel oder Rasierklingen in seine Zelle gelangen konnten, die Tür eines Gefängnistransporters offen stand usw.? Er ist sicherlich kein Einzeltäter und wahrscheinlich nur ein kleines Licht in der Hierarchie, und man hat ihn verurteilt, gegen die Hintermänner, auf die er hinwies, aber nicht weiter ermittelt. Denn wahrscheinlich sitzen die an sehr einflußreichen Stellen.

Im Buch „Satanismus – die unterschätzte Gefahr" von Guido und Michael Grandt steht: *„Unterschieden werden müssen der harmlose „Okkult-Karneval" von Möchtegern- und Hobby-Satanisten oder Jugendlichen, die ein wenig Nervenkitzel erleben wollen, von dem organisierten, international verzweigten „Hardcore-Satanismus"*.

Obwohl es immer wieder eindeutige Aussagen über grausame Tötungen von Kindern gibt und Zeugen auch die Täter identifizieren konnten, wird oftmals nicht ermittelt. Es gibt dann Gutachter und Kinderpsychologen, die die Aussagen der Kinder in Frage stellen und natürlich mit zu der Infrastruktur dieser Kreise gehören.

Als Außenstehender kann man oftmals ihre Zeichen erkennen, die aber meistens so sind, daß man sie auch anders – harmloser – interpretieren kann. So ist das Handzeichen des

„Gehörnten“ mit ausgestrecktem Zeige- und Kleinem Finger auch bei Rockmusikern verbreitet und durchaus gesellschaftsfähig. Es hat auch nicht in jedem Fall Zugehörigkeit zu Hardcore-Satanismus zu bedeuten, da die harmlosen „Hobbysatanisten“ und „coolen“ Rockfans es ebenso benutzen.

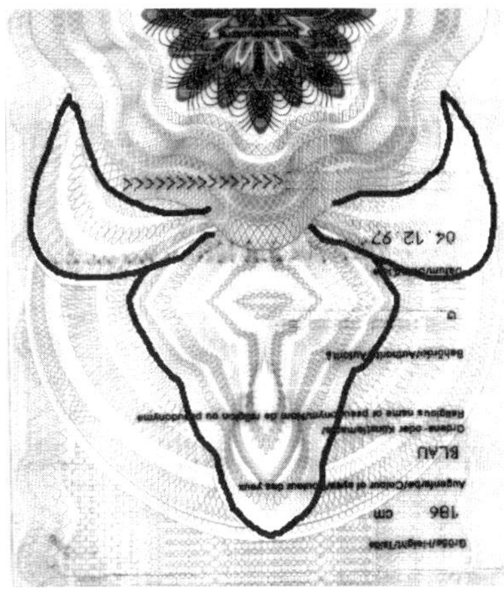

Wenn aber etliche Präsidenten der USA immer wieder mit diesem Zeichen zu sehen sind, so muß einem das doch zu denken geben. Präsident George W. Bush machte dieses Zeichen sehr offensichtlich direkt nach seiner Wahl, wovon es viele Aufnahmen gibt. Auch Berlusconi und andere Politiker werden gelegentlich mit diesem Zeichen abgebildet.

Daß der US-Dollarschein auf der Rückseite diverse Logensymbole, wie die mehrstufige Pyramide mit dem allsehenden Auge und dem Spruch „Novus ordo seclorum“, was Neue Weltordnung bedeutet, zu sehen sind, ist schon bekannt.

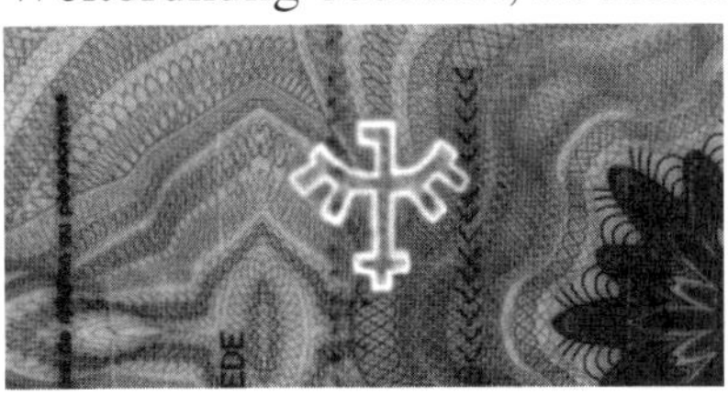

Manchmal findet man merkwürdige Symbole aber auch dort, wo man sie gar nicht erwarten würde. Zum Beispiel ist auf der Rückseite eines bundesdeutschen Personalausweises ein merkwürdiges Muster zu erkennen, das Fachleute als Kopf des Baphomet identifizieren. Und – nur unter Ultraviolettlicht zu erkennen – findet man einen merkwürdig stilisierten Bundesadler, dessen Schwanzfedern ein umgedrehtes Kreuz ergeben. Zwei satanistische Symbole auf unserem BRD-Personalausweis?

Überhaupt: der Adler, den wir überall in Staatswappen usw. finden. Dazu sagt Stuart Swerdlow: *„Heute wissen wir, daß Vögel Abkömmlinge von reptilischen Wesen, also Dinosauriern sind und dies demzufolge ein starkes reptilisches Symbol darstellt.“*

Ihr ganzes System basiert auf Angst. Und könnten sie sich von der Angst befreien, könnten sie sich auch von den negativen Dingen befreien, die sie tun. Denn die Kontrolle, die sie über die Welt haben wollen, basiert auf Angst. Und wenn sie es nicht schaffen, ihre Angst zu überwinden, dann sollten wir es erst recht schaffen.

Svali beschreibt, daß viele Mitglieder dieser Gruppe nicht unbedingt glücklich mit ihrer Lage sind, aber keinen Ausweg sehen. Sie sind programmiert, niemandem zu trauen, und für den Fall, daß sie jemand Außenstehendem etwas anvertrauen, entweder getötet werden oder Selbstmord begehen müssen. Der Freitod erscheint dann das kleinere Übel im Vergleich zu den Strafen, die einem aufgezeigt worden sind - und zwar schon in frühester Kindheit, so daß diese traumatischen Programmierungen eine große Kraft haben.

Übrigens darf man nicht vergessen, daß es nicht nur die absichtliche Bewußtseinskontrolle und Programmierung gibt, sondern daß sie auch durchaus in ganz normalen Familien vorkommt: Wer sein Kind schlägt oder anschreit, erzeugt durchaus ähnliche Programmierungen, wie es bei den Illuminaten ganz bewußt von klein auf gemacht wird. Ganz normale Menschen haben viele solcher Programmierungen von ihren Eltern oder Erziehern mitbekommen und geben sie oftmals ebenso leichtfertig an ihre Kinder weiter. Und so ist es eine sehr langwierige Angelegenheit, die Strukturen dieser negativen Manipulationen aufzulösen.

Dennoch haben Mitglieder wie Svali oder Cathy O´Brien es geschafft, aus dem Kreis auszubrechen. Mit der Hilfe von anderen, die ihnen mit viel Liebe halfen, die Programmierungen nach und nach zu durchbrechen. Sie zeigen auch anderen, wie es geht, und tauschen sich im Internet aus, wie man sich von den Kreisen lösen kann, die natürlich alles daran setzen, die „Abtrünnigen" wieder in den Kreis zurückzuholen.

Die Mitglieder der Illuminaten haben jedes Vertrauen in positive Eigenschaften, in Liebe, in einen gerechten Gott, in Hilfe von positiven Geistwesen verloren, bzw. gezielt entfernt bekommen. Aber sie können erkennen, daß das Leben in ständiger Angst nicht das einzig mögliche Leben sein kann, auch wenn sie das so anerzogen bekommen haben.

Wie kann man also dieses sehr dunkle und beängstigende Thema betrachten und irgendeine Hoffnung haben? Nun, ich habe den Eindruck, daß es ein Zeichen der Zeit der positiven Veränderungen ist, daß Mitglieder dieser Gruppen es schaffen, sich davon zu lösen, zu Liebe und Vertrauen zurückzufinden, daß sie an die Öffentlichkeit gehen, und wenn sie – wie Svali – keinen Verleger finden, ihre Erfahrungen eben ins Internet stellen. (Und übrigens auch Tips, wie Opfern rituellen Mißbrauchs geholfen werden kann.) Ich weiß nicht, ob es in früheren Zeiten Aussteiger der Illuminaten gegeben hat, aber man erfährt heute häufiger davon, was m. E. ein hoffnungsvolles Zeichen ist.

Wir als Außenstehende haben, wie bei allen globalen Vorgängen, nicht die Möglichkeit, die Dinge im Großen zu verändern, weil es die Schöpfungen von vielen Menschen sind und sie viel Macht angehäuft haben. Einzelnen gelingt es aber zu erkennen, daß es Ausstiegsmöglichkeiten gibt. Das kann sich aber nur fortsetzen, wenn dieses Thema an die Öffentlichkeit kommt.

Ein interessantes Beispiel, daß dieses Thema in den Massenmedien immer überwiegend lächerlich gemacht wird, war ein Bremer „Tatort" namens „Abschaum", der am 4. April 2004 in der ARD lief. Ich hatte zufällig eine kleine Komparsenrolle in dem Film, der um das Thema Satanismus und rituellen Kindesmißbrauch ging. Ich fand es sehr erstaunlich zu beobachten, daß es eine großen Aufruhr wegen dieses Tatorts gab. Er wurde in den Medien als äußerst brutal dargestellt, und die „Bild"-Zeitung titelte „Gewaltorgie im Tatort". Obwohl ich übertriebene Gewaltdarstellungen im Fernsehen ebenfalls ablehne, empfand ich diesen Film keineswegs als übermäßig brutal. Im Gegenteil zeigte er sehr viel Einfühlungsvermögen in die Thematik, die Ausweglosigkeit der Opfer, die verstörten Kinder, die nur in düsteren Bildern ihren Erlebnissen Ausdruck verleihen können, die Ärzte, Psychiater und Anwälte, die alles taten, um die Ermittlungen in andere Richtungen zu lenken, und selber Teil dieser Kreise waren.

Obwohl Gewaltdarstellungen im Fernsehen alltäglich sind, gab es in den meisten Medien offenbar nur Prügel für diesen Film. Warum wohl? War da ein Nerv getroffen worden? Welche Macht steht dahinter und gab der Berichterstattung über diesen „Tatort" diese Ausrichtung? Das mag jeder selber bedenken.

Nun aber zu der Frage, ob wir Angst vor den Plänen der Illuminaten haben müssen. Nun, *müssen* müssen wir gar nicht. Beängstigend ist, daß sie sehr viel Unheil anrichten können und das auch tun. Auf der anderen Seite klappt keineswegs alles, was sie planen. Sie bekämpfen sich untereinander, und in unseren Zeiten, in denen das Bewußtsein immer mehr angehoben wird, kommen die dunklen Machenschaften überall auf der Welt immer schneller ans Licht. Die Massen reagieren zwar träge und lassen sich weiter verdummen, aber sehr Vieles läuft ganz anders als geplant.

Die Illuminaten sind nach der Beschreibung von Svali und anderen Insidern überheblich und arrogant und glauben, daß ihnen nichts im Weg steht. Allerdings können sie trotz all ihrer Macht die Massen nicht absolut kontrollieren. Sie können sie dazu bringen, in einer gewünschten Weise zu reagieren, aber das muß nicht immer so ausgehen, wie sie es sich vorstellen.

Wenn wir uns die Enthüllungen über die Lügen, die die

Bush-Regierung zur Rechtfertigung des Irakkrieges auftischte, ansehen, gibt es zwei Seiten der Medaille, wie so oft. Einerseits gehört auch die Bloßstellung der Fehler der USA zum Plan, die Nationalstaaten zu zerstören, wie es ja auch Svali bestätigt. Andererseits läuft die Planung, statt dessen dann die UNO als neue Weltregierung einzusetzen, keineswegs wie geplant. Es gibt eben verschiedene Gruppierungen innerhalb der Illuminati und auch andere mächtige Gruppierungen, die nicht Teil der Illus sind. Diese kämpfen untereinander um die Macht.

So braut der europäische Teil der Illus sein eigenes Süppchen, baut den Euro und die EU als Gegenkraft zum Dollar und zur amerikanischen Wirtschaftsmacht aus. Die UNO wird von den USA fast völlig ignoriert, und es wird kaum problemlos gelingen, sie uns schließlich als Heilmittel gegen nationale Alleingänge überzustülpen. Wie gesagt sind die Reaktionen der Massen auch für die Illuminaten keineswegs kontrollierbar. Sie können nur Impulse setzen – wie Terroranschläge oder auch Enthüllungen über Folter von US-Soldaten im Irak – um gewünschte Reaktionen zu provozieren.

Jan van Helsing sagte in einem Interview: *„...Auch die Illuminati sind nur ein Testobjekt, ein Prüfstein während unseres Lernprozesses, da es die Illuminati oder zumindest Personen, die nach gleichen Prinzipien gehandelt haben, eigentlich schon immer gab. Seien Sie sich bewußt, daß heute ein Großteil der Menschheit das gleiche Spiel treiben würde wie die jetzigen Illuminati, wenn man ihnen die gleiche Macht und Reichtum gäbe. Sie würden nach ihrem jetzigen Stand der Entwicklung die Menschheit erneut für die Fütterung ihres eigenen übermäßigen Egos verkaufen.*

Und was hier im Großen abläuft, geschieht auch im Kleinen. Es geht um Kontrolle und um Macht. So wie die Illuminati unseren Planeten kontrollieren wollen, so will der Präsident sein Land kontrollieren, der Bürgermeister seine Gemeinde, der Papst die Kirche, der Pfarrer seine Lämmer , der Boss seine Firma, der Vater die Familie, die Mutter den Haushalt und das Kind den Hund.“

Das Ziel, Ordnung aus dem Chaos zu erzeugen, wird schwierig zu erreichen sein. Chaos zu erzeugen ist einfach. Das ist das, was wir im Moment überall erleben. Es ist leicht, alles kaputt zu machen, aber für konstruktive, ordnende Ziele sind die Methoden der Illuminaten viel zu grob und destruktiv.

Bedenken wir nur, daß viele Versuche, die Menschen zu Schritten zu zwingen, die gewünscht waren, keineswegs funktioniert haben. Wie z.B. der Versuch, die Menschen zum Beginn des weltweiten Terrors massenhaft gegen Pocken impfen zu lassen. Man spielte die Angst vor biologischen Waffen, die Terroristen haben könnten, in die Höhe, plante Massenimpfungen und begann damit, die Ärzte auf diesen Plan vorzubereiten. Dazu mußten natürlich zuerst die Ärzte, die die Impfungen durchführen sollten, geimpft werden - nach der (falschen) Logik, daß Impfungen schützen würden. Die Ärzte aber weigerten sich zum großen Teil selber, sich impfen zu lassen, und so mußten die Pläne vorerst zu den Akten gelegt werden.

Und so wird es mit vielen weiteren Dingen laufen. Es gibt die Planung, den Menschen Chips zu implantieren, auf denen sie ihre persönlichen Daten und finanziellen Transaktionen quasi „unter der Haut“ tragen. Die Chips gibt es, und sie werden in einigen Feldversuchen erprobt, z.B. bei Tieren, und auch schon bei lokalen Versuchen macht man es den Menschen schmackhaft, bargeldlos mit so einem Chip einzukaufen, in die Disco zu gehen usw. Wenn es aber zu einer Anordnung kommen wird, allen Menschen diese Chips einzupflanzen – was würde dann passieren? Was meinen Sie? Meinen Sie, alle würden mitmachen? Oder würden sich doch viele Menschen dieser Sache verweigern? Ich bin überzeugt davon, daß das nicht klappen wird, weil die meisten Menschen diese Eingriffe instinktiv ablehnen werden.

Die Illuminaten werden versuchen, es durchzusetzen, aber

vielleicht den Versuch ebenso schnell abbrechen müssen wie den Versuch mit den Massenimpfungen, von denen heute nicht mehr die Rede ist.

Da keineswegs alle Mitglieder der Illuminaten völlig zufrieden mit diesen Strukturen sind und nur durch Angst und Einschüchterung auf Linie gehalten werden, ist die Frage, was passieren würde, wenn die weltweite Machtübernahme ausgerufen würde. Sicher; Sie haben die Regierungen, die Geheimdienste, die Medien und das Militär infiltriert und überall ihre Leute drin. Und gerade beim Militär folgt man ja überwiegend den Befehlen von oben. Dennoch kann es sein, daß keineswegs alle mitmachen werden. Denn auch wenn man den Mitgliedern der Illuminaten ständig verspricht, daß sie in der Neuen Weltordnung die Herrscher sein werden, wissen sie doch, daß das System, das errichtet werden soll, weiterhin nur auf Angst basieren wird. Und da muß sich doch jeder selber fragen, ob er denn glücklicher sein wird, wenn „sie" Erfolg und endlich die Weltherrschaft erlangt haben.

Ihr System hat bisher nur durch Androhung und Ausübung von schrecklichem Leid funktioniert, und es wird sich natürlich auch nur auf diese Weise aufrecht erhalten lassen. Das heißt, es wird für die Mitglieder dieser Kreise keineswegs die Befreiung aus dem Teufelskreis von Angst und Leid bedeuten, sondern dieses Leid eher noch ausweiten, so daß man noch weniger die Chance haben wird, irgendwo außerhalb noch Menschen zu finden, denen man trauen kann und noch echte Liebe zu finden. Denn eines ist klar: diese Menschen mögen noch so viel Macht und Geld haben. Sie werden nie wahre Freundschaft erfahren, da sie niemandem trauen können und auch nicht wollen. Sie leben alle in ständiger Angst. Angst ist es, was sie dazu bringt, anderen Menschen Leid anzutun.

Bisher haben diese Leute mehr Chaos erzeugt als irgendeine Ordnung. Sicher, sie haben ihre Strukturen der Macht intelligent aufgebaut, und sie funktionieren. Aber sie funktionieren nur auf der Basis, daß jedes Teilchen davon jederzeit dem Ziel geopfert werden kann – also auch man selber. Es kann aber niemals eine dauerhafte Friedensordnung geben, die nur durch die Androhung von Gewalt und Zerstörung aufrecht erhalten wird. Letztlich sind diese Strukturen immer selbstzerstörerisch.

Es muß auch noch ganz klar gefragt werden, ob die Illuminaten nicht auch die Folgen ihrer Taten durch die kosmischen Gesetze zu tragen haben. Natürlich haben sie das. Aber sie haben mächtige Dämonen beschworen, die vielleicht einen Teil der zurückkehrenden Dinge abwehren, und die ihnen vielleicht auch einreden, daß für sie das Gesetz des Karmas nicht gelte. Aber natürlich ist das ein Trugschluß. Sie werden die Konsequenzen ihrer Handlungen erleben, das ist die Ordnung des Universums. Sie weigern sich das wahrzunehmen, weil sie nicht an eine höhere Macht glauben und in der Liebe keine positive Kraft sehen.

Das Wissen wird durch die Anhebung des allgemeinen Bewußtseins auch zu ihnen durchdringen. Sie mögen es verächtlich zurückweisen und leugnen und sich an ihre Dämonen wenden, die sie immer wieder in ihrem Tun bestätigen. Aber irgendwann werden auch sie zu der Erkenntnis kommen, daß ihr Weg nie dazu führt, daß sie glücklich sein werden. Sie müssen in ständiger Angst leben – Angst, den eigenen Strukturen der gegenseitigen Bedrohung zum Opfer zu fallen, und Angst, daß sie doch irgendwann vor einem höheren Richter stehen werden und sie das erleiden müssen, was sie anderen angetan haben.

Sie haben natürlich das Recht, sich frei zu entscheiden, welchen Weg sie gehen wollen. Aber letztlich kann auch ihr Weg nur zurück zur Quelle führen – so viel Leid und Schmerz sie auch erst noch verursachen – und erfahren - wollen.

Ich kann nicht in die Zukunft sehen und lehne es ab, Prognosen abzugeben, ob die Neue Weltordnung kommt und in welchem Ausmaß. Es gibt viele Prophezeiungen aller möglichen Katastrophen und eben auch die Einführung der NWO. Dennoch sind massenhaft Prophezeiungen bislang nicht eingetreten. Weder der geplante Dritte Weltkrieg noch die im Bibelcode angekündigte Zerstörung New Yorks. Insofern betrachte ich einfach mal die positive Seite: Trotz all der finsteren Machenschaften und der Macht, die ausgeübt wird, und all der Dinge, die wir selber vielleicht noch durch das geplante Chaos erleiden müssen, geht es uns doch vergleichsweise überwiegend gut: Wir sind nicht total versklavt, wie es einige Kräfte immer wollten. Wir haben vielleicht gewisse Einschränkungen in der öffentlichen Äußerung von systemkritischen Meinungen. Dennoch haben wir viel mehr Möglichkeiten, uns zu entwikkeln und unsere eigenen Wege zu gehen, als „die" es gerne sehen würden.

In diesem Kapitel und überhaupt bei der Beschäftigung mit all den Dingen, die in der Welt vorgehen, mag man Angst um unsere Zukunft bekommen. Aber wir sollten diese Angst nicht füttern, indem wir uns ständig mit den schlimmen Szenarien befassen, die geschehen *könnten.* Es sind unsere Gedanken, die unsere Wirklichkeit manifestieren. Und wenn sich die Menschen doch auch das Leben gegenseitig oftmals sehr schwer machen, wollen doch sehr viel mehr Menschen das Positive, gibt es viel mehr Menschen, die Freundschaften und Vertrauen untereinander erleben, als diejenigen, die sich selber von solchen Erfahrungen abschneiden.

Nur wenn wir es zulassen, daß sie uns ihre düstere Weltsicht aufzwingen, könnten sie für eine Weile obsiegen. Eine Welt, in der Angst, Haß und Schmerz obsiegen, wird sich letztendlich selber zerstören, und niemand, der nur einen Funken freien Denkens bewahrt hat, kann ernsthaft glauben, daß er glücklich sein wird, selbst wenn er alle Macht und alles Geld der Welt hätte, aber keine Liebe.

UFO-Glauben und Wahrnehmung

Am Thema Ufos scheiden sich die Geister. Tatsächlich müssen wir feststellen, daß wir es hier überwiegend mit Glaubensfragen zu tun haben, solange jemand nicht persönliche Erlebnisse hat. Es ist sehr schwer, Menschen von ihrer einmal gefaßten Vorstellung abzubringen. Es gibt Menschen, die die gesamte Ufo-Problematik für ausgemachten Unsinn halten, der lediglich die Kassen einiger Autoren und Verlage füllt, und die am Verstand derjenigen zweifeln, die sich näher damit befassen. Dann gibt es die, für die schon ein winziger Lichtpunkt am Himmel in weiter Ferne, der alles mögliche sein kann, eine aufregende UFO-Sichtung ist. Dazwischen gibt es alle möglichen Spielarten. Einige meinen, alle UFOs wären eindeutig außerirdisch, andere meinen, alle UFOs wären irdischen Ursprungs und auf geheime Militärtechnologien zurückzuführen, oder auf unbekannte Wesen, die unentdeckt in Höhlen im Inneren der Erde leben. Jeder versucht nun, jede neue Information in seine Glaubensvorstellung einzubauen, und ist schwer davon abzubringen, daß es etwas anderes bedeuten könne als das, was er eh schon glaubt.

Man würde natürlich vermuten, daß uns unsere Regierenden doch sagen würden, wenn es etwas gäbe, was die gesamte Menschheit betrifft, und viele Menschen warten auf eine offizielle Verlautbarung. So ist auch den meisten Menschen das Material, das es an mehr oder minder guten Fotos gibt, die Dokumente, die UFO-Forscher im Laufe der Zeit zusammengetragen haben und die vielen, vielen Berichte von Entführten oder UFO-Zeugen, nicht bekannt. Und je nach Glaubenssystem würden sie auch jedes Foto belächeln, egal, wie die Qualität ist. Ist nur ein Lichtpunkt zu sehen oder ein unscharfer Punkt am Himmel, sagen sie zu Recht, daß so was alles mögliche darstellen kann. Ist ein Foto scharf und zeigt eindeutig erkennbar ein unbekanntes Flugobjekt, vermuten sie, daß es eine Fälschung sein muß. Und natürlich gibt es Fälschungen. Es ist auch in der heutigen Zeit überhaupt nicht schwer, sehr überzeugende Bilder am Computer oder mit anderen Tricktechniken herzustellen.

Es ist also fast unmöglich, jemanden, der Ufo-Geschichten ablehnt, von etwas anderem zu überzeugen. Selbst wenn ich jetzt im Moment, wo ich dieses schreibe, ein UFO aus dem Fenster sehen würde, könnte ich die Wahrheit des selbst Erlebten kaum jemandem vermitteln, es sei denn, daß er mir *glaubt*. Selbst wenn es gelänge, rasch eine Kamera aus dem Koffer zu holen, die hoffentlich gerade auch einen Film enthält, würde es mir ohne spezielles Teleobjektiv und Stativ allenfalls gelingen, ein paar Lichtpunkte einzufangen, die nicht die Details, die ich mit meinem Auge erkennen könnte, wiedergeben würden.

Ich habe einmal ein UFO gesehen, und ich vermute, daß es von den UFO-Kritikern als eine Fehlinterpretation eines bekannten Flugobjekts oder eines Naturphänomens angesehen würde. Dennoch weiß ich, was ich gesehen habe. Ich kann die rot-orange leuchtende Kugel, die sich langsam über den gesamten Himmel bewegte, beschreiben, aber eben auch nicht den Eindruck vermitteln, den sie auf mich gemacht hat. Es war auf alle Fälle nichts, was mit irgendeinem mir bekannten Phänomen oder einer bekannten Technik in Einklang zu bringen ist. Ob Sie mir das jedoch glauben, muß ich Ihnen überlassen.

UFO-Kritiker unterstellen UFO-Zeugen leicht eine nicht besonders gute Wahrnehmung oder eine Halluzination, die auf Wunschdenken basiert. Also bitte ich Sie einmal, in diesem Augenblick, über Wahrnehmung nachzudenken. Was können Sie im Moment sehen? Und können Sie von etwas, das Sie nur sehen, aber nicht näher untersuchen können, Schlüsse über die Machart ziehen? Z.B. sehen Sie diesen Text vor sich. Sie können auf das Material schließen, auf dem er gedruckt wurde. Es wirkt nicht metallisch, nicht flüssig, nicht natürlich gewachsen, könnte Papier sein, aber vielleicht auch ein anderer Stoff, der so ähnlich aussieht. Nun nehmen Sie an, daß ein UFO-Zeuge auch durchaus die Machart von irdischen Fluggeräten kennt, und wenn er ein unbekanntes, geheimes Fluggerät aus irdischer Produktion sehen würde, könnte er sagen, daß vielleicht die Außenhülle durchaus mit irdischer Technologie entstanden sein könnte, er sieht vielleicht Schweißnähte oder Nieten, gebürstete oder lackierte Metallteile usw.

Ich möchte einfach nur aufzeigen, daß unsere Wahrnehmung doch in der Lage ist, ziemlich viel in kurzer Zeit ziemlich gut einzuordnen. UFO-Zeugen zu unterstellen, daß ihre Wahrnehmung ihnen etwas vorgegaukelt hat oder sie etwas ganz Normales falsch gedeutet haben, ist also eine leichtfertige Herabsetzung der Wahrnehmung anderer Leute.

Sicherlich gibt es alle die oben beschriebenen Fälle, die Fälschungen, die fehlinterpretierten Erscheinungen, die eine völlig natürliche Erklärung haben, und wer hat nicht schon mal am Himmel gestanden, die besonders hell leuchtende Venus gesehen und sich gefragt, ob sie sich nicht gerade bewegt hat.

Das UFO-Phänomen besteht aus vielfältigen Ereignissen, die nicht alle in die gleiche Schublade passen. Es kann durchaus auch irdische Geheimentwicklungen geben, die wir für außerirdische Flugobjekte halten. Es kann durchaus unentdeckte Zivilisationen auf der Erde geben, deren Objekte gesichtet werden. Es ist aber ein Trugschluß, nun zu sagen, daß alle Ufos irdisch, oder alles Fälschungen sind oder alles außerirdisch ist. Jede voreilige Kategorisierung des UFO-Phänomens ist gefährlich.

Viele glauben, daß die Wahrscheinlichkeit von außerirdischen Besuchen äußerst gering sei wegen der gigantischen Entfernungen im Kosmos, die selbst bei annähernder Lichtgeschwindigkeit noch jahrelange Reisen, nicht zu reden von den Beschleunigungs- und Abbremsphasen, bräuchte. Wir sollten uns aber vor Augen halten, daß die Annahme, daß die Lichtgeschwindigkeit nicht zu toppen sei, nur eine derzeitig anerkannte These ist. Tatsächlich hat es schon Experimente auf der Erde gegeben, bei denen, zumindest für Informationsübertragung, die Lichtgeschwindigkeit übertroffen wurde. Aber viel wichtiger ist, offen zu sein, daß das, was wir heute für technisch möglich halten, schon in wenigen Jahren veraltet sein kann, wie die Ansicht noch vor wenigen hundert Jahren, daß etwas, das schwerer ist als Luft, niemals fliegen könne, oder eine Geschwindigkeit von mehr 36 Stundenkilometern tödlich sei. Auch können außerirdische Zivilisationen ganz andere Technologien haben, z.B. um den Raum zu krümmen. Das ist in der theoretischen Physik möglich.

Vor einiger Zeit veröffentlichte ein angeblicher Mitarbeiter der US-Regierung, Bob Lazar, einiges über die Technologie, die er im Hochsicherheitsbereich des geheimen „Area 51" in der Wüste Nevada kennengelernt haben will. Ob alles stimmt, was er sagt, weiß ich nicht und auch nicht, warum er angeblich geheime Informationen an die Öffentlichkeit bringen konnte, ohne daß es verhindert wurde. Er bietet immerhin ein interessantes Erklärungsmodell an:

Er sagt, daß abgestürzte außerirdische Flugobjekte, die die Amerikaner in Area 51 untersuchten, nicht mit Lichtgeschwindigkeit reisen, sondern die Raumkrümmung ausnutzen. Das basiert auf der Erkenntnis, daß große Schwerkraftfelder den Raum krümmen. Es soll einen Stoff geben, das Element 115, das auf anderen Planeten vorkommt, dessen Schwerkraftfeld über seine eigene Ausdehnung hinausgeht. Diesen Effekt würde man sich nutzbar machen, um den Raum gezielt zu krümmen und somit interstellare Reisen möglich machen.

Es gibt sehr viel mehr Aussagen von Leuten, die behaupten, daß geheime Abteilungen der Regierungen längst Verbindung mit Außerirdischen haben und auch deren Technologie inzwischen teilweise nutzen.

Es gibt Phänomene, die Sie für Spinnerei halten mögen, die aber andernorts ganz konkrete Probleme darstellen. Z.B. gibt es überall auf der Welt immer wieder Viehverstümmelungen. Und zwar nicht nur vereinzelt, sondern es sind im Laufe der letzten Jahre schätzungsweise 20-30.000 Rinder und andere Nutztiere tot aufgefunden worden, und zwar mit Verletzungen, die durch irgendeine bekannte Technik nicht zu erklären sind; den Tieren sind meistens einige Körperteile entfernt, wie z.B. ein Auge, Teile des Unterkiefers, Geschlechtsteile usw. So grausam das klingt, so merkwürdig sind die Umstände: es würde eine sehr präzise Operationstechnik mit einem Laserskalpell erfordern, um diese Ergebnisse zu erzielen. Zudem fehlt den aufgefundenen Tieren immer sämtliches Blut. All das sind, wie gesagt, keine Einzelfälle, sondern ist, besonders in Südamerika, schon ein ernsthaftes Problem für die Viehwirtschaft, da es sich zigtausendfach ereignet und für die Besitzer der Tiere erhebliche, finanzielle Einbußen bedeutet. Natürlich ist man auf der Suche nach dem Verursacher und versucht, der Sache auf den Grund zu kommen. Erstaunlich ist jedoch, daß es keinerlei Spuren gibt, die darauf hinweisen, wie das Ganze abläuft. Noch mal: Die Wunden der Tiere sind so präzise, daß sie mit einem normalen Skalpell nicht möglich wären. Einzig ein Laserskalpell käme in Frage. Ein solches Gerät erfordert aber eine ziemlich große Apparatur, die man allenfalls auf einem Lastwagen transportieren könnte, und die zudem noch viel Strom erfordert. Die Tiere werden aber mitten auf der Weide gefunden, und so sehr man sich auch bemüht, findet man weder Reifen- noch Fußspuren, keinen Tropfen Blut oder sonstiges, was Hinweise auf die Art der Vorgänge geben könnte.

Ein mit mir befreundeter Autor, Douglas Spalthoff, ist mehre Male in Argentinien und anderen Gegenden gewesen, um zu recherchieren, hat mit Farmern, Polizisten und Journalisten gesprochen, massenhaft Fotos und Videomaterial geschossen, um das Phänomen zu dokumentieren. In Zeitungen und im Fernsehen in Südamerika wird ganz offen über diese Ereignisse berichtet, während man bei uns davon kaum etwas hört. Es gibt jedenfalls bis heute keine befriedigende Erklärung, was das alles bedeuten könnte.

Da es nie irgendwelche Spuren am Boden gibt, muß man davon ausgehen, daß die „Täter“ aus der Luft kommen, aber selbst mit konventionellen Hubschraubern wären solche Operationen im Schwebezustand, das Entfernen des gesamten Blutes usw. kaum möglich. Es bietet sich kaum eine vernünftige Erklärung an, und so ist es wohl sinnvoll, das Ganze in den Bereich des Ufo-Phänomens einzuordnen, da es sich offenkundig um unbekannte, fliegende Objekte handeln muß, die für diese Viehverstümmelungen (engl.: cattle-mutilatons) nur in Frage kommen. Ob außerirdisch oder irdisch mag man spekulieren. Aber offenbar werden Techniken angewandt, die den uns bekannten Techniken weit voraus sind. Man muß auch die Frage nach dem Sinn der Aktionen stellen. Man könnte sich vorstellen, daß Außerirdische Gewebeproben von Tieren untersuchen wollen. Aber daß das zigtausendfach geschieht und gerade nur in einigen Gegenden (hauptsächlich Südamerika, aber auch Nordamerika und vereinzelt Australien und China). Vielleicht hat es mit der Abgelegenheit der Gebiete zu tun, denn vielleicht kann man die Aktionen doch beobachten. Und ab und zu gibt es tatsächlich Menschen, die von seltsamen, leuchtenden Objekten des Nachts berichten, wenn am nächsten Tag wieder verstümmelte Tiere aufgefunden werden.

Wie gesagt, würde man annehmen, daß es doch eine offizielle Erklärung der Regierungen dazu geben müßte, wenn an den ganzen Geschichten etwas dran wäre. Tatsächlich versuchen einige Leute, solch eine Erklärung zu bewirken, und haben sich damit an die Öffentlichkeit gewagt;

Am 9. Mai 2001 wurde auf einer Pressekonferenz in Washington, D.C., öffentlich die Existenz von UFOs und außerirdischen Besuchern bekannt gegeben. Eine Gruppe, die sich CSETI nennt, hatte 20 hochrangige Zeugen zusammengebracht, um vor den Kameras und Mikrofonen der Medien

Zeugnis über das abzulegen, was sie erlebt und gesehen hatten. Es waren ehemalige Militärs, Geheimdienstler, Piloten usw. darunter. Zudem hat die Organisation Aussagen von 100 weiteren Zeugen auf Video aufgenommen.

Dr. Steven Greer, der Initiator des Projekts, ist der Überzeugung, daß die Menschheit über die Vorgänge informiert werden muß, da sie uns alle betreffen. Offenbar gibt es auch innerhalb der geheimen Strukturen der Regierungen unterschiedliche Ansichten. Die Einen meinen, daß die Dinge weiter geheim gehalten werden müßten, die Anderen sind der Ansicht, daß sie an die Öffentlichkeit gehören.

Zu Clintons Amtszeit hatte Dr. Greer den Präsidenten schon über die Vorgänge informiert, von denen er annahm, daß selbst der oberste Regierungschef von den Geheimdienstlern nicht über alles informiert werde. Angeblich würden die Chefs von CIA, NSA und anderen Abteilungen, die mit den geheimen Vorgängen zu tun haben, nur Amtsneulinge informieren, von denen sie ausgehen, daß sie „dicht halten". Bisher hat man in unseren Nachrichten jedoch noch nicht viel von der Pressekonferenz am 9. Mai gehört. Es gab einige kurze Berichte auf CNN, BBC usw. Auf www.cseti.org kann man mehr über das Projekt erfahren.

Seit vielen Jahrzehnten unterdrücken angeblich die Geheimdienste die außerirdische Problematik und machen UFO-Zeugen gezielt lächerlich oder setzen sie unter Druck, da man glaubt, daß die Menschheit nicht bereit für diese Bekanntgabe sei. Diese Strukturen haben sich in den mehr als 50 Jahren dermaßen verhärtet und verselbständigt, daß nicht mal die höchsten Regierungsmitglieder wissen, welche Vereinbarungen es zwischen den Geheimdiensten, dem militärisch-industriellen Komplex und außerirdischen Gruppen gibt.

Die ersten Kontakte fanden nach den Aussagen einiger Zeugen in der Zeit des Kalten Krieges statt, nachdem einige Ufos in den USA abgestürzt und mit Besatzung geborgen worden waren. Militärische Geheimhaltung war oberste Priorität. Schuld an den damaligen Abstürzen war angeblich das damals neue Radarsystem, das mit seinen elektromagnetischen Strahlungen die empfindliche Steuerung der außerirdischen Raumschiffe unerwartet durcheinander brachte. Die Regierung stellte damals angeblich mit den Vertretern der gestrandeten Außerirdischen Kontakt her. Es wurden Verträge abgeschlossen, um deren Technologie zu nutzen. Diese Verträge enthielten u.a., daß einige Außerirdische Menschen entführen und untersuchen würden. Natürlich wäre es sehr peinlich, diese Dinge zuzugeben. Neue Geheimdienste wurden damals gegründet, um diese Vorgänge zu vertuschen.

Übrigens hat mir Virgil Armstrong, der früher für den CIA gearbeitet hat, viele dieser Dinge aus seiner eigenen Kenntnis in einem Interview, das ich für mein Buch „Ursprünge" übernahm, bestätigt. Während seiner Zeit im militärischen Nachrichtendienst erfuhr er auch von der Bergung außerirdischer Raumschiffe. Ähnlich den Leuten, die auf der Pressekonferenz in Washington aussagten, war er schon lange der Überzeugung, daß die Öffentlichkeit über diese Vorgänge informiert werden müßte, und schrieb nach seiner Pensionierung mehrere Bücher und hält Vorträge in aller Welt.

Ich kenne Menschen, die UFOs fotografiert haben, in der Folge beim Flughafen anriefen, um zu fragen, ob die etwas auf den Radarschirmen bemerkt hätten. Kurz drauf tauchten zivile Polizeibeamte bei ihnen auf und beschlagnahmten die Filme, setzten die Zeugen einem langen Verhör aus und forderten sie auf, nicht über ihr Erlebtes zu sprechen. Wenn also die gesamte Ufo-Thematik nur den Phantasien irgendwelcher Spinner entspringt, warum unterhält die Polizei dann Abteilungen, die damit befaßt sind, Beweismaterial verschwinden zu lassen und Zeugen unter Druck zu setzen?

Seit dem Fall der Mauer und dem Zusammenbruch der UdSSR kommen auch sehr viele der UFO-Akten, die damals vom KGB unter Verschluß gehalten wurden, an die Öffentlichkeit, und es gibt viel interessantes Film- und Fotomaterial aus Rußland, das in UFO-Magazinen und –Videos angeboten wird. Bisher jedoch, ohne offiziell von den Regierungen anerkannt zu werden. Trotz der Fülle von Dokumenten und Aussagen hochrangiger Regierungsmitglieder in aller Welt, wird die Masse der Menschheit immer noch in dem Glauben gehalten, daß es bislang keinen Beweis für die Existenz außerirdischen Lebens gibt.

Auf eine offizielle Stellungnahme der Regierungen müssen wir offenbar noch warten, obwohl bereits jetzt etliche Geheimnisträger ihr Schweigen gebrochen haben. Auf lange Sicht läßt sich die Wahrheit sicherlich nicht unterdrücken, zumal das relativ neue Medium Internet inzwischen Informationen transportiert, die von den Fernsehsendern und Zeitungen nicht veröffentlicht werden. Die Pressekonferenz in Washington wurde auch im Internet live übertragen und von Millionen Menschen inzwischen gesehen. So etwas läßt sich schwer rückgängig machen, auch wenn die Medien – noch – schweigen. Irgendwann wird der Druck der Wahrheit die Dämme der Geheimhaltung brechen. Das wird natürlich einiges Chaos verursachen, denn wenn man mit der Thematik beginnt, wird die gesamte Erde davon betroffen sein. Man kann nicht einzelne Aspekte davon ausklammern. Die Erdöl- und Atomindustrie wird wohl die größten Umwälzungen erfahren, wenn das Thema öffentlich ist. Denn offenbar verfügen die Außerirdischen über Technologien für Antriebe, die ohne Verbrennung fossiler Stoffe oder Atomspaltung auskommen. Wenn geheime Kreise der Regierung schon seit 50 Jahren Verbindung zu diesen Technologien haben, wäre der Gedanke, wie viel Umweltschäden und Vergiftungen hätten vermieden können, wenn sie ihre Kenntnisse über die außerirdischen Energiequellen veröffentlicht hätten, unfaßbar. Dr. Greer meint, daß es in den nächsten Jahren einen Krieg um die zur Neige gehenden fossilen Brennstoffe geben wird, wenn wir nicht langsam auf andere Energien umsteigen. Die Veröffentlichung der geheimgehaltenen Ufo-Kontakte hätte also sehr weitreichende Auswirkungen auf das Leben der gesamten Erde.

Andere Interessengruppen wären die Pharmaindustrie und die Kirchen, die ihren Einfluß rasch verlieren würden, wenn andere Heilmethoden oder spirituelle Vorstellungen bekannt würden. Seit 50 Jahren könnten wir freie Energie haben, könnten Autos fahren ohne schädliche Abgase, Strom fast kostenlos erzeugen, könnten die meisten Umweltprobleme unserer Zivilisation gelöst sein. Daher ist es an der Zeit, daß diese Dinge nun bekannt gegeben werden.

Eine offizielle Bekanntgabe bietet die Möglichkeit, daß die Menschheit ihre Stellung im Kosmos erkennt, die Probleme auf der Erde, die kleinlichen Kriege und die alltäglichen Lügen beendet.

Ich weiß, daß viele Menschen vor den Umwälzungen, die das zwangsläufig zur Folge haben wird, Angst haben. Besonders natürlich die betroffenen Geheimdienstler. Aber die Wahrheit läßt sich nicht aufhalten.

In Amerika speziell haben sich seit den Fünfziger Jahren geheime Regierungskreise immer mehr verselbständigt. Im damaligen Kalten Krieg mit der Unterdrückung von Informationen über den Absturz von Ufos in Roswell und anderswo betraut, haben sich diese Strukturen innerhalb der Regierung immer mehr gefestigt, da sie es verstanden, von der Regierung immer mehr Gelder zu fordern, um der Bedrohung Herr zu werden. Innerhalb von fünfzig Jahren entstand eine Schattenregierung, die mit Billigung der Regierung Pläne und Strukturen zur Machtübernahme im Falle einer nationalen oder globalen Katastrophe ausbaute. Jedes Jahr billigt der Kongreß Milliardensummen an „Black Budgets“, also Geld für Projekte, die so geheim sind, daß man nicht einmal mehr hinterfragen darf, was genau mit dem Geld geschieht.

Sehr wahrscheinlich haben sie versucht, die Technologie der abgestürzten Ufos zu verstehen und damit eigene Fluggeräte zu bauen. Nach Informationen von Insidern wie Milton William Cooper und Bob Lazaar gibt es eine Menge von hochwertigen Technologien, die dem Rest der Menschheit vollkommen vorenthalten werden. U.a. Antigravitationstechnik und verschiedene geheime Waffensysteme, die nach Berichten von Beteiligten u.a. schon im ersten Golfkrieg eingesetzt wurden.

Natürlich hat diese Schattenregierung auch Verbindungen zu anderen Ländern und deren Geheimdiensten, wie z.B. dem Mossad. Es ist möglich, daß selbst der amerikanische Präsident gar nicht mehr informiert ist, was in seiner Regierung eigentlich abläuft. Kann sein, daß diese Leute meinen, es nicht nötig zu haben, ihre Informationen mit anderen zu teilen. (Dieser Gedanke wurde schon in dem Film „Independence Day“ angerissen.)

Nachdem der Kalte Krieg vorbei war, verschwand eine der größten Bedrohungen beinahe über Nacht. Es wurde wahrscheinlich immer schwieriger, die ungeheuren Geldsummen für die „nationale Sicherheit“ zu rechtfertigen. Wir müssen bedenken, daß die USA jeden Tag 1 Milliarde Dollar für Verteidigung ausgibt. Genau wie die Pharmaindustrie kein Interesse daran hat, wenn Menschen gesund sind und daher die Menschen immer wieder mit neuen möglichen Bedrohungen der Gesundheit „impfen“ muß, um im Geschäft zu bleiben, mußte auch dieser Komplex von Militär und Geheimdiensten seine Existenz rechtfertigen.

Terror ist eine Bedrohung, für dessen Abwendung die meisten Menschen durchaus bereit sind, Geld auszugeben. Zudem läßt sich Terror relativ einfach bewerkstelligen: Ein Amokläufer in einer Schule oder eine Bombe in irgendeinem Gebäude sind ein relativ kleiner Aufwand, um eine vergleichsweise große Unsicherheit zu erzeugen – und danach rufen alle nach mehr Sicherheit und den entsprechenden Maßnahmen.

Wie der Feuerwehrmann, der aus lauter Frust, weil er seine brandbekämpferischen Leistungen in einem kleinen Kaff, in dem es fast nie brennt, kaum zur Geltung bringen kann, irgendwann selber einen Brand legt, um diesen dann heldenhaft zu bekämpfen, mögen Teile dieser Schattenregierung nun am 11. September 2001 einen Plan durchgeführt haben, der aufzeigt, wie nötig es ist, diese Schattenregierung weiter zu füttern, gleichzeitig die Machtstrukturen weiter festigt und mehr finanzielle Mittel bewirkt. Gleichzeitig konnte man nun in anderen Gegenden der Welt eingreifen und die Macht der USA – bzw. des militärisch-industriellen-Geheimdienstkomplexes – festigen. Man konnte nun beliebig behaupten, daß irgendein Land den Terrorismus fördere, und dort einen Krieg entfesseln, um dann Militärbasen in allen Teilen der Welt aufzubauen.

Ob George W. Bush nun von Anfang an Teil dieses Planes war oder nicht, sei dahingestellt. Man hat ihn sicher vor die Wahl gestellt, entweder die Ziele dieser Schattenregierung zu unterstützen, oder durch einen Präsidenten aus diesem Schattenkabinett ersetzt zu werden. Übrigens stehen in allen Teilen der USA riesige, noch unbesetzte Gefängnisse bereit, Hunderttausende von Dissidenten am Tag der offenen Machtübernahme durch diese Schattenregierung einzukerkern. Die FEMA (Federal Emergency Management Agency) ist ein Teil dieser Regierung, die nur auf die Katastrophe wartet, um zum Einsatz zu kommen, und möglicherweise dann eine Notregierung in unterirdischen Anlagen stellen wird.

Ich möchte jedoch auf etwas kommen, was möglicherweise für die nahe Zukunft geplant ist. D.h. genaugenommen habe ich Informationen, wonach es diese Pläne gibt. Und zwar wird man, wenn die Bedrohung durch Krieg und Terror auf diesem Planeten nicht mehr ausreicht, um das „Wachstum" dieses Molochs des Militär-Geheimdienstkomplexes innerhalb der USA zu sichern, eine neue Bedrohung heraufbeschwören: und zwar die eines außerirdischen Angriffs.

Obwohl wir bisher erleben, daß offizielle Regierungsstellen zu außerirdischem Leben nur schweigen, bzw. die Geheimdienste alles dazu tun, um derartige Ideen als lächerlich abzuqualifizieren, könnte es durchaus diesen Plan geben, eine Bedrohung aus dem Weltall zu propagieren, für die dieser Schattenregierung noch mehr Geld, Macht und Befugnisse zugeteilt werden müßten.

Sie hätten durch die von den Ufos nachempfundene Technik durchaus die Möglichkeit, Angriffe durch Außerirdische überzeugend zu simulieren. Es berichten auch immer wieder Opfer von Entführungen durch Ufos, daß sie neben den kleinen Grauen und anderen Außerirdischen Menschen in Militäruniformen gesehen haben. (Siehe u.a. Lammers/Lammers, „Verdeckte Operationen".) Die nachgebauten Ami-Ufos nennen sich ARVs (Alien Reproduction Vehicles). Es scheint, wenn schon in den Medien über die Möglichkeit von außerirdischem Leben spekuliert wird, meistens überwiegend von negativen Aliens die Rede zu sein. Auch, wenn ich glaube, daß es diese Außerirdischen gibt, die ihre eigenen finsteren Ziele auf der Erde verfolgen, bin ich überzeugt, daß die überwiegende Mehrheit der Außerirdischen, die die Erde beobachten und besuchen, eher spirituell hochstehend und wohlwollend sind.

Ein Szenario eines außerirdischen Angriffs wie bei „Independance Day" könnte jedenfalls ideal für diese Schattenregierung sein, um weiterhin ihre Existenz zu sichern und Macht auszubauen.

Hoffen wir, daß die Menschen sich dann nicht zu sehr Angst machen lassen, um diesen Kräften schließlich die Macht zu immer mehr Kontrolle und Überwachung zu geben, und daß es nicht zu einer totalen Versklavung durch diese geheimen Hintergrundmächte kommt.

Angst vorm Alleinsein?

Gerade, wenn man Angst hat, sehnt man sich nach einem liebevollen Partner. Liebe würde die Angst überwinden, ja, Liebe ist das Gegenteil von Angst. Dennoch kann Liebe auch gerade zu den schmerzlichsten Erfahrungen führen, die wir kennen. Da kommen wir natürlich schon auf die Frage, warum das so ist. Will Gott uns ärgern? Warum könnten wir nicht alle nur in Liebe leben, warum tut es gerade da am meisten weh, wo es am schönsten sein könnte?

Zurückweisung erzeugt Schmerz, das wissen wir, und inzwischen ist es sogar wissenschaftlich nachgewiesen, daß die Regionen im Gehirn, die bei physischem Schmerz „genervt" sind, auch auf Liebesschmerz und Zurückweisung ebenso reagieren. Und so entsteht auch Angst vorm Zurückgewiesen- oder verletzt werden. Es gibt Menschen, die verbringen ihr Leben mit einem Menschen, den sie eigentlich gar nicht lieben, nur aus Angst davor, allein zu sein. Andere leben ein Leben lang allein, weil sie Angst haben, verletzt zu werden.

Wir alle sind schon verliebt gewesen und können uns an glückliche Augenblicke erinnern oder sie uns wenigstens als Erfüllung unserer Träume vorstellen.

Wo liegt dann das Problem? Nun, unter anderem darin, daß wir gerne etwas „haben" möchten, was wir schön finden oder von dem wir uns angezogen fühlen. In unserer zivilisierten Welt können wir uns die meisten Wünsche erfüllen, wenn wir mehr oder weniger viel Geld locker machen können – nur Liebe kann man nicht kaufen. Partnerschaft ja, Sex ja, vorgespielte Liebe auch, aber wirkliche Liebe kann man weder mit massiver Gewalt erzwingen noch mit noch so viel finanziellem Aufwand erlangen, was selbst Multimillionäre schmerzhaft erfahren müssen

Aber natürlich hat Liebe auch nicht das Geringste mit „haben" zu tun. Liebe bedeutet von der Definition her, daß man etwas oder jemanden sehr gern hat, was aber überhaupt keine Aussage darüber enthält, ob auch etwas zurückkommt.

Wir erleben das immer wieder: zwei Menschen lieben sich offenbar heiß und innig, und kaum geht der eine fremd, dann kratzt der andere ihm die Augen aus. Ist das Liebe? Natürlich nicht. Liebe ist bedingungslos. Wenn man jemanden nur liebt, solange dieser die Gefühle erwidert, sich an Abmachungen der Treue hält oder sonstwie die Beziehung nicht belastet, ist das keine Liebe, sondern eine Vereinbarung, eine Beziehung, die an Bedingungen geknüpft ist. Und in unserer Gesellschaft setzen wir oftmals leichtfertig voraus, wenn wir jemanden lieben und derjenige uns sagt, er liebe uns auch, daß darin automatisch eine Exklusivität enthalten ist, d.h. derjenige uns treu ist und nicht auch noch anderen die Gunst seiner Zuneigung schenkt.

Diese Bedingungen gehören natürlich in den Bereich der Beziehung. Da sollte man sich darüber einigen, wie man sich das Miteinander vorstellt. Aber wenn man verliebt ist, redet man natürlich kaum über „Verträge" oder andere Vereinbarungen. Man geht davon aus, daß die Liebe, die man empfindet, den anderen automatisch dazu verpflichtet, treu zu sein.

Liebe aber ist absolut bedingungslos. Wenn ich jemanden liebe, dann liebe ich ihn auch, wenn er/sie meine Gefühle nicht erwidert, mit anderen rummacht oder was auch immer. Sonst ist es keine Liebe. Liebe bedeutet, freizulassen.

Warum aber ist das so schwer? Weil wir vielleicht immer wieder neu Erfahrungen damit sammeln müssen, was Liebe ist. Wir können uns leicht darüber beschweren: „Gott, warum läßt du so was zu, wenn du uns liebst? Warum ist Liebe so grausam?" Weil wir lernen wollen, was lieben bedeutet, nämlich, bedingungslos freizulassen. Und daß auch Gott uns dermaßen liebt, daß er uns alles – selbst jedes Leid, das wir uns zufügen – erfahren läßt. Sicher würde er uns das eine oder andere Leid lieber ersparen, aber wir könnten gar nicht lernen und Erfahrungen sammeln, wenn wir nicht *alles* ausprobieren könnten. So bedeutet Liebe eben auch manchmal, den größten Schmerz zuzulassen.

In unserer modernen Konsumgesellschaft sind wir es gewohnt, die meisten Dinge, die wir haben wollen, bekommen zu können – natürlich im Rahmen unserer finanziellen Möglichkeiten. Aber mal ehrlich: Selbst Leute, die wenig oder gar kein Einkommen haben, haben gewöhnlich ein Dach überm Kopf, ein Bett, einen Fernseher, ein Telefon, ein Bad usw. usw. Fast nie müssen wir hungern, weil die Natur gerade mal keine Nahrung bereit hält. Ja, und so sind wir es gewohnt, alles bekommen zu können. Die Werbung setzt uns nun auch noch die schönsten Menschen aus aller Welt vor und erzeugt so Wünsche wie bei allen anderen Dingen, die wir „haben" wollen, nur daß wir diese, im Gegensatz zu den anderen Produkten aus der Werbung, nicht kaufen können.

So leben heute viele Menschen in mehr oder weniger großem Frust in Bezug auf das Liebesleben. Viele suchen und finden nicht, viele haben jemanden gefunden, haben aber dennoch kaum eine glückliche Beziehung, und nur ganz wenige können den Zustand des Verliebtseins über längere Zeiträume retten.

Es gibt in unserer Welt nie einen Zustand ewigen Glücks. Wir leben, weil wir immer ein bißchen unzufrieden sind und aus dieser Unzufriedenheit bestrebt sind, die Umstände zu verbessern. So haben wir immer Ziele, auf die wir hinarbeiten können. Und kaum haben wir das eine Ziel erreicht, sind wir nach kurzer Zeit schon wieder unzufrieden und setzen uns das nächste Ziel. Die Natur gibt es vor: Auch im Liebesspiel – oder sagen wir profaner, beim Sex, gibt es ein Ziel, den Höhepunkt. Gäbe es das nicht, wären wir endlos im Zustande einer Spannung, Erregung, die nirgendwohin führte und uns zu nichts anderem kommen ließe. So aber erfolgt nach dem Höhepunkt eine Phase der Entspannung, bis wieder neue Zielsetzungen angestrebt werden.

Jeder von uns kennt vielleicht das Gefühl, einen starken Wunsch nach irgendeinem Produkt zu haben. Wir wissen, daß wir uns genauso in eine schöne Uhr oder ein tolles Auto verlieben können und zielstrebig darauf hinarbeiten, dieses Produkt zu bekommen. Manchmal aber entgeht uns auch ein Schnäppchen, und das, was wir gerade kaufen wollten, ist nicht mehr erhältlich. Und... sind wir ehrlich: Tatsächlich ist der Frust darüber manchmal nicht ganz unähnlich dem Frust, von jemandem zurückgewiesen zu werden, in den wir uns verliebt haben. Ja, denken Sie einen Augenblick darüber nach. Es ist manchmal ganz nützlich, seine Gefühle genau zu analysieren.

Was geht in Ihnen vor, wenn Sie eine schöne, wohlgeformte, braungebrannte Bikinischönheit am Strand sehen (oder einen hübschen Muskelboy)? Da sind Sehnsüchte, Anziehungen, Wünsche, und Schmerz, wenn man so jemanden nicht haben kann. Analysieren Sie öfter Ihre Gefühle, wenn sie immer wieder schmerzhaft sind. Vergleichen Sie sie mit den Gefühlen, bei Ebay ein Traumprodukt zu einem Traumpreis gefunden zu haben, und gerade als sie sich entschieden haben, das Geld dafür locker zu machen, hat jemand anderes zugeschlagen. Es klingt zwar lächerlich, diese Gefühle zueinander in Beziehung zu setzen, aber bei nüchterner Analyse sind sie sich tatsächlich ähnlich.

Noch ein anderer Gedanke, wenn wir unglücklich verliebt sind: Wäre das Schönste, das Allerhöchste, was wir uns vorstellen können, jederzeit verfügbar, in Massen vorhanden, dann wäre es eben nichts Besonderes, es wäre alltäglich und würde uns nicht mehr vom Hocker reißen. Wenn wir also jemanden sehen, bei dem wir uns unendliche Momente des Glücks vorstellen, dann sollte uns bewußt sein, daß solche Momente in jedermanns Leben rar sind. Und daß wir öfter frustriert sind, ist einleuchtend, weil sich die Augenblicke höchsten Glücks schnell abnutzen würden, wenn wir sie jeden Tag hätten.

So gibt es Menschen, die leben ihre Lüste ohne Beschränkung aus, während andere diese verurteilen und sich selber große Hürden auferlegen. Alles ist erlaubt, aber jedes Extrem führt zu Problemen. Bei den einen wird sich das Ausgelebte schnell abnutzen, bei den anderen sind die seltener erlebten Augenblicke dafür möglicherweise viel intensiver.

Natürlich reden wir hier teilweise von Liebe, teilweise von sexueller Anziehung und Erfüllung, wobei Liebe und Sex und Beziehung ja unterschiedliche Aspekte eines Themenkomplexes sind. Aber es kann nützlich sein, genau zu analysieren, was es eigentlich ist, was eigentlich wirklich die Wurzel der Schmerzen ist.

Manchmal denken wir, das z.B. schöne Menschen mehr Glück im Liebesleben haben als wir. Aber das ist keineswegs gesagt. Selbst schöne und erfolgreiche Hollywoodstars haben Probleme, jemanden zu finden, mit dem es eine gegenseitige Liebe geben könnte. Und hat man jemanden gefunden, ergeben sich auch da die gleichen Probleme in der Beziehung wie bei anderen Leuten auch.

Manchmal sollten wir uns auch bewußt machen, wenn wir von einem Traumtypen zurückgewiesen – oder nicht mal beachtet werden – daß er/sie uns nur widerspiegelt, was wir selber tun. Denn auch wir weisen andere zurück, die vielleicht von uns träumen. Manchmal ist es uns gar nicht bewußt, daß jemand uns begehrt oder uns schön findet oder von uns träumt. Manchmal ist uns nicht bewußt, daß wir jemanden zurückweisen und genauso Schmerz bereiten.

Es tut weh, solange wir „haben“ wollen. Natürlich ist es das Allerschönste, wenn jemand, den wir lieben, diese Gefühle im gleichen Maße erwidert, und nichts das Glück trübte. Aber Liebe bedeutet, auch dann zu lieben und sich daran zu freuen, wenn der/die Geliebte anderswo glücklich ist. Wären wir uns bewußt, daß alles Eins ist, dann wäre das Glück des anderen genauso schön für uns wie unser eigenes Glück.

Eigentlich müßten sich doch alle Menschen lieben können.

Warum können wir uns also nicht daran freuen, wenn jemand, den wir lieben auch noch jemand anderem Gefühle entgegenbringt? Warum schränken wir uns ein, indem wir denken, daß ein Mensch nur einen einzigen Menschen wirklich lieben kann, und geteilte Liebe halbe Liebe, ja eher noch Verrat ist?

Gott liebt uns alle, bedingungslos, egal, ob wir „gut" oder „schlecht" sind. Er läßt uns unsere Erfahrungen machen, auch wenn wir selber uns immer wieder gegenseitig weh tun – auch und gerade in Liebesdingen. Solch eine universelle Liebe zu entwickeln, ist vielleicht das Ziel, geht aber offenbar über viele Enttäuschungen der individuellen Liebe.

Solange wir einen anderen Menschen an uns binden wollen – ob durch Treueschwüre, Verträge oder sogar durch Überwachung, Intrigen und Hintertreiben von „Seitensprüngen – haben wir nicht gelernt, was Liebe ist. Wir nennen es Liebe, aber es ist keine. Aber trösten Sie sich: So geht es den meisten von uns.

Vielleicht einfach noch mal ein paar Kurztips, wenn Sie meinen, in Ihrem Liebesleben gehe es ungerecht zu:

- Machen Sie sich klar, daß die Augenblicke, die Sie sich als höchstes Glück in Ihren Träumen ausmalen, rar und deswegen nicht jederzeit verfügbar sind.
- Machen Sie sich klar, daß Ihr „Objekt der Liebe" die Freiheit hat, Ihre Gefühle zu erwidern oder nicht. Nicht mal Gott könnte Ihnen jemanden „geben", den Sie haben möchten, da er damit über den freien Willen desjenigen handeln würde - was er niemals täte.
- Analysieren Sie Ihre Gefühle. Überlegen Sie sich, was wäre, wenn Sie denjenigen tatsächlich „haben" könnten? Vielleicht wäre es nur für kurze Zeit schön und danach Streß?
- Sie können jemanden auch lieben, ohne daß die Liebe erwidert wird. Genießen Sie es, jemanden „heimlich" zu lieben, und vielleicht ziehen Sie dann unerwartete Situationen an.
- Liebe ist das eine, Vereinbarungen über eine Beziehung

das andere. Erwarten Sie nicht, wenn Sie jemanden lieben, daß er/sie damit automatisch ein Treuegelübde abgegeben hätte.

- Auch wenn der/die andere Fehler macht, lügt, um zu vertuschen, was er/sie an Beziehungsbrüchen begangen hat, bleiben Sie zumindest selber ehrlich, und reden Sie über alles. Das Prinzip Rache führt hier, genauso wie überall, nur zu Verschlimmerungen.
- Sie können nie jemanden „haben". Genießen Sie jeden Augenblick, an dem jemand, den Sie lieben, aus freiem Willen zu Ihnen kommt.
- Glauben Sie niemals, daß Gott auch nur einen einzigen Augenblick will, daß Sie unglücklich sind. Meistens stehen wir unserem Glück nur selber im Weg.
- Glauben Sie nicht, daß andere Menschen mehr Glück in der Liebe haben als Sie. Die Reichen und Schönen haben die gleichen Probleme wie Sie.
- Wir sind hier, um zu lernen, deswegen ist ein Partner nur eine Zeitlang zum Genießen und Ausruhen da. Irgendwann werden wir uns an ihm reiben, um daran zu lernen.

Liebe könnte so schön sein, und doch scheint sie Mangelware bei uns zu sein. Das hat enorme gesellschaftliche Auswirkungen, und das wird einem manchmal erst bewußt, wenn man mal seinen Blickwinkel ändert. So hatte ich einmal die Gelegenheit, bei einem Besuch auf Bali zu erfahren, daß es Gesellschaften gibt, die ganz anders damit umgehen. Als „Sayang" bezeichnet man dort jede Form des Ausdrucks von Liebe; ein Lächeln, ein Streicheln, Zärtlichkeiten, Küssen, nette Worte, Zuhören. Und unter diesem Begriff schreibt ein Österreicher, der vor Jahren nach Bali zog und den ich dort kennenlernen durfte, derzeit ein Buch, in dem er klar machen möchte, wie sehr diese Dinge in unserer „zivilisierten" Welt fehlen, und daß Haß, Neid, Gewalt, Krieg usw. einzig aus dem Mangel an Sayang kommen. Sein Name ist Gabriel Mahrn, und ich hoffe, daß er sein Buch bald herausbringt, da es sehr wichtige Impulse für unsere ganze Gesellschaft enthalten dürfte.

Ihm fiel irgendwann auf, daß es auf Bali kaum mutwillig zerstörte Dinge gibt. Während bei uns ständig Telefonzellen, Wartehäuschen oder auch Autos von Jugendlichen mal eben so beschädigt werden, Gebäude mit Graffiti beschmiert werden usw., kann man in Indonesien so etwas überhaupt nicht beobachten. Dort aber gibt es doch genauso Jugendliche, die ihre Probleme mit dem Heranwachsen haben, oder nicht? Gabriel Mahrn fand nach und nach heraus, daß der grundlegende Unterschied zu dieser Gesellschaft darin besteht, daß man auf Bali jederzeit großzügig mit Sayang umgeht. Ich durfte das bei meinem Besuch auf der „Insel der Götter" selber erleben. Erstaunlich war, wie bereitwillig dort gelächelt wird. Manchmal nur im Bruchteil einer Sekunde, im Vorbeifahren auf einem Motorrad, begegnet einem ständig dieses völlig offene und unbefangene Lächeln, egal, ob von Mann oder Frau, alt oder jung. Hätte ich diesen faszinierenden Lehrer nicht gehabt, wäre es mir vielleicht nie aufgefallen, denn als typischer Westler strahle ich gar nicht die Bereitschaft aus, dieses Sayang überhaupt noch zu empfangen. Man hat das typische, westliche Mißtrauen und vermutet, die „Eingeborenen" am Flughafen lächeln einen nur an, weil sie hoffen, daß Sie etwas an einem verdienen können.

An den Touristenstränden von Kuta wird man natürlich ständig angesprochen, ob man eine Massage, eine Sonnenbrille oder eine Uhr kaufen will. Das sind natürlich die typischen Auswüchse des Tourismus, von denen auch Bali nicht verschont bleibt. Aber verläßt man die typischen Touristengebiete - und hat man einen kundigen Begleiter – dann begegnen einem überall offene, freundliche Menschen, die nicht überlegen, was das nun signalisieren könnte, bevor sie lächeln. Das Gesicht geht einfach auf, und das ist immer wieder ein überwältigendes Erlebnis. Niemand denkt, wenn einen ein anderer Mann auf dem Motorrad an der Ampel anstrahlt, ob der schwul ist oder sonst was, sondern es wird einfach im Bruchteil einer Sekunde Sayang ausgetauscht, nur mit einem Lächeln, das direkt von Herz zu Herz geht, ohne Hintergedanken. Und man erlebt das bei jung und alt. Natürlich sind viele junge Balinesen, die einen anlächeln, auch noch umwerfend schön, aber bemerkenswert ist, wie auch alte, faltige Gesichter auf einmal schön werden, wenn sie bedingungslose Liebe ausstrahlen.

Leider bewundern die Balinesen die Westler viel zu sehr und nehmen nach und nach viele unserer schlechten Eigenschaften an, meinen auch, daß es „cool" ist, keine Gefühle zu zeigen, wie sie das von den Touristen vorgelebt bekommen, die sie verehren, da sie annehmen, daß die Europäer grundsätzlich viel weiser seien als sie selber. Das ist traurig und beschämend zugleich. Und man möchte sich entschuldigen, denn wir sind es, die von den Balinesen etwas lernen könnten.

Gabriel Mahrn, den ich wenigstens anregen und motivieren konnte, sein Buch endlich in Angriff zu nehmen, hat sich mit den Gründen für diese Unterschiede befaßt und sieht sie in den Unterschieden im Aufwachsen: Die Balinesen sind überwiegend arm, und jeder Arbeitslose in einer Sozialwohnung in Deutschland wäre im Vergleich wahrscheinlich ein reicher Mensch – und daher leben die Familien eng zusammen. Das mag uns zunächst primitiv und abstoßend erscheinen, wenn mehrere Generationen in einem großen Bett schlafen. Dennoch sind die Balinesen so ständig geborgen in einer vertrauten Umgebung, haben Hautkontakt, Sichtkontakt, Nähe. Die Babies sind von Geburt an in ständigem Kontakt zu den Eltern und Verwandten. Sie werden niemals den Eltern weggenommen, in ein eigenes Bettchen gelegt oder allein gelassen. So fühlen sie sich ständig beschützt und geborgen und beginnen erst recht spät, das Haus alleine zu verlassen und die Umgebung zu erkunden. Alleinsein ist für sie nicht verbunden mit Angst vorm Verlassenwerden, während es bei uns im Westen schon zu den ersten Kindheitstraumata gehört, wenn das Baby schon direkt nach der Geburt von fremden Menschen der Mutter weggenommen wird usw. So hört man auf Bali auch fast nie ein Baby schreien, an der Supermarktkasse solange quengeln, bis die Mutter ihm etwas Leckeres kauft.

Balinesen fühlen sich also immer geborgen, auch, wenn sie später „flügge werden“, haben sie das unbedingte Vertrauen in die Welt, da sie in ihrer Kindheit immer Kontakt zu ihrer Familie hatten und reichlich Sayang bekommen haben. So können sie das auch Zeit ihres Lebens freizügig weitergeben, weil es ja im Überfluß vorhanden ist, und ohne sich dumme Gedanken darüber zu machen. Wir würden sofort an anrüchige, sexuelle Implikationen denken, wenn Männlein und Weiblein aller Altersstufen ständig so dichten Kontakt haben. Dort ist es das Natürlichste der Welt.

Aber die sexuellen Probleme gibt es bei uns, nicht auf Bali. Homosexualität z.B. ist dort sehr selten; obwohl Austausch von Zärtlichkeiten und auch Sex zwischen Männern dort jederzeit unbefangen erlebt werden kann, ist es nicht wie bei uns, Ausdruck eines Mangels. Mahrn beschreibt nämlich, daß der Mangel von männlicher, väterlicher Energie bei uns im Westen dazu führt, daß sich sehr viele Menschen bei uns nach dieser Energie sehnen, da der Vater hier sehr viel früher aufhört, den Sohn oder die Tochter noch zärtlich auf oder in den Arm zu nehmen. Hier sagt man irgendwann: Ein Mann tut so was nicht, man ist doch nicht schwul, oder das sei alles nur Gefühlsduselei. Gabriel Mahrn erlebte noch in Österreich massenhaft, wie viele Jungen sich ihm anvertrauten, und bei denen nach und nach heraus kam, wie sehr sie sich nach der Nähe und Zuneigung ihres Vaters sehnten. Zum großen Teil, ohne homosexuell zu sein, aber dennoch so sehr nach dieser männlichen Energie lechzten, daß sie schwule Kreise suchten, um diesen Mangel auszugleichen.

Fast alle Männer im Westen hätten diesen Mangel, und jeder würde ihn anders kompensieren; durch Essen von Süßigkeiten, Erfolg bei der Arbeit, durch Unterdrückung anderer, sexuelle Ausschweifungen, ja, bis zu Gewalt und Mord.

Liebe kann eben nicht nur durch sexuelle Verbindungen ausgedrückt werden, sondern, wie wir beim Sayang auf Bali sehen, auf vielfältige Weise, immer und überall. Ein Lächeln im Bruchteil einer Sekunde gibt einem ein gutes Gefühl, und während es bei uns vielleicht nur ein paar Mal im Leben vorkommt, daß uns so ein Lächeln begegnet, von dem wir dann noch lange träumen und bedauern, den Menschen nicht kennengelernt zu haben, ist es auf Bali im Überfluß vorhanden. D.h. man kann als Westler nur einen kleinen Eindruck davon bekommen, wie man sich fühlen würde, wenn man nie Mangel an Nähe, an Zuneigung, an Liebe, an Hautkontakt, an Lächeln gehabt hätte.

Dies zu ändern, würde Generationen dauern, und viel eher ist zu befürchten, daß die Balinesen sich an den westlichen Einflüssen orientieren und ihre Babies doch lieber in ein eigenes Bettchen legen, wenn sie es sich leisten können, anstatt daß wir im Westen erkennen, daß die meisten Probleme unserer kalten und gewaltbereiten Gesellschaft gelöst werden könnten, würden wir schon von klein auf darauf achten, daß ein Menschenkind nie von seinen Eltern getrennt wird.

Die Balinesen sehen zu uns auf. Ältere Menschen – ob hetero- oder homosexuell – haben hier jede Chance, sogar von jungen, bildhübschen Menschen geliebt zu werden – was allzuoft leider nur ausgenutzt wird, da die Westler mit Sayang nichts anfangen können, sondern nur ihren Mangel an gelebter Liebe durch Sex mit diesen schönen Menschen ausgleichen, die dadurch ebenso verdorben und liebesunfähig werden. Wer aber sein Herz auf dem rechten Fleck hat, bereit ist, sich zu öffnen, kann hier das Paradies erleben – solange es noch nicht allzusehr verdorben ist, durch unsere Einflüsse.

Die Menschen auf Bali haben ein natürliches Selbstwertgefühl, nicht wie bei uns ein gespieltes Selbstbewußtsein, ein zur Schau gestelltes Coolsein, das sich an Filmhelden orientiert, sondern sie ruhen einfach in sich, haben keine Zweifel an ihrer Lebensberechtigung, was wir bei uns ja leider mit in die Wiege gelegt bekamen, als wir zum ersten Mal unserer Mutter weggenommen wurden. Alte Leute werden hier sehr geehrt. Da die Jüngeren von den Älteren nie im Stich gelassen wurden, würden sie niemals auf die Idee kommen, sie abzuschieben, wie es bei uns der Fall ist, wenn sie uns lästig werden. Bei uns wäre es eher nachvollziehbar, da man uns als Kind ja auch schon gleich nach der Geburt gerne „abgeschoben“ hat.

Ob wir diese Erkenntnisse bei uns jemals umsetzen können, ist die große Frage. Es ist schon schwer, das Lächeln herüberzuretten, wenn man von einem Baliurlaub zurück in unsere Welt kommt. Einfach so grundlos zu lächeln, wird hier fast als grenzdebil oder als Anmache angesehen, also gewöhnt man es sich schnell wieder ab. Traurig eigentlich. Aber vielleicht versuchen wir es einmal, mehr Sayang in die Welt zu geben.

Denn natürlich gilt hier, wie überall, das Gesetz von Ursache und Wirkung: Das was wir aussenden, kommt zu uns zurück. Und wir können ewig den Mangel an Liebe beklagen, wenn wir nicht selber bereit sind, das in die Welt zu setzen, was wir haben wollen. Das ist nicht gerade leicht, wovon ich selber auch nur beredt Zeugnis ablegen kann.

Vielleicht kann ich Sie anregen, es besser zu machen, Sayang in Ihr Leben zu integrieren, in Ihrer Familie zu verbreiten und wenigstens, wenn ein neues Kind geboren wird, ihm das zu geben, was wir alle zeitlebens versuchen zu kompensieren.

Wichtig ist vor allem, daß Sie lernen, sich selbst zu lieben. Damit meine ich keinen Egoismus, denn der zeichnet sich dadurch aus, daß sie Anerkennung von anderen brauchen. Wer sich selbst liebt, ist frei von solchen Abhängigkeiten.

Wir haben uns viele Muster zugelegt, um uns von uns selber abzulenken, die Schuld an unserem Unglücklichsein äußeren Umständen geben zu können – und natürlich ist auch das „Abgeschoben“- oder „Vernachlässigtwordensein“ als Baby keine Entschuldigung dafür, daß Sie diesen Mangel mit allem möglichen zu kompensieren versuchen.

Sie können sich ganz einfach entscheiden, heute ein neues Kapitel in Ihrem Leben aufzuschlagen. Gut, ganz einfach ist das nicht, ich kenne das alles. Aber solange Sie sich selber schlecht machen, sich nicht lieben, werden auch andere Ihnen genau das spiegeln. Sie denken, daß Sie nicht wert sind, geliebt zu werden? Weil Sie es ja auch immer wieder erfahren, zurückgewiesen zu werden? Nun, Sie erfahren das, was Sie über sich selber denken. Und es wäre nur eine Entscheidung von Ihnen, positiver über sich selber zu denken.

Sie können schön sein, auch wenn Sie sich häßlich finden. Ein Lächeln, das offen und bedingungslos ist, macht Sie schön, unabhängig von Ihren Falten, grauen Haaren, schiefen Zähnen oder nicht so perfektem Körper.

Vielleicht denken Sie, daß andere Sie nach diesen Kriterien beurteilen, weil Sie selber nach diesen Kriterien urteilen. Aber woher wissen Sie, daß andere auch so denken? Überlassen Sie es den anderen, was sie über Sie denken und fangen Sie an, positiver über sich selber zu denken. Sie werden das ausstrahlen und damit anderen Dinge anziehen.

Und da wir Schöpfer sind, können wir uns entscheiden, was wir in unserem Leben ändern wollen. „Am Anfang war das Wort". Das, was Sie über sich sagen, wirkt sich aus. Wenn Sie hundertmal gesagt haben: „Ich habe kein Glück in der Liebe", haben Sie damit eine wunderschöne Falle manifestiert. Sie können aber ebensogut etwas Neues manifestieren. Und der Kern von allem ist, daß Sie sich selber annehmen. Erst dann werden Sie das auch in Ihrem Liebesleben widergespiegelt bekommen. Also sagen Sie: „Ich mag mich so, wie ich bin." Auch wenn Sie tausend Zweifel daran haben, daß es so ist: Positive Affirmationen funktionieren. Machen Sie es einfach. Es ist leicht, diese Worte zu sagen. Es wird sich mit der Zeit etwas verändern. Aber ich weiß auch selber sehr gut, daß man solche Übungen nicht macht, weil man denkt: „Das klappt ja doch nicht“. Es ist Ihre Entscheidung. Sie können Ihr Liebesleben verändern, und *nur* Sie!

Sie haben wahrscheinlich bisher tausend raffinierte Tricks angewendet (zugegeben unbewußt), um ein miserables Liebesleben zu manifestieren, und haben das ganz hervorragend gemacht. (Glauben Sie mir, ich spreche überwiegend von mir selber.) So hatten Sie immer einen Grund, mit Ihrem Schicksal zu hadern, haben Schuld dafür Ihrem Aussehen, Ihren vergangenen Lebensabschnittspartnern, dem Zufall oder dem lieben Gott gegeben, der Ihnen wohl das große Glück in der Liebe nicht gönnt.

Sie haben Angst, verletzt zu werden, Sie kennen den Schmerz, zurückgewiesen zu werden, Sie sehnen sich nach jemandem, der Sie in den Arm nimmt und bei dem Sie endlich so angenommen werden, wie Sie sind. Aber... bevor Sie sich selber nicht annehmen, wie Sie sind, wird das nicht geschehen. Ich weiß, werden Sie sagen; es gibt tausend Sachen, die Sie an sich nicht mögen. Und andere haben es Ihnen immer und immer wieder bestätigt. (Habe ich recht? Oder gehören Sie zu den glücklichen Ausnahmen)

Okay, aber das alles war gestern, und niemand sagt, daß es morgen auch so sein muß. Viele Dinge machen wir nur aus Gewohnheit. Aus Gewohnheit sagen wir, es geht uns... na ja, so mittelprächtig. Aus Gewohnheit sehnen wir uns nach etwas, von dem wir vielleicht irgendwann mal eine Ahnung bekommen haben, aus Gewohnheit schwelgen wir in Erinnerung an die wenigen glücklichen Augenblicke in unserem Liebesleben.

Aber es ist Ihre Entscheidung, ob Sie diese Gewohnheit weiter führen. Genauso, wie es Ihre Gewohnheit ist, den Abwasch vor sich herzuschieben, oder morgens zu verschlafen oder alle möglichen Katastrophen zu erleben, die Ihnen bestätigen, daß das Leben schwierig ist, und daß es immer schlimmer wird, und daß alle Welt Schuld ist.

Entscheiden Sie sich, daß Sie sich lieben dürfen und andere Sie auch. Das erfordert Mut, aber den haben Sie. Entscheiden Sie, Ihre Gewohnheiten zu ändern, die Gewohnheit, sich als nicht liebenswert anzusehen und dieses immer wieder gespiegelt zu bekommen.

Liebe könnte das Einfachste und Schönste im Leben sein, aber scheinbar ist es überhaupt nicht einfach, das zu lernen. Denn man möchte sie gerne haben, muß aber erst lernen, sie bedingungslos zu geben.

Täter und Opfer

Wir fragen uns oft, warum Gott bestimmte Dinge zuläßt. Wir müssen uns bewußt sein, daß unsere Gedanken sich auswirken, und uns das immer wieder klar machen. Magie ist im Grunde nichts anderes, als das bewußt zu nutzen. Aber wir betreiben eigentlich ständig unbewußt Magie. Wenn unsere Gedanken positiv, freudig, liebevoll, verstehend, hilfreich und aufbauend sind, hat das ebenso eine Wirkung wie Gedanken, die ärgerlich, wütend, haßerfüllt, mißtrauisch, mißgünstig oder zerstörerisch sind.

Wir geraten oft in Situationen, die uns wütend machen. Wie heißt es so schön im Volksmund: „Es kann der Beste nicht in Frieden leben, wenn es dem bösen Nachbarn nicht gefällt."

Wir können also durchaus ein Leben führen, das nach unserem Verständnis positiv, spirituell, friedliebend und aufbauend ist, und trotzdem in Konflikte mit anderen geraten. Und viele ursprünglich sinnvolle Errungenschaften, die für Gerechtigkeit sorgen sollen, werden schnell zum Ärgernis. So z.B. wenn wegen irgendeiner nichtigen Angelegenheit gleich Anwälte bemüht werden, anstatt die Sache direkt im Gespräch zu klären. Ich habe es selber erlebt, wie man wegen einer Kleinigkeit eine Abmahnung, einstweilige Verfügung und hohe Rechnung für Anwaltskosten ins Haus bekommt und jeder Versuch, mit der Gegenpartei von Mensch zu Mensch zu reden, abgelehnt wird („zu unterlassen ist"). Will man sich nun auf einen Rechtsstreit einlassen, der einem über längere Zeit Sorgen machen wird, wenn man es nicht schafft, sich seelisch davon zu lösen, entstehen weitere Kosten, so daß man so oder so nicht mehr ohne finanziellen und seelischen Schaden davon kommt.

Da ist die Gefahr groß, daß man die Gegenseite verfluchen möchte, sie haßt, ob der Ausweglosigkeit einer Situation, die leicht persönlich hätte bereinigt werden können. Und da liegt die Gefahr: daß wir uns selber in die Negativität ziehen lassen.

Unsere Gedanken wirken sich aus und schaffen einen Teufelskreis, da diese Gedanken wiederum ihre eigenen Felder und Wirkungen entfachen, aus denen es schließlich schwierig ist, herauszukommen.

Daher sollte man – nach dem ersten Ärger – immer wieder seine Gedanken überprüfen.

Das, was uns am schnellsten in negative Gedanken ziehen kann, ist Angst. Angst davor, einer Situation nicht gewachsen zu sein, etwas zu verlieren, ohnmächtig mit ansehen zu müssen, wie einem das Leben „vermiest“ wird, ohne daß man selber etwas dafür könnte.

Dabei sind wir wahrscheinlich nicht mal ganz unschuldig, denn es können schon frühere Gedanken von uns selber gewesen sein, die nun – vielleicht von ganz anderer Seite – zu uns zurück kommen.

Wenn wir unsere Gedanken darauf richten, daß wir es jemandem heimzahlen wollen, dann müssen wir aufpassen, daß wir nicht das, was wir dem anderen antun wollen, vielleicht selber als Opfer erleben werden.

Das Leben kann in der Tat sehr gravierende Einschnitte – bis hin zum völligen Verlust der Lebensgrundlage und Tod – bringen. Ob wir da immer nachvollziehen können, was die Gründe dafür sind – vor allem, wenn es scheinbar unschuldige Opfer sind – ist unerheblich. Wir sollten uns nicht anmaßen, alles zu verstehen, was es an vielfältigen Verflechtungen gibt.

Wie schnell stirbt ein Soldat eines grausamen Todes, nur weil er verpflichtet wurde, „sein Land zu verteidigen“? Hatte er eine Chance? Nun, vielleicht hat er vorher noch damit geprahlt, wie viele Gegner er töten würde, vielleicht auch nicht. Es haben immer eigene Gedanken und Entscheidungen zu einer Situation geführt.

Aber wir sind eben auch nicht nur reine Individuen, sondern Teil von Familien, Gruppen, Nationen, deren morphogenetische Felder sich ebenso auf uns auswirken.

Zu früheren Zeiten lebten Menschen viel mehr in einem Gruppenbewußtsein, und ein großer Teil der Menschheit folgt immer noch dem kollektiven Bewußtsein.

Die Individualisierung ist eine Entwicklung. Und je mehr man sich seine eigenen Gedanken macht, sich löst von dem, was die anderen denken, desto mehr wird auch das, was auf einen zukommt, mit dem zusammenhängen, was man selber getan und gedacht hat. Jemand, der sich einfach der größten Gruppe anschließt, ohne sich individuell Gedanken zu machen, wird auch eher von Ereignissen betroffen, die er nicht selber verursacht hat, sondern die aus dem Denken der ganzen Gruppe entstanden sind.

Eine Gruppe marschierender Soldaten ist ein Beispiel dafür, wie sich ein Einzelner einem Gruppenbewußtsein anschließt und sich irgendwann in einer auswegslosen, ja tödlichen, Situation wiederfinden kann.

Da der Tod natürlich nur den Körper betrifft und diese Erfahrung dem Wachstum der Seele dient, ist es aus höherer Warte gesehen natürlich eher zu verstehen, als wenn man nur das individuelle Leid des Soldaten als ungerechtes Schicksal sieht und mit Gott hadert, warum er solche Dinge zuläßt.

Dann sollten wir uns wieder bewußt machen, daß wir in einer Welt der Dualität leben, in der wir Erfahrungen machen, und daß das alles ein Spiel ist, in dem wir lernen. Auch wenn es uns nicht wie ein Spiel vorkommt: wenn wir uns positiv entwickeln, werden die negativen Kräfte kommen, um mit uns zu spielen, um uns herauszufordern, um zu sehen: Sind die wirklich so gut, wie sie behaupten. Wenn wir uns dann auf ihre Ebene begeben und mit ihren Waffen zurückschießen, werden sie natürlich berechtigte Zweifel daran haben, daß wir wirklich weiter sind als sie, und uns das in jeder nur möglichen Form spüren lassen.

Das mag uns unfair vorkommen. Kinder benutzen die Ausdrücke: Das ist fies, das ist gemein, das ist ungerecht. Ja, sie wissen sehr wohl, was gerecht und was fair ist. Und im Grunde sind die Spiele der Erwachsenen nicht viel anders, nur daß sie viel verbissener gespielt werden. Irgendwann beginnt „der Ernst des Lebens", und dann kann aus einem „fiesen" Spielkameraden jemand werden, der uns das Leben zur Hölle zu machen versucht. Und die Versuchung ist groß, ihn zu hassen, ihm weh tun zu wollen usw. Und genau das ist die Gefahr, eine Gefahr, der wir alle, die wir auf dem Weg sind, immer wieder begegnen. Und dann ist die Frage: Wollen wir das „fiese" Spiel mitmachen, oder gehen wir woanders hin spielen?

Es kann manchmal in deprimierenden Situationen hilfreich sein, das Ganze von dieser Warte aus zu betrachten. Hat das andere Kind mehr Macht als Sie? Oder glauben Sie, daß es eigentlich besser ist, „fies" zu sein, da die „Guten" meistens auf der Strecke bleiben? Der Eindruck täuscht. Die „Fiesen" mögen mehr Aufmerksamkeit erringen, denn es gehört gar nicht mal so viel Intelligenz dazu, fies zu sein. Nur einfach eine gewisse Rücksichtslosigkeit.

Noch mal: Glauben Sie, daß die „Fiesen" mehr Macht haben als Sie? Daß sie über Sie triumphieren werden? Ich jedenfalls glaube das nicht. Ich glaube, daß Respekt vor allem Leben zu Gerechtigkeit und Frieden führt, während alles andere letztlich zu Krieg und Zerstörung führt. Im Endeffekt zur Selbstzerstörung. Und daß wir das bei jeder Handlung, bei jeder Entscheidung, die wir treffen, bedenken sollten.

Und Selbstzerstörung kann in unserer Welt, in der wir nicht mehr mit Keulen um uns schlagen, sondern elegant unsere Anwälte aufeinander loslassen, sehr subtil aussehen. Nämlich so, daß derjenige, der uns so ärgert, selber krank wird durch seine negativen Gedanken und natürlich auch die Energie seiner Taten irgendwann zurück bekommt. D.h. auch „die da oben" werden die Konsequenzen ihrer Handlungen und Unterlassungen zurückbekommen. Wir müssen uns nicht um sie kümmern, sondern darum, was wir selber in die Welt setzen.

Manipulation durch Emotion

Immer wieder, wenn wir die Zustände in der Welt im Gesamten oder Vorgänge in unserem eigenen Leben betrachten, bei denen wir kopfschüttelnd mit ansehen müssen, wie im Grunde „gute" Bestrebungen oder Personen angegriffen werden und jeder Gerechtigkeitssinn außen vor zu bleiben scheint, fragen wir nach einem Gott und einer sinnvollen Ordnung in dem Ganzen, und es fällt schwer zu erkennen, warum es solche scheinbaren Ungerechtigkeiten gibt.

Die einfachen New-Age-Weisheiten, daß negativ und positiv im Grunde eins sind und nötig für unsere Erfahrungen, und daß jedes Opfer sich auf irgendeine Weise seine Erfahrungen auch selber ausgesucht haben soll, ist irreführend – und gezielt irreführend, da wir bedenken müssen, daß alle positiven Entwicklungen und auch spirituelle Weisheiten, von den negativen Kräften unterwandert und verfremdet werden. Wir müssen also genauer betrachten, was für Kräfte es gibt, was gerecht und was Manipulation des freien Willens – und wieviel davon unsere eigene Schöpfung ist.

Zunächst müssen wir unterscheiden zwischen verschiedenen Ebenen. Daß es nicht sichtbare Ebenen gibt, auf denen geistige Dinge wirken, sollte vorausgesetzt werden. Über die Anzahl von Dimensionen und Wirkebenen wollen wir hier nicht spekulieren, sondern es möglichst einfach machen. Es gibt natürlich die physische Ebene, auf der Energie auf niedriger Frequenz „schwingt" und damit scheinbar „feste" Atomteilchen manifestiert, also die materielle Welt, in der alles an physische Gesetze gebunden ist. Oberhalb davon gibt es ätherische Welten, die Astralebene, zu denen Medien manchmal Verbindung aufnehmen können, in denen jeder von uns auch Anteile seines Selbst hat, mit entsprechend höherer Schwingung. Darüber gibt es immer höhere Ebenen bis hin zur göttlichen.

Wir haben einen Körper auf der physischen Ebene, sind aber als das, was wir als „Ich“ empfinden, keineswegs physisch, sondern auf den höheren Schwingungsebenen angesiedelt. Aura und Seele, Mentalkörper, Emotionalkörper, Ätherkörper, Höheres Selbst, Ich-Bin-Gegenwart usw. sind Ausdrücke für verschiedene Aspekte dessen, was wir sind.

Wenn wir uns mit dem Körper identifizieren, machen wir einen Fehler. Vor allem, wenn wir jetzt eine Einteilung vornehmen wollen, die für das weitere Verständnis nötig ist, ordnen wir uns als körperliche Wesen fälschlicherweise „unter“ den Wesen ein, die eigentlich noch „unter“ uns sind, nämlich noch mehr von Gott getrennt. Auch Begriffe wie „Unterbewußtsein“ sind irreführend.

Ich möchte grob unterscheiden zwischen drei Ebenen. Es gibt Gott, oder Wesen der göttlichen Ebene, dann von diesen göttlichen Wesen geschaffene Wesen - u.a. wir Menschen, aber auch Tiere, Außerirdische usw. - und Wesen, die wiederum von Menschen (oder von Gott geschaffenen Wesen) geschaffene Entitäten.

Da die göttlichen Wesen absolute Schöpferkraft und Allmacht haben, haben sie den Wesen, die sie schufen, um mehr Erfahrungen zu ermöglichen, ebenso Schöpferkraft gegeben. Weil diese Schöpferkraft aber auch sehr leicht mißbraucht werden kann, wenn sie göttlicher Allmacht gleichkäme (sie könnte zu totaler Zerstörung führen), ist unsere Schöpferkraft nicht „spontan“, bzw. es genügt bei uns nicht ein einzelner Gedanke, um irgend etwas zu erschaffen. Aber zielgerichtete Gedanken von uns können letztlich Realität erschaffen. Und so schaffen wir mit unserem Denken unsererseits genauso Wesen, wie die göttlichen Wesen uns geschaffen haben... allerdings oft, ohne uns dessen bewußt zu sein.

Aber wenn wir uns als physische Wesen sehen, müßten ja die von uns geschaffenen Wesen noch „unter“ uns sein, und das geht ja kaum. Wir dürfen uns also nicht als physische Wesen sehen. Wir sind Wesen auf höheren Schwingungsebenen, die einen Körper *haben,* der wir jedoch nicht *sind,* und schaffen durch unsere Gedanken Entitäten auf unter der Ebene unseres Bewußtseins liegenden Schwingungsebenen, eben in der ätherischen und/oder Astralwelt (je nach Art der Einteilung bzw. Zuordnung).

Nun ist es so, daß wir Energie in Form von Licht oder Liebe direkt aus der göttlichen Ebene bekommen und wir direkt mit dieser Ebene in Verbindung treten können, u.a. durch Emotionen, Beten, Meditation usw. Die von uns geschaffenen Wesenheiten jedoch haben keine Verbindungen zur göttlichen Ebene und bekommen auch keine Energie von dort. Sie können Energie nur durch unsere Gedanken bekommen. Das alles, um es nochmal klar zu machen, auf einer „unter" uns liegenden Schwingungsebene, aber „über" der Ebene unseres physischen Körpers. D.h. die von uns geschaffenen Wesenheiten können wir nicht sehen, und sie können nicht physisch mit uns wechselwirken.

Nicht jede Wesenheit, die wir mit unseren Gedanken erschaffen, hat überhaupt eine lange Existenz. Sie bekommt ja nicht, wie wir, Energie aus einer „unermüdlich sprudelnden" Quelle, sondern nur durch unsere Aufmerksamkeit. Viele Gedankenformen, die wir erschaffen, sind also wenig konkret und lösen sich rasch von selber wieder auf. (Gott sei Dank, möchte man sagen.) Allerdings gibt es Gedanken, die wir „pflegen". Und dadurch „nähren" wir eine entsprechende Wesenheit, und diese kann immer und immer stärker werden und irgendwann eine gewisse Selbständigkeit erlangen und wird dann möglicherweise versuchen, uns dazu zu bringen, ihr weiterhin Energie zu geben.

So sind viele Süchte – ob nach Drogen, Alkohol oder Zigaretten usw. – erst dadurch zu verstehen, daß wir eine Entität erschaffen haben, die beim ersten Mal (z.B. der ersten Zigarette) noch klein war und keine Kraft hatte, uns zu beeinflussen, aber irgendwann stärker und „fordernder" wurde. Geben wir dieser Entität durch Wiederholung unserer Gedanken immer wieder neue Aufmerksamkeit, wird sie wachsen und uns irgendwann „bei der Stange" (bzw. beim Glimmstengel) halten wollen, da sie nur durch uns überhaupt „Leben" bekommt. Sobald wir aufhören, sie zu nähren, muß sie sterben, und so ist das Rauchen-Aufhören, oder jeder andere Entzug, im Grunde auch der Kampf einer Wesenheit um ihr Überleben. Aber keines göttlichen Wesens, also keines, das von Gott so gewollt wurde.

Aber nicht nur Suchtwesen werden von uns geschaffen, sondern jedweder Gedanke schafft mehr oder weniger konkrete Energieformen im feinstofflichen Bereich. Und da kann man sich vorstellen, daß schöne, liebevolle Gedanken auch schöne und liebevolle Entitäten erschaffen, während Gedanken von Angst, Haß, Neid, Gier usw. recht abscheuliche Wesenheiten hervorbringen können.

Diese Energieformen können eine Selbständigkeit entwikkeln und zu eigenen Wesen werden, die durchaus intelligent sein und eigene Ziele verfolgen können – wobei deren erstes Ziel natürlich das Überleben ist. Da sie Energie eben nicht von der göttlichen Ebene bekommen, kann es sein, daß sie Strategien entwickeln, an immer mehr *unserer* Energie zu kommen.

Der Teufel, Mephisto oder andere Archetypen von boshaften Wesen können als Idee davon dienen, wie ein Wesen entstanden sein mag, das so mächtig wurde, daß es eigene Ziele verfolgt und nun versucht, uns zu manipulieren, um immer mehr unserer Energie zu gewinnen. Es wendet alle möglichen Tricks an, um uns an sich zu binden. (So haben sich in der Geschichte der Menschheit auch schon mal negative Wesenheiten als Götter ausgegeben.)

Beim sogenannten Channeling – wo Menschen sich für die feinen Kontakte mit der Astralebene öffnen - fallen Medien immer wieder auch auf niedere Wesenheiten herein, die sich als Engel oder aufgestiegene Meister ausgeben, um weiter von der Energie des Mediums zehren zu können.

Letztlich kann es sein, daß diese Wesen uns sogar darum beneiden, daß wir Energie aus einer unermüdlich sprudelnden Quelle bekommen, sie diese Energie der Liebe aber nicht kennen und, da sie sie nicht haben können, sie auch uns von dieser Quelle abschneiden wollen, weil sie uns nicht gönnen, was sie selber nicht bekommen – und dessen Qualität sie nicht kennen.

So gibt es regelrechte Energieräuber, und die haben alle möglichen Tricks und Strategien drauf, wie sie an unsere Energie kommen. Ob wir darunter leiden oder krank werden, ist ihnen egal. Denn sie haben eben nicht den Zugang zur göttlichen Ebene und daher auch keine „Güte“, (wobei der Ursprung der Worte gut und Gott gleich ist.)

Jedoch sind keineswegs alle von uns geschaffenen Entitäten negativ. Viele können auch positiv sein, uns helfen, das Konzept der Güte und der Göttlichkeit zu verstehen und sogar versuchen, Zugang zu einer Verbindung mit der Quelle zu erlangen.

Die göttlichen Wesen wiederum, die uns erschufen, schufen auch Gesetzmäßigkeiten, um das Ganze zu ordnen. Diese mögen in unterschiedlichen Universen unterschiedlich sein. Sie sind bei uns aber so gestaltet, daß sie uns erlauben, Erfahrungen mit unseren eigenen Energien zu machen, indem sie irgendwann zu uns zurückkommen. D.h. das, was wir in die Welt setzen, wird uns wieder begegnen, damit wir lernen, wie es sich auswirkt, und ob es „gut“ oder „schlecht“ ist. Das hat eine verblüffende Logik und Konsequenz. Es hat nichts mit Strafe zu tun oder mit „Erziehungsmaßnahmen“ mit erhobenem Zeigefinger, sondern ist absolut gerecht. Und würde auch funktionieren, wenn es eben nicht die Wesen gäbe, die wir selber erschaffen haben, ohne uns dessen bewußt zu sein, und die nun ihre eigenen Ziele verfolgen. Diese müssen sich zwar auch an die Gesetze halten, aber sie können unter Anwendung der

Gesetze eigene Ziele verfolgen.

Das Beispiel von Mephisto in Goethes „Faust“ zeigt diese Regeln sehr gut: Mephisto kann Faust nicht einfach in Verdammnis, in Leid, in Abhängigkeit stürzen, sondern muß versuchen, ihn auszutricksen, ihm etwas anbieten, damit dieser sich überhaupt auf einen „Deal“ mit ihm einläßt.

Sogar bei der ersten Begegnung muß Faust ihn dreimal rufen, damit Mephisto überhaupt in seinen Wirkkreis treten darf. D.h. nur *ein* Gedanke an den Teufel ruft ihn noch nicht herbei. Es erfordert eine ganz bewußte und klare Entscheidung von Faust. Wenn wir also intensiv über Negatives nachdenken, es herbeisehnen, unseren freien Willen dazu benutzen, eine negative Wesenheit entweder zu erschaffen oder eine herbeizurufen, die schon recht mächtig ist, dann geschieht das, weil wir diesen Willen und diese Schaffenskraft von den göttlichen Wesen „in die Wiege gelegt“ bekommen haben. Faust muß sein Herbeirufen des Mephisto mehrmals bewußt bestätigen. Und Mephisto muß Faust immer wieder geschickt manipulieren, um an seine Seele zu kommen.

Emotionen sind sehr starke Verbindungen, die die göttlichen Wesen „aufhorchen“ lassen. Sie sind der Weg, auf denen wir Liebe, aber auch Haß kommunizieren können. Ein von starken Gefühlen getragenes Gebet kann sehr machtvoll sein und die göttlichen Wesen dazu bringen, für uns die Realität zu verändern in einer Weise, wie wir es selber mit unserer Schöpferkraft nicht vermögen.

Die Wesenheiten, die wir geschaffen haben (mit „wir“ sind auch Wesen gemeint, die vor Äonen hier oder in anderen Universen wirkten), wissen, daß Emotionen sehr starke Energieübertrager sind. Sie sind neidisch darauf, daß wir über sie eine Verbindung mit der Quelle aller Energie herstellen können. Um an unsere Energie zu kommen, müssen sie uns „anzapfen“. Und der beste Trick, uns dazu zu bringen, Energien abzusondern, ist, sehr starke Emotionen in uns zu erzeugen, um sich an dieser Energie zu „laben“ bzw. von ihr zu leben. (Auch hier ist wieder die Abstammung der Worte interessant.)

Diese Wesenheiten können jede Energie absaugen, die wir ihnen durch unsere Gedanken zugedenken. Wie gesagt, „füttert“ ein Raucher beim Rauchen seine Raucherentität.

Wie aber können solche Wesenheiten nun Emotionen in uns auslösen, die sie für sich nutzen können? Die Raucherentität kann den Raucher auf der Ebene, auf der sie lebt, versuchen, dazu zu bringen, immer wieder zur Zigarette zu greifen. Wir, die Menschen, bestehen ja aus mehreren Ebenen, und die von uns geschaffenen Entitäten können nur auf ihrer Ebene auf uns wirken. Also könnten wir im Grunde ihre „Einflüsterungen“ auch einfach ignorieren. Doch allzuoft lassen wir uns auf Gefühle ein, die gar nicht aus uns selber kommen.

Solche Entitäten können uns negative Gefühle „verschaffen“, indem sie uns negative Energie schicken. (Nicht vergessen: es gibt auch positive Geistwesen, die uns positive Energien schicken.) Wenn sie das geschickt machen und wir anfällig dafür sind, erzeugen sie in uns Wut, Zorn, Ärger, Neid, und von diesen Energien wiederum können sie leben. Und da nun ist es für Sie wichtig, wie Sie damit umgehen, also am besten zu vermeiden, in dieser Energie zu bleiben, wenn solche Gefühle in Ihnen aufkommen.

Es ist durchaus normal, daß uns etwas ärgert, „auf die Palme bringt“. Und es ist keineswegs schlimm, seinem Ärger Luft zu machen. Ja, das ist sogar besser, als ihn zu unterdrücken und dann „chronisch“ werden zu lassen. Ein kurzer Wutausbruch, mit der Faust auf den Tisch hauen, um die Energie, mit der wir von irgendwoher „beschossen“ wurden, zu transformieren, ist sogar gut und notwendig. (Die Wut sollte aber nicht gegen andere Personen gerichtet sein, da das dann neue Kreisläufe von Wutreaktionen erzeugt.) Lassen wir uns aber von dieser negativen Energie runterziehen, dann geraten wir in einen „Teufelskreis“, aus dem es immer schwerer wird, herauszukommen.

Wie beim Rauchen oder bei Mephisto sind wir nicht so leicht „hinab“ zu ziehen. Die erste Zigarette oder das erste Anklopfen Mephistos können wir unbeschadet zurückweisen, ja, im Gegenteil, wir müssen uns mehrmals ganz klar *entscheiden*, ob wir uns auf diese Kräfte einlassen wollen. Das erste Mal ist leicht, das zweite Mal auch noch, doch dann wird es immer schwerer und schwerer, je öfter wir uns aus freiem Willen entscheiden, einer Verlockung nachzugeben, bis unser freie Wille im Verhältnis zu der Macht der negativen Einflüsse immer schwächer wird. „Der Teufel hat den Schnaps gemacht“, sagt ein Sprichwort, und alle Substanzen, die uns in eine Abhängigkeit bringen können.

Irgendwann jedenfalls ist es außerordentlich schwierig, wieder aus diesem Teufelskreis zu entrinnen. Letztlich aber ist es immer möglich, denn wir sind immer mit der göttlichen Ebene verbunden, während Mephisto und die Zigarettenwesenheit es nicht sind und *nur* durch unsere Energie überhaupt am Leben gehalten werden. Wir könnten unser Abhängigkeitsverhältnis also jederzeit beenden, wenn wir uns nicht die Kraft nehmen ließen. Ein kurzer „Anruf“ bei Gott, bzw. Anrufung, Gebet oder wie immer wir mit den göttlichen Wesen, die uns geschaffen haben, in Verbindung treten wollen, kann sehr hilfreich sein, wenn wir es selber nicht mehr schaffen, uns zu befreien. Aber Freiheit ist unser Geburtsrecht, und jede Entität, die uns in Abhängigkeit gebracht hat, muß das wissen – ansonsten sollten wir sie sehr deutlich dran erinnern.

Die negativen Kräfte haben es jedoch sogar geschafft, unseren Glauben an unsere Verbindung mit dem göttlichen Ursprung zu schwächen. Beten gilt als äußerst „uncool“ in unserer „aufgeklärten“ Welt, nicht wahr? Und es sind diese Kräfte, die uns solche falschen „Werte“ eingeben.

Manchmal geben sie sich selber als göttlich aus und streuen in jede Wahrheit, die uns an unseren Ursprung erinnern soll, ihre Lügen, denn sie sind ja von unseren Energien abhängig.

Sie sind mitunter hochintelligent, raffiniert, aber eben auch falsch und hinterhältig. Und wenn Sie erleben, daß Sie auf irgendeine hinterhältige Weise angegriffen werden - gemobbt, wie es heute heißt - wenn Ihnen etwas zustößt, was Sie auf die Palme bringt, fragen Sie sich, woher diese Energie kommt, wenn Sie nicht selber die Ursache für das gesetzt haben sollten, was Ihnen nun an hinterhältigen und unfairen, feigen Angriffen entgegenkommt.

Wir ziehen oftmals selber ungewollt negative Situationen durch unbedachte Gedanken an, die dann weiter wirken, ohne daß es uns bewußt ist. Wenn so etwas geschieht, haben wir die Möglichkeit, uns auf die negative Ebene herunterziehen zu lassen oder unserem Ärger kurz Luft zu machen und uns dann wieder an die Verbindung mit der göttlichen Ebene zu erinnern, die uns hilft, da wieder raus zu kommen.

Wenn uns bewußt ist, daß wir nicht der Körper sind, ist es letztlich noch nicht mal „schlimm", wenn wir durch einen Angriff oder Unfall unseren Körper verlieren, oder „ums Leben kommen", denn es ist ja nur der physische Körper, der zerstört werden kann. Also brauchen wir der Angst vor Angriffen und Schicksalsschlägen nicht allzuviel Energie zu geben, denn diese Angst schwächt uns und treibt uns sogar in die Arme der negativen Wesenheiten. Angst vorm Terror, Angst vor Krankheit, Angst vor dem Tod, ja sogar Angst vor Gott werden von diesen Kräften benutzt, um an unsere Energie zu kommen.

Diese Wesenheiten benutzen auch Menschen wie Sie und ich für ihre Angriffe. Und manche Menschen haben sich bewußt entschieden, diesen Kräften zu dienen, da sie von ihnen so manipuliert wurden, daß sie nicht mehr an die göttliche Quelle glauben und meinen, „alles Gute kommt von unten". Sie versprechen Reichtum und Macht, und schwache Menschen lassen sich davon blenden und begeben sich in Abhängigkeit von negativen Wesenheiten.

Es gibt Themen, die besonders starke Emotionen erzeugen

und daher sehr leicht benutzt werden können, um an unsere Energien zu kommen. Wenn man die gesamten Kriege sieht, die sich aus unterschiedlichen Glaubensfragen ergeben, sieht man, wie auch die Religionen dazu benutzt werden können. Dort lassen sich wunderbar negative Emotionen erzeugen, von denen sich negative Wesenheiten ernähren können. Je emotionsgeladener ein Streit ist, desto „nahrhafter" ist er für die negativen Kräfte. Kriegt man die Menschen – also die von Gott geschaffenen Wesen - dazu, sich so sehr zu hassen, daß sie sich gegenseitig an die Gurgel gehen, bietet das ein enormes Energiepotential.

So haben Auseinandersetzungen, die mit verschiedenen Glaubensvorstellungen zu tun haben, eine sehr hohe emotionale Energie. Z.B. ist der Streit zwischen Katholiken und Protestanten heute noch in Irland, zwischen Juden und Moslems oder auch zwischen Nazis und Juden mit sehr starken Emotionen verbunden, egal von welcher Seite man rangeht und wen man als Opfer oder Täter ansehen will. Die Energie ergibt sich aus der emotional aufgeladenen Auseinandersetzung. Den negativen Kräften ist es egal, auf welcher Seite man steht. Sie bevorzugen weder die eine noch die andere; sie leben allein von der Energie, die sich aus den extremen Gegensätzen und dem Haß ergibt. Wenn man denkt, die negative Seite wäre froh, wenn „ihre" Seite den Sieg davon trägt, irrt man: sie haben keinerlei Loyalität zu irgendeiner Gruppe, Nation, Rasse oder Religion. Sie leben von der Auseinandersetzung, ernähren sich von dem Haß, Leid und Schmerz und setzen alles daran, Konflikte auszuweiten und am Kochen zu halten, wenn Frieden „droht".

Diese Wesen haben – entsprechend den Gesetzen, die für unser Universum gelten – auch Mittel gefunden, Menschen von der Quelle zu trennen. Wenn wir uns das Herz als Verbindung mit dem feinstofflichen Kosmos vorstellen – was jedermann gut nachvollziehen kann, der herz-liche Begegnungen mit anderen herz-ensguten Menschen hat – dann wird klar, daß die negativen Kräfte versuchen, diese Verbindung zu trennen. Mit bestimmten Drogen kann man z.B. versuchen, die Herzensverbindung auf der physischen Ebene zu zerstören. Mit traumatischen, schmerzhaften Erlebnissen kann ebenso eine Zerstörung der Verbindung auf seelischer Ebene bewirkt werden. Und tatsächlich zieht sich bei einem Menschen durch absichtlich zugefügte Schmerzen ein Teil der Seele zurück, um nicht weiter verletzt zu werden, und dieser Mensch kann dann seinerseits verletzend tätig werden. Das wird bei satanischen Kreisen und, wie wir gesehen haben, bei den Illuminaten, angewendet, indem Opfer unvorstellbarer Grausamkeiten ihrerseits dazu gezwungen werden, Grausamkeiten zu begehen. Ein Teufelskreis aus Angst, aus dem es sehr schwer ist, auszubrechen.

Denkt man über diese Dinge nach, fragt man sich, warum Gott so etwas zuläßt. Nun, erstens benutzen diese Wesen eben „das Kleingedruckte" in den kosmischen Gesetzen, d.h. sie halten sich an die Gesetze, tricksen sie aber aus. Zweitens würden die göttlichen Wesen eingreifen, aber nur, wenn wir sie drum bitten. Sie greifen nicht ein, wenn sie nicht darum gebeten werden. Daran sollten wir uns öfter erinnern, daß unsere Bitte um Hilfe wichtig ist. Der Notarzt kommt auch nicht, wenn irgendwo ein Unfall geschieht, sondern erst, wenn er gerufen wird.

Die Verbindung, die wir mit der göttlichen Quelle haben, ist ungleich stärker, als die Bindung, die eine negatives Wesenheit zu uns aufbauen mag. Daran müssen wir uns immer wieder erinnern.

Wenn wir angegriffen werden, sind wir sauer und meinen, wir müßten zurückschießen. Das ist die erste Reaktion. Dies führt meistens in eine Abwärtsspirale, bis wir selber Teil der negativen Kräfte sind. Fressen wir die negativen Gefühle in uns herein, können sie auch irgendwann negativ genutzt werden. Im Praktischen kann das so sein, daß jemand Lügen über uns verbreitet oder jemand eine Anzeige gegen uns macht, möglicherweise wegen einer Nichtigkeit, die man mit einem einfachen Gespräch aus der Welt schaffen könnte, was nun aber durch Gerichts- und Anwaltsrechnungen unnötige Kosten verursacht. Oder in einer Liebesbeziehung wird ein Gerücht über ein Fremdgehen in die Welt gesetzt, das einen Teufelskreis an Verdächtigungen, Mißtrauen, Liebeskummer und Schmerz auslösen kann. Bei all diesen Dingen ist die Gefahr groß, von negativen Wesenheiten in die Negativität hineingezogen zu werden.

Rachegedanken und „es jemandem heimzahlen" zu wollen wird die Spirale der gegenseitigen Verletzungen nur vergrößern. Sich dauernd darüber zu ärgern auch – aber darauf spekulieren die negativen Wesen und laben sich an unserer Wut. Die Folge ist, daß die Energie, die wir aus der Quelle bekommen, über den Umweg unseres Ärgers zu solchen Wesenheiten geleitet wird, die dadurch wachsen und stärker werden. Und es ist klar, daß wir dann immer weniger Energie haben, uns schlaff und lustlos fühlen.

Wie also damit umgehen, wenn man angegriffen wird? Also: Der erste Ärger ist absolut verständlich und normal. Er muß sich irgendwo Luft machen, sollte aber nicht in eine Aktion *gegen* irgend jemanden ausarten. Also weder Ihre Frau verprügeln, noch mit einer Knarre in der Hand dem Angreifer auflauern. Nachdem man der ersten Wut vielleicht mal lautstark Luft gemacht hat, sollte man sich erst mal zurücklehnen und darüber nachdenken. Wir haben einen Verstand bekommen. Nur Licht und Liebe nützen nichts, wenn wir den Ärger nur unterdrücken.

Um uns nicht auf die negative Ebene ziehen zu lassen, können wir unsere Verbindung mit unserem göttlichen Ursprung anwenden. Anruf genügt! Wir haben diesen Zugang, den unsere Angreifer möglicherweise nicht haben. Und diese Verbindung ist stärker als alles, was die Angreifer auffahren können. Definitiv! Punkt. Nichts weiter! Ihre Angreifer können letztlich nur Energien von anderen Wesen nutzen, um Sie anzugreifen. Sie hingegen bekommen die Energie direkt aus der Quelle. Und gerade in den finstersten Momenten neigt man dazu, das zu vergessen, weil man emotional auf den Angriff reagiert und dann mit seinem Schicksal – und damit mit Gott - hadert. Eine Anrufung an die Quelle allen Seins ist allemal besser. Und je mehr echte Gefühle dabei sind, um so wirksamer!

Wenn Sie angegriffen werden, denken Sie nach, sammeln Sie Informationen. Woher kommt der Angriff? Möglicherweise feige aus dem Hinterhalt, anonym aus dem Internet - es gibt tausend Möglichkeiten, wie der Angreifer versuchen mag, sich zu verstecken. Aber Sie bekommen Hinweise. Manchmal haben Sie innerlich ein Gefühl, wer es sein könnte. Dieser erste Eindruck ist nicht zu verachten, auch wenn der Verstand daran zweifeln mag. Aber bedenken Sie, daß Sie ein Wesen sind, das Anteile auf allen Ebenen hat, und daß auf der geistigen Ebene Raum und Zeit nicht gelten.

Wenn Sie schlafen, erholt sich Ihre Seele von dem „Gefängnis“ des Körpers und kann überall hin. Da werden Sie sich meistens nicht dran erinnern. Aber es geht darum, daß Ihnen klar wird, daß die physischen Grenzen, die Ihnen der Körper setzt, nicht für alles gelten. Sie bekommen Informationen auf geistiger Ebene, wenn Sie um Hilfe bitten. Analysieren Sie die Situation, die Ihnen Kummer bereitet. Achten Sie auf Ihre innere Stimme. Und so können Sie manches auflösen.

Die Abmahnung z.B. ist nur ein Versuch der Anwälte, Sie einzuschüchtern und kann oft abgebügelt werden. Der Angreifer hat vielleicht selber Dreck am Stecken, und Sie können andere, die in die Manipulation einbezogen sind, darüber aufklären, was da eigentlich läuft. Machen Sie nicht den Fehler, in die Negativität zu gehen. Nur so bekommen diese Kräfte Energie von den Menschen. Und wenn Sie eine Auseinandersetzung verlieren? Dann ärgern Sie sich und die Gegenseite freut sich?

Okay, sehen Sie es aus höherer Warte: Ihr Ego ärgert sich, aber auf höhere Ebene sind Ihre menschlichen Gegner ebenso Teil von Gott wie Sie. Also können Sie sich auch für Sie freuen, wenn Sie verloren haben und die Gegenseite gewonnen.

Jeder Angriff kann als Lektion genommen werden, und vielleicht sehen Sie ihn nach einer Weile – sicher nicht im ersten Augenblick – als Erfahrung an, die Sie gefestigt und weiter gebracht hat.

Sie können um Schutz vor Angriffen bitten. Und die Verbindung zu Freunden, Familie, Partner ist eine starke Kraft, stärker als jeder Angreifer. Er wird versuchen, Sie solange zu ärgern, bis Sie selber negativ werden. Lassen Sie es nicht dazu kommen. Die negativen Kräfte bemühen sich übrigens auch, diese starken Bindungen zwischen Menschen zu zerstören, denn Menschen mit intakten Familien und Beziehungen sind für sie schwer zu „knacken".

Erste Wut rauslassen, ja, dann analysieren, was läuft, sich an die positiven Kräfte wenden und warten, bis Hilfe kommt. Klingt flapsig? Sicher, Sie sollen ja auch wieder etwas lächeln. Humor ist eine wundervolle Sache. Fällt vielleicht nicht gerade leicht, wenn man frisch angepinkelt wurde. Entschuldigen Sie die Ausdrucksweise, aber manchmal sind feige Angriffe von gewissen Wesen kaum anders zu umschreiben. Das sind diejenigen, die in Ihr Haus pinkeln und sich dann beschweren, daß es bei Ihnen stinkt. Das ist übel, zugegeben. Aber Sie sind der Hausherr. Sie können sich auf eine Prügelei einlassen oder die Angriffe ins Leere laufen lassen. Das ist das, was diese Wesen am meisten ärgert, wenn Sie in Ihrer Mitte bleiben und sich nicht auf Streit einlassen.

Vielleicht schaffen Sie es sogar, Ihrem Angreifer zu wünschen, daß er auch die Liebe erfahren möge, die vielleicht tief verschüttet in ihm irgendwo sitzt. *Alle* Menschen haben eine göttliche Verbindung, wenngleich es auch seelenlose Bioroboter geben mag. Naja, das ist ein anderes Thema, und wenn Sie mit solchen Wesen zu tun haben, ist es besser, einen großen Bogen um sie zu machen, auch wenn sie verlockende „Angebote“ haben. Die meisten Menschen aber haben einen guten Kern, und Sie können spüren, wer „echt“ ist und wer nicht.

Das Universum schickt uns immer wieder Situationen, in denen wir überprüfen können, was wir gelernt haben. Wenn wir uns überlegen, was wir einem Angreifer antun können, damit er von uns abläßt, sagen wir damit: Wir glauben, daß man Probleme mit Gewalt lösen kann. Und wenn wir das glauben, dann werden uns diese „Lösungsversuche“ mit Gewalt auch immer wieder begegnen. Und das kann sehr schmerzhafte Lektionen geben, auch wenn wir meinen, wir wären überlegen.

Sind wir jedoch überzeugt, daß durch Vergebung, Liebe und positive Gedanken etwas besseres bewirkt wird als durch gewalttätige Lösungsversuche, werden wir immer mehr positive Lösungen in unser Leben ziehen.

Wohin wir unsere Aufmerksamkeit geben, dahin geht unsere Energie. Wir können sie auf das Negative richten oder auf das Positive. Manchmal ist es schwer, das Positive zu sehen, aber gerade dann sollte man den Standpunkt seiner Wahrnehmung überprüfen und versuchen, die Situation aus höherer Warte zu betrachten.

Angst vor „Dem da oben"?

An der letzten, alles bestimmenden Frage, ob es einen Gott gibt und wie wir ihn erkennen können, erhitzen sich immer wieder die Gemüter, ja ganze Völker, zumindest die, die nicht längst aufgegeben haben, einen Sinn zu finden.

Sie fragen sich vielleicht, was hat das mit dem Thema „Angst" zu tun. Nun, sehr viel. Denn sowohl eine Vorstellung von einem strafenden Gott kann gläubigen Menschen sehr viel Angst machen als auch ebenso die Vorstellung, daß es überhaupt keinen Gott und keine höhere Gerechtigkeit geben könnte.

Ich stelle fest, daß in unserer weitgehend christlich geprägten Gesellschaft die meisten Menschen Ängste haben, den Sinn des Lebens suchen, nicht verstehen, was vorgeht. Und ich behaupte einfach, daß sie es auch kaum verstehen können, solange sie die Bibel als Gottes Wort oder als Beschreibung vom Wirken Gottes durch Menschen ansehen. Außerdem ist es erstaunlich, daß die verschiedenen großen Religionen der Menschheit zwar alle von einem Gott ausgehen, aber meinen, daß dieser Gott sie vor den Menschen einer anderen Religion vorziehen würde. Es gibt ganze Kriege und untrennbare Gegensätze, weil die Menschen meinen, daß Gott die eine Religion lieber hat als die andere. Anstatt zu der logischen Vorstellung zu kommen, daß Gott alles Leben geschaffen hat, gibt es die größten Auseinandersetzungen über die Auslegung von heiligen Schriften und Glaubensgrundsätzen. Alle glauben an einen Schöpfer, denken aber, daß der Schöpfer der anderen nicht der Richtige sei. Wieviel Leid und Krieg hat das über die Jahrtausende erzeugt? Warum erkennen die Menschen nicht, wie irrsinnig es ist, wegen ihrer Glaubensvorstellungen andere von Gottes Geschöpfen notfalls umzubringen. Und warum glauben sie gar, daß das gottgefällig sein könnte? Aber tatsächlich liegt die Wurzel all dieser Trennung in den heiligen Schriften, die von einem Gott berichten, der nur die Anhänger der jeweiligen Religion fördert und die anderen verdammt. Warum stellen die Menschen diese Vorstellungen von Gott nicht in Frage?

Warum fragen sie nicht: Warum macht sich Gott heute nicht mehr bemerkbar, so wie zu biblischen Zeiten? Warum pflanzte er im Paradies einen Baum der Erkenntnis, verbat den Menschen aber, davon zu essen? Ist Streben nach Erkenntnis nicht etwas Positives? Warum wirft dieser Gott die ersten Menschen aus dem Paradies, die das Verlangen nach Erkenntnis hatten? Warum ist sein erstes Gebot, Du sollst keine anderen Götter neben mir haben? Was für einen Sinn macht das für Gott, der weiß, daß er der einzige Gott ist? Das ist, als würde Schröder sagen: Ihr sollt keine anderen Kanzler neben mir haben. Und das als erstes und wichtigstes Gebot.

Warum sagt Jesus, der Protagonist des Neuen Testaments, „Ihr habt den Teufel zum Vater" und bezieht sich damit auf den Gott des Alten Testaments? Wieso wird in der Heiligen Schrift nur das Wirken im Nahen Osten beschrieben, nichts von Indianern, Aborigines, Chinesen, Kelten, Tibetanern usw. Hat Gott keinen globalen – ja universellen – Überblick? Wieso reut es ihn, den Menschen geschaffen zu haben? Weiß er nicht, was er tut?

Wenn Sie sich unter Gott den Schöpfer des Universums vorstellen, das Wesen, der alles Leben gemacht hat und daher auch Ihr Leben, was können Sie dann davon halten, wenn dieser Schöpfer persönlich durch einen Ort in Ägypten geht und alle Erstgeborenen tötet, die nicht zu seinem ausgewählten Volk gehören? Unglaublich, denken Sie? So was würde Gott doch nicht tun? Na, dann sollten Sie schon mal in der Bibel lesen: z.B. 2. Moses 12/12: *In dieser Nacht werde ich durch Ägypten gehen und alle Erstgeborenen töten, bei Mensch und Vieh. An allen Göttern Ägyptens werde ich mein Gericht vollstrecken, ich der Herr. Eure Türen aber sollen durch das Blut bezeichnet sein. Überall, wo ich dieses Blut sehe, werde ich vorübergehen, und so werdet ihr verschont bleiben, wenn ich strafend durch Ägypten gehe.*

Also, nicht nur, daß der Schöpfer des Universums Ägypten heimsucht und ein Blutbad veranstaltet, er ist auch noch darauf angewiesen, daß diejenigen, die zu „seinem" Volk gehören, das Blut eines frisch geschlachteten Lammes an ihre Türpfosten pinseln, damit er sie unterscheiden kann. Das ist der Ursprung des Passahfestes. Glauben Sie jetzt immer noch, daß die Bibel Gottes Wort ist und vom Schöpfer des Universums spricht?

Besonders, wenn ich die Bibel als Gottes Wort anzweifle, mache ich mir natürlich Feinde in christlichen Kreisen. Aber ich möchte, daß Sie verstehen, daß ich Gott nicht erniedrigen möchte, indem ich ihn an „seinem Wort" messe, sondern im Gegenteil ihn befreien möchte von verwirrenden Widersprüchen und dem, was „geschrieben steht".

Ich zweifle die Bibel als Gottes Wort grundsätzlich deswegen an, weil es natürlich ein Konglomerat verschiedener Quellen ist, und einige Quellen, die ebensogut hineingepaßt hätten, eben nicht Teil der Bibel sind.

Wenn ich bibeltreue Leute auf Widersprüche in der Bibel aufmerksam mache, wird gesagt, daß wir Gott halt nicht verstehen könnten und er schon seine Gründe haben würde und wir uns nicht anmaßen dürften, ihn zu kritisieren. Da bin ich entschieden anderer Meinung: Wir kritisieren ihn eigentlich, wenn wir ihm Mord und Totschlag „durchgehen" lassen, denn das finden wir auf Jahves (bzw. Jehova oder Jahwe von hebr. JHWH) Geheiß in der Bibel massenhaft. Warum sollten wir von Gott weniger Konsequenz und Gerechtigkeit verlangen als von unserem Nächsten?

Von unseren Politikern erwarten wir, daß sie sich um Umweltschutz kümmern, um Menschenrechte und um gerechte/soziale Behandlung der Menschen. Und von Gott sollte ich weniger verlangen? Er darf inkonsequent und gewalttätig sein, darf zu Haß und Gewalt aufrufen? Sie wundern sich? Nun, alle diese Dinge finden Sie in der Bibel. Und ich liebe Gott viel mehr, als daß ich mit ansehen könnte, daß sein Ansehen mit so etwas in Verbindung gebracht wird. Ich behaupte daher definitiv, daß zumindest große Teile der Bibel nicht auf ein Wirken Gottes hinweisen, sondern von irgend jemandem, der sich als Gott ausgibt und eifersüchtig über seine Reputation besorgt ist. Ob es ein Außerirdischer, ein Verrückter, ein gefallener Engel oder was auch immer ist: Ich möchte ein klares Gottesbild haben, einem, dem ich absolut nur das Beste zutrauen kann und bei dem ich nicht Angst haben muß, daß nicht irgendwann sein Zorn über mich kommt und mich irgendeine der in der Bibel beschriebenen Grausamkeiten ereilt.

Leute, die dennoch an die Bibel glauben, und meinen, es stünde ja auch so viel Positives und Tröstendes drin, sagen mir, er hätte es uns halt nicht so einfach gemacht, ihn zu verstehen, und man müßte sich mit der Bibel intensiver beschäftigen, um ihn zu verstehen. Nein, ich behaupte, daß Gott einfach und klar ist, daß er keinen Grund hat, uns auf allerlei Irrwege zu schikken, um ihn zu erkennen. Ich meine, daß Menschen die Bibel gemacht haben, aus welchen Gründen auch immer sie als etwas verbreitet haben, das heilig wäre. Nun eilig wäre treffender, wenn ich ein Buch eilig zusammen schustern würde, würde vielleicht Ähnliches raus kommen, mit Wiederholungen und Widersprüchen, unklaren Formulierungen und Sprüngen. Von Gott würde ich schon etwas anderes erwarten.

Gotteslästerlich? Nein. Hätte ich Zweifel, müßte ich ja mit dem Zorn Gottes rechnen, wenn ich ihn lästere. Aber ich lästere eben nicht ihn, sondern das, was über ihn geschrieben steht.

Ich erwarte von Gottes Wort Klarheit. Ich erwarte, daß der Sinn des Lebens klar wird. Und da fehlt auf alle Fälle ganz entschieden der Hinweis auf Reinkarnation. Ob der nun auf irgendeinem Konzil herausgenommen wurde, um Machtinteressen der Kirche und der weltlichen Machthaber zu schützen, oder ob es nie darinnen stand, ist zweitrangig. Ich möchte, daß wir Gott erkennen, in all seiner Pracht, und die Wahrheit finden wir überall nur, wenn wir bereit sind, alles in letzter Konsequenz zu hinterfragen und nicht einfach irgendwas durchgehen zu lassen, in der Annahme, daß Gott andere Maßstäbe an Gut und Böse anlegen würde, als er uns mitgegeben hat.

Unser Gewissen, also eine innere Stimme, sagt uns klar, wenn wir Böses tun. Bibelanhänger sagen; ja klar, steht doch schon in den 10 Geboten. Ganz klar, was gut und böse ist. Ja?

Ich fordere Konsequenz von einem Werk, das Gott zugesprochen wird. Also, zehn Gebote. Fein. Warum widerspricht er dann sich selbst. Einmal sagt er, man solle nicht töten, dann fordert er Menschen auf, zu töten? Sie glauben das nicht, daß es solche Widersprüche in der Bibel gibt? Oho! Geben Sie Obacht. Das Gebot: Du sollst nicht töten, kennt jeder, aber auch den Befehl, der diesem Gebot widerspricht?

(2.Moses 32,27) *So spricht Jahwe, der Gott Israel: ein jeder gürte sein Schwert um die Lenden und gehe durch das Lager hin und her von einem Tor zum anderen und erschlage seinen Bruder, Freund und Nächsten.*

Dies sind nur ein paar Beispiele von vielen, vielen grausamen Stellen aus der Bibel, an der ich Gott messen muß, zumindest, wenn Leute überzeugt sind, daß man Gottes Wort nicht hinterfragen dürfe.

Ich will niemandem seinen Glauben wegnehmen oder meinen aufdrängen. Ich stelle nur fest, daß in unserer weitgehend christlich geprägten Gesellschaft die meisten Menschen Ängste haben, den Sinn des Lebens suchen, nicht verstehen, was vorgeht. Und ich behaupte einfach, daß sie es auch kaum verstehen können, solange sie die Bibel als Gottes Wort oder als Beschreibung von Menschen vom Wirken Gottes ansehen.

Gott ist Alles was ist. Es gibt nichts außerhalb von Gott. Alles-was-ist, ist aus der Substanz Gottes. Wir sind Teil von Gott. Wir sind hier, um zu lernen. Unsere Seelen sind unsterblich. Unsere Seele hat sich entschieden, hier zu inkarnieren, um Erfahrungen in der Welt der Dualität zu machen. Nur in dieser Welt, wo sie sich als getrennt empfindet, kann sie die Erfahrung der Freiheit und der Wahl machen. Sie kann immer wieder wählen, etwas zu tun, das das Leben fördert oder das dem Leben schadet. Manchmal sind die Entscheidungen nicht so klar, aber durch die Fülle von Wahlmöglichkeiten lernt sie am effektivsten.

Durch die kosmischen Gesetze, die einfach wirken wie die Naturgesetze und nicht geglaubt werden müssen, wie die zehn Gebote, lernt die Seele die Konsequenzen ihres Tuns kennen. Sie hat die Freiheit, alles zu tun, auch negative Dinge. Sie wird dafür nicht bestraft oder verdammt, sondern sie bekommt das, was sie anderen Teilen von Gott antut, irgendwann selber zurück und kann so lernen, ob diese Erfahrung angenehm ist oder nicht.

Die Reinkarnation ist unabdingbar. Denn wenn ein Mensch schon früh stirbt, ohne gelernt und Erfahrungen gemacht zu haben, macht das keinen Sinn, wenn es nur dieses eine Leben gab. Die Seele inkarniert sich aber immer und immer wieder. Ist in einem Leben vielleicht Sklaventreiber und kommt im nächsten Leben als Sklave zur Welt, um zu erfahren, wie das ist, nicht frei zu sein. So setzt sie sich vielleicht im nächsten Leben für die Befreiung der Sklaven ein.

Im Universum macht alles Sinn. Alles ist geordnet. Nichts geschieht zufällig. Die Planeten eiern nicht planlos durchs Universum, sondern kreisen in geordneten Bahnen um Sonnen, die Leben spenden. Alles macht Sinn. Diesen Sinn zu erkennen, ist einfach. Nur in der Bibel wird es undurchsichtig. Deswegen haben wir trotz 2000 Jahren Christentum überall Menschen mit Angst, die nach dem Sinn des Lebens suchen. Die einen, die glauben, aber dennoch suchen, die anderen, die an keinen Gott glauben und die größte Angst vor dem Tod haben.

Jeder kann gerne glauben, daß die Bibel Gottes Wort ist

und daß wir nur nicht alles verstehen. Aber ich glaube, daß man die Welt sehr zum Positiven verändern könnte, wenn man die Zusammenhänge des Lebens erklären würde. Ich habe es jetzt in einer Viertelstunde zusammen getippt. Natürlich kann man auf alles viel ausführlicher eingehen, und es sind noch viele Fragen offen. Wenn jemand glaubt, daß er nur lange genug die Bibel lesen müsse, um alles zu verstehen, um seine Ängste zu verlieren, um den Sinn seines Lebens zu erkennen, kann er das gerne tun. Ich stelle nur einfach fest, daß die Menschen trotz oder gerade wegen der Bibel nach dem Sinn des Lebens suchen.

Würden sie die wirklichen Zusammenhänge kennen, könnten sie völliges Vertrauen in das Universum haben, hätten keine Angst vorm Tod. Sie hätten keine Angst vor dem, was ihnen zustoßen würde, da sie wüßten, daß alles eine Gelegenheit für sie ist zu lernen und sich weiterzuentwickeln. Alles was ihnen zustößt, würden sie als etwas erkennen, was sie selber einmal in die Welt gesetzt haben und das sie nun erlösen können.

Jeder kann sein Leben innerhalb kürzester Zeit verändern, wenn er nur einmal darüber nachdenkt. Nur die Gesetze von Reinkarnation und Karma sucht er in der Bibel vergeblich. Das ist das, was ich sagen will. Glauben kann jeder, was er will. Was wahr ist, kann er erfahren, unabhängig von dem, ob er mir glaubt oder nicht.

Ich behaupte, wer den Sinn des Lebens sucht, wird an der Bibel zwangsläufig verzagen. Die Gesetze des Lebens sind viel einfacher. Gott ist klar. Er macht nicht einmal dies und einmal das. Er hat es nicht nötig zu strafen. Er hat es nicht nötig, geglaubt zu werden. Er IST einfach. Wir SIND auch einfach. Wir sind Teil von Gott. Wenn wir die Bibel lesen, müssen wir uns fragen, was Gott mit uns vorhat. Immerhin hat er im AT etliche Menschen, ja ganze Völker, einfach vernichtet. Kann uns das auch blühen? Also, vor diesem Gott habe ich Angst. Aber vor dem Großen Geist des Universums habe ich nicht die geringste

Angst, sondern vollkommenes Vertrauen. Ich übernehme die Verantwortung dafür, hier zu sein, da meine Seele es so wollte. Ich übernehme die Verantwortung für alles, was mir begegnet, da es das ist, was ich selber in die Welt gesetzt habe. Ich habe das größte Vertrauen in Alles-was-ist.

In meinem Buch „Zusammenhänge" habe ich in „Eine kurze Beschreibung von Gott" dargestellt, wie zunächst nur eine Singularität existierte, es gab nichts außerhalb dieser Singularität. Es ähnelt dem, was die wissenschaftlich ausgerichteten Ansichten vor dem Urknall annehmen. Es gab weder Raum noch Zeit, keine Ausdehnung, um zu messen, wie groß oder winzig etwas war, kein Vergleich, um es als hell oder dunkel, als rund oder eckig zu beschreiben, ja nicht mal eine Zeitlinie, auf der man festlegen konnte, wie lange es dauerte, bis... ja, bis diese Singularität, die sich irgendwie ihrer selbst bewußt war, die „Idee" hatte, sich selbst zu teilen, die Idee umsetzte und auf einmal diese Singularität aus zwei Teilen bestand, Geist1 und Geist 2, einem männlichen und einem weiblichen Teil, einem positiven und einem negativen, oder einfach, ein Teil, das alles war, was es gab, das nun aus zwei Teilen bestand. Wie ein Einzeller, der sich einschnürt und teilt.

Für dieses Alles-was-ist, das sich bewußt war, daß es war, bot dieser „Geistesblitz" eine unglaubliche Vielfalt neuer Möglichkeiten. Es konnte sich nun mit sich selbst unterhalten, seinen einen Teil im anderen Teil spiegeln, sich erkennen, es konnte alles mögliche mit sich selbst anfangen, was vorher, als es noch nur ein Teil war, nicht möglich gewesen war. Es war eine unendliche Freude, die sich aus dieser Teilung ergab. Es bedeutete keineswegs, daß diese Teile voneinander getrennt waren, sie waren gleichzeitig zusammen und konnten doch miteinander neue Erfahrungen sammeln. Wie lange das dauert, kann keiner sagen, da es noch keine lineare Zeit gab, aber vielleicht doch immerhin zwei Ereignispunkte, die man als „vor der Teilung" und „nach der Teilung" bezeichnen konnte. Und wenn es auch keinen Raum gab, so entstand so vielleicht die zweite Dimension. Während zuvor nur ein Punkt, ohne Raum, eben diese Singularität, da war, gab es nun zwei Punkte, eine Linie, eine ohne räumliche Ausdehnung, bzw. nur eine zweidimensionale Ausdehnung.

Ich kürze es ab, da die Idee, sich selbst zu teilen, um eine Vielzahl neuer Möglichkeiten zu bieten, natürlich beliebig wiederholt werden konnte. Wie eine Zelle, die sich teilt und wieder teilt und erneut teilt, zugleich ein wachsendes Gesamtes ergibt, das aus immer mehr Zellen besteht, die zugleich gleich sind, aber vielleicht doch etwas anders, als die andere Zelle und somit das Potential für neue Möglichkeiten bietet. Zwei Teile, die sich irgendwie anziehen, die sich aber zuvor getrennt haben. Man könnte sich natürlich fragen, wieso sie sich erst getrennt haben, wenn sie doch wieder nach Vereinigung streben?

Und wenn wir uns als ein winziger Teil dieses Ganzen vorstellen, warum sind wir dann nicht gleich zusammen geblieben, wenn wir uns jetzt doch nach der Vereinigung mit Gott – oder wenn Ihnen der Begriff zu belastet ist, mit Allem-was-ist, sehnen? Nun, ganz einfach, weil die Möglichkeiten, neue Erfahrungen zu sammeln, unermeßlich sind.

Ich habe jetzt Milliarden von Schritten der Teilung übersprungen, um es kurz zu machen und in der Hoffnung, daß Sie selber ein bißchen darüber nachdenken (oder in „Zusammenhänge" noch mal die längere Fassung lesen). Warum Teile von Gott, aus reinem Licht bzw. Energie, sich irgendwann verfestigt haben und zu den physischen Bauteilen unserer Welt wurden, ist für diese Betrachtung auch nicht so wichtig.

Wenn ich also von Gott spreche, meine ich nicht einen, der „da oben" ist, der uns auf die Erde geschickt hat, um... ja, weiß Gott, was der Grund für unser Hiersein ist, sondern davon, daß wir ein Teil dieses Ganzen sind, das mit an der Entscheidung beteiligt war, sich zu teilen, um neue Erfahrungen zu sammeln.

Da müssen wir uns natürlich fragen, warum wir uns nicht

daran erinnern, wenn wir ein Teil von Allem-was-ist sind. Oder wieso habe ich den Schritt auf dem Weg der Entwicklung übersprungen, wo es begann, daß wir anfingen, zu vergessen, wo wir herkamen. Nun, da kann man lange drüber philosophieren. Aber letztlich ergibt sich daraus eine Konsequenz, nämlich daß wir nicht mehr irgendeinem Schicksal Schuld dafür geben, daß wir es hier so schwer haben, sondern daß wir sehr wahrscheinlich irgendwann einmal selber entschieden haben, Erfahrungen zu machen, außerhalb des Eingebettetseins in das Gesamte. Daß wir also irgendwann mal eine ganz mutige, ja, sehr gewagte Entscheidung trafen, oder einfach ausprobieren wollten, wenn wir quasi das elterliche Haus und die Obhut und die gesicherte Verpflegung aufgegeben haben, um in die Welt hinauszugehen, um unabhängig ganz neue Erfahrungen zu machen, ohne daß uns jemand an der Hand hält und jederzeit in den Arm nimmt, wenn wir irgendwo frustrierende Erfahrungen machen.

Verstehen Sie ungefähr, was ich meine? Dies ist nur die Kurzfassung einer Kurzfassung, aber ich merke selber beim Schreiben, daß ich es sehr schön finde, und mir fast die Tränen kommen, wenn mir das wundervolle Konzept des Lebens klar wird. Ich weiß nicht, ob es Ihnen klar wird oder ob Sie es für gotteslästerlich halten.

Wenn ich vorhin schrieb, daß ich der Bibel als angeblich Gott beschreibendes Werk vorwerfe, die Menschen eher davon abzuhalten, Gott in seiner Klarheit zu erkennen, dann wissen Sie vielleicht jetzt, was ich meine. Vor allem, da der sehr wichtige Aspekt, der der Reinkarnation, kaum darin vorkommt.

Denn natürlich sind wir als Teil von Allem-was-ist, als eine Zelle von Gott, natürlich nicht nur einmal am Leben, um dann mit fünf Jahren vom Bus überfahren zu werden oder mit 45 an einem Herzinfarkt zu sterben. Natürlich bestehen wir selber aus Myriaden von Zellen, von Teilen von Gott. Wenn wir uns bewußt wären, daß alles, was wir sind, und auch alles, aus dem wir bestehen, und auch alles um uns herum, Teil von Allem-was-ist ist, die nur vergessen haben, daß sie Teil des Ganzen sind, dann.... Ja, was dann? Was wäre, wenn es uns bewußt wäre, daß wir göttlich sind, daß nicht nur da oben ein Schöpfer ist, der uns Leben gab, sondern daß wir Teil dieses Schöpfungsprozesses sind, daß wir irgendwann mit an der zündenden Idee beteiligt waren, uns zu teilen, um neue Erfahrungen zu sammeln. Daß wir also im Grunde alles können müßten, was Gott kann. Ja, was wäre dann, wenn wir das wirklich verstünden?

Nun, einigen auf der Erde würde das sicherlich nicht gefallen. Aber warum nicht? Bestehen sie nicht auch aus diesen Teilen von Gott? Selbstverständlich. Einige haben sich wohl ganz konkret entschieden, daß sie größer als Gott sind, obwohl das natürlich nicht möglich ist. Aber im Laufe der – nicht existierenden – Zeit machten sich Teile von Gott natürlich Konzepte der Trennung. Und die Bibel ist eines davon. Eines, das von Mord und Totschlag zeugt, von Auserwählten und von Vernichteten, und angeblich Gott zugeschrieben wird.

Teile von Gott haben sich im Laufe der Zeit gegenseitig verletzt, um zu sehen, wie es ist, Schmerz und Leid zu erfahren, und sie haben vergessen, daß sie Teil dieser Erfahrung sein wollten. Und sie begannen, Gedanken der Rache zu entwikkeln, anstatt auf die kosmischen Gesetze zu vertrauen, die jedem Teil von Gott die Wirkung seiner Handlungen wieder selber spüren lassen, damit er/sie lernt. Rache finden wir in der Bibel, angeblich spricht der Herr sogar, daß sie sein sei. Hm, lächerlich, oder?

Verstehen Sie jetzt in etwa, warum ich mich mit der Bibel schwer tue und einfach behaupte, meine Gottesvorstellung wäre eher dazu angetan, die Größe Gottes zu erkennen? Es geht nicht darum, einen Glaubenskrieg zu führen, um „meine" Gedanken irgend jemandem unterzujubeln. Ich möchte Sie nur anregen, wieder über Gott nachzudenken, auch wenn Sie es vielleicht schon mal irgendwann aufgegeben haben. Ich möchte Sie anregen, sich zu erinnern, genauso, wie auch ich mich so gerne voll daran erinnern möchte, daß ich Teil von Gott bin, damit ich jedem, der mir begegnete mit der unermeßlichen Liebe, die ihm zustünde, gegenübertreten würde. Ich schaffe es nicht immer. Auch ich habe meine Urteile über andere, begegne Menschen, deren Haustiere mir lieber sind als sie selber. Hm... Noch viel zu lernen. Aber manche dieser Gedanken beflügeln mich doch. Ich wünschte mir, ich könnte Sie mit meinen Gedanken – die ja nur Gedanken von Allem-was-ist sind – ebenso beflügeln. Wie auch immer: Ihnen kann nichts passieren, da es innerhalb von Allem-was-ist keinen Tod gibt und nur eine Möglichkeit: irgendwann zurückzukehren in die Einheit mit dem Großen Geist.

Alternative zehn Gebote

1. Übernimm die volle Verantwortung dafür, daß Du hier bist.
2. Erinnere Dich daran, daß Du Dich entschieden hast, Dich in dieser Welt als das zu erfahren, was Du Bist.
3. Nimm die Geschenke des Lebens dankbar an und verschmutze sie nicht durch Deine Gedanken.
4. Vertraue darauf, daß alles, was Dir begegnet, sinnvoll ist und eine kostbare Gelegenheit.
5. Achte alles, was mit Dir die Erfahrung des Lebens machen will und hilf anderen, sich zu erinnern.
6. Sei Dir bewußt, daß Du die schöpferische Kraft des Universums bist.
7. Betrachte keinen Ausdruck der Liebe zum Leben als niedrig oder gering.
8. Stehe aufrecht zu allem, was Du bist und tust.
9. Mache Dir keine Sorgen, denn das, was Du Bist, kann nicht zerstört werden.
10. Sei Dir immer der großen, göttlichen Liebe bewußt.

Ursachen von Krankheiten

Auch wenn Sie hier Kritik an der derzeitigen Medizin finden werden, bedeutet dies nicht, daß ich die Errungenschaften der Medizin pauschal ablehne. Es ist bewundernswert, wie heute in der Notfallmedizin täglich Leben gerettet werden, die vor noch nicht allzu langer Zeit kaum eine Überlebenschance gehabt hätten.

Bei den chronischen Erkrankungen sind die Erfolge jedoch bei weitem nicht so bewundernswert. Und gerade in diesen Bereichen kann man beobachten, daß unterschiedliche Weltanschauungen eine Rolle spielen und über Leben und Tod von Patienten entscheiden können. Auf der einen Seite haben wir das materiell-mechanische Weltbild, in dem alles durch die Kenntnis der richtigen physikalischen Zusammenhänge „repariert“ werden kann, auf der anderen Seite spielt das Geistig-Seelische eine viel größere Rolle, stößt aber bei den Gegnern auf Verachtung, da Geist noch nicht mit unseren technischen Geräten gemessen werden kann.

Sie kennen das: Jemand ist krank, man gibt ihm Tabletten, eine Nachbarin legt die Hand auf, jemand empfiehlt ein homöopathisches Mittel, noch jemand betet für den Kranken. Irgendwann ist er wieder gesund. Lag es nun an den Tabletten, dem Handauflegen, den Gebeten, der Homöopathie, oder wäre die Krankheit auch von ganz allein nach einer gewissen Zeit von selber wieder weggegangen? Gute Frage, nicht wahr? Man kann sich also trefflich streiten.

Die einen sehen den Körper als biologisch-chemische Maschine, bei der nur die richtigen chemischen Substanzen zugegeben werden müssen, wenn eine Krankheit da ist, die anderen sehen seelische Gründe als Ursachen für alle Krankheiten an. Die einen bezeichnen Ärzte oder zumindest die Pharmaindustrie generell als der Gesundheit abträglich, andere sehen jeden als Scharlatan an, der an den wissenschaftlich anerkannten

Säulen der modernen Medizin rüttelt.

Während auf der einen Seite ein gigantischer Industriekomplex entstanden ist, der sich seine Forschungen und chemischen Produkte teuer bezahlen läßt, ohne bislang Krankheiten wie Krebs, AIDS oder auch nur den Schnupfen besiegt zu haben, sucht die andere Weltanschauung nach den geistig-seelischen Ursachen einer Krankheit, wo die individuelle Hinwendung zum Menschen verlangt wird, was sich nicht so leicht kommerziell ausbeuten läßt.

Solange sich nur die Pharmalobby um die Fortbildung von Ärzten und die Geschehnisse in den Krankenkassen kümmert, wird das Gesundheitswesen mehr und mehr von kommerziellen Gesichtspunkten bestimmt werden. So soll dieses Buch alle Seiten dazu anregen, auch alternative Ansätze kennenzulernen, so daß letztlich jedem Betroffenen mehr Wissen zur Verfügung steht, um zwischen den unterschiedlichen Weltanschauungen zu wählen.

Im Deutschen Ärzteblatt 99, Ausgabe 38 vom 20.09.2002, wird selbstkritisch statuiert: *„Der Wettbewerb zwingt zur Erschließung neuer Märkte. Das Ziel muß die Umwandlung aller Gesunden in Kranke sein, also in Menschen, die sich möglichst lebenslang sowohl chemisch-physikalisch als auch psychisch für von Experten therapeutisch, rehabilitativ und präventiv manipulierungsbedürftig halten, um gesund leben zu können. Das gelingt im Bereich der körperlichen Erkrankungen schon recht gut, im Bereich der psychischen Störungen aber noch besser, zumal es keinen Mangel an Theorien gibt, nach denen fast alle Menschen nicht gesund sind. Fragwürdig ist die analoge Übertragung des Krankheitsbegriffs vom Körperlichen auf das Psychische.“*

Die überwiegende Mehrzahl der Patienten fühlt sich in dem vom materialistischen Paradigma bestimmten Gesundheitswesen entwürdigt und nicht wirklich angenommen. Die Krankenkassen sind zum großen Teil zu einer Geldverteilmaschine verkommen, bei der die Lobbies der interessierten Parteien ihren Einfluß geltend machen, damit die Gelder in die entsprechenden Kanäle fließen. Unglaubliche Fakten dazu finden Sie u.a. in dem Buch „Heilen verboten, töten erlaubt“.

Natürlich sind auch diese Leute überzeugt, das Beste für den Patienten zu tun, aber immer mehr Menschen erscheinen alternative Heilmethoden spontan einsichtiger, weil dort das Geschehen nicht von teuren Maschinen und chemischen Produkten mit schwer nachvollziehbaren Wirkungen bestimmt wird, sondern auf die seelischen Nöte der Patienten eingegangen und die Heilkraft natürlicher Substanzen höher bewertet wird.

Andererseits stößt dieses Weltbild auch an seine Grenzen, wenn der Betroffene nicht bereit ist, die Verantwortung für seine Gesundheit zu übernehmen, evtl. sein Leben kritisch zu hinterfragen und zu verändern, anstatt sich vom Arzt etwas verschreiben zu lassen, von dem nur dieser annimmt, daß es helfen könnte.

Die Gesundheit hat mit den Faktoren Bewegung, Ernährung und seelischem Befinden viel mehr zu tun als mit irgendwelchen Erregern, die uns von irgendwo „anstecken“.

Beginnen wir mit der Ernährung: Bei einem Vortrag des 1991 für den Nobelpreis nominierten Dr. Joel D. Wallach „Tote Ärzte lügen nicht“ beschreibt dieser, wie er auf einer Farm in West St. Louis aufwuchs, wo seine Eltern in der Rinderzucht das Viehfutter selbst anbauten und in der Mühle noch Vitamine, Mineralstoffe und Spurenelemente zugesetzt wurden. Er war darüber sehr verwundert, daß die Rinder Vitalstoffe zugesetzt bekamen, damit sie schnell „groß und stark“ wurden, und die Menschen, die doch ohne Beeinträchtigung, Schmerzen und Sonstigem alt werden wollten, nicht. Er ging nach Missouri, studierte Landwirtschaft und machte sein Diplom in Viehzucht und Ernährung. Danach ging er zur Veterinärmedizin. Er sagt:

„Sicherlich ist ein Grund für die Forschung in dieser Richtung der, daß wir keine großartige medizinische Betreuung für die Tiere haben. Wir haben keinen Krankenhausaufenthalt, Blue Cross, Blue Shield (Krankenversicherungen) oder gar Hillary Clinton, um auf die Tiere aufzupassen. Wenn man als Farmer zu seinem Geld kommen will, muß man wissen, was man selbst für seine Tiere tun kann und man muß es effektiv tun, nämlich mit der Nahrung.“

Später erhielt er ein Angebot vom Zoo in St. Louis, wo jemand gesucht wurde, der Autopsien an Tieren vornehmen könnte. Er sollte vor allem nach einer Tierart suchen, die sensibel auf die immer größer werdenden Umweltbelastungen reagiert, weil Umwelt Anfang der Sechziger ein immer wichtigeres Thema wurde. Innerhalb von 12 Jahren führte er 17.000 Autopsien an über 450 verschiedenen Tierarten durch. Außerdem auch an 3.000 Menschen, die in der Nähe des Zoos lebten. Und was er herausfand, war erschütternd: Jedes Tier und jeder Mensch, der eines natürlichen Todes starb, starb an Mangelernährung.

Er schrieb 75 wissenschaftliche Artikel und 8 Fachbücher, hatte Auftritte im Fernsehen, Artikel in Zeitungen und Magazinen, und dennoch schien sich kaum etwas beim Thema Ernährung zu ändern. Er ging zurück an die Uni und studierte Humanmedizin, um das, was er aus der Veterinärmedizin über Ernährung wußte, bei den Menschen anwenden zu können, und hatte 12 Jahre lang eine Praxis in Portland, Oregon.

Er ist davon überzeugt, daß die Lebensspanne beim Menschen bei richtiger Ernährung bei 120 - 140 Jahren liegen könnte, und klärt seine Zuhörer mit viel Humor über ein paar der Erkenntnisse auf, die mit dem Mangel an bestimmten Mineralien und Vitaminen zu tun haben: *„Wenn Sie 120 oder 140 Jahre alt werden wollen, gibt es nur zwei Dinge, auf die Sie achten müssen: Erstens: Fallen Sie in keine Grube und zweitens: vermeiden Sie Landminen. Ich meine damit... wenn Sie* *russisches Roulett spielen, zuviel rauchen, zuviel trinken, oder im schwarzen Badeanzug auf der Autobahn laufen; das sind alles dumme Sachen, aber es ist erstaunlich, wie viele Menschen daran sterben. Und zum Thema „vermeiden Sie die Landminen", gehört auch: Meiden Sie Ärzte. Diese heftig anmutende starke Aussage möchte ich durch das Statement der Ralph Nader Group untermauern. Im Januar 1993 machte sie eine Veröffentlichung, basierend auf einer 3-jährigen Studie über Todesursachen in amerikanischen Krankenhäusern - und die Endaussage dieser Studie sagt viel. Der Patientenanwalt sagt folgendes: 300.000 Amerikaner sterben jedes Jahr in amerikanischen Krankenhäusern an den Folgen von medizinischer Fahrlässigkeit..."*

Übrigens sagen Studien in Deutschland dasselbe: Zigtausende sterben jedes Jahr allein an den Folgen der Behandlung. Und das ist keine Feststellung von medizinischen Ketzern, sondern nicht zu leugnende ärztliche Erkenntnis.

„Sie brauchen 91 Nährstoffe in der Nahrung, jeden Tag. 60 Mineralien, 16 Vitamine, 12 essentielle Aminosäuren und 3 essentielle Fettsäuren. Sollten Sie die nicht haben, kommt es zu einer Mangelerscheinung. Zu meiner Studienzeit war ich einer dieser Nervenbolzen, der jeden fragte, ob er Vitalstoffe nimmt. Als einzige Antwort kam: „Ja, ich nehme Vitamin E." Ich wartete auf die anderen 90, aber es kam nichts. Stelle ich heute die gleiche Frage, so bekomme ich die Antwort: „O ja, Tonnen." Wenn man jetzt die menschliche Medizinversorgung auf die Viehzucht anwenden würde, würde der Hamburger 250 Mark kosten.(...)

Bereits vor 50 Jahren wußten wir, daß Geschwüre bei Schweinen durch den Helicobacterpilz hervorgerufen werden, Wir konnten natürlich keinen Magenspezialisten holen, da sonst der Fleischpreis auf 200 Dollar geklettert wäre. Und dann fanden wir heraus, daß man mit einem Spurenelement, genannt Wismut, Geschwüre heilen konnte. In jüngster Zeit hat auch das National Institut of Health gesagt, daß Geschwüre geheilt werden können - und sie benutzten das Wort „Heilen" - durch eine Kombination von Wismut und Tetrazyclin.

Was ist die Todesursache Nr. 2 in Amerika? Krebs. Im September 1992 haben das National Cancer Institut und die Harward Medical School eine Studie durchgeführt - und dabei erfanden sie eine Antikrebsernährung. Diese Studie wurde in China unternommen und zwar in der Region mit der höchsten Krebsrate. In dieser Studie wurden 290.000 Probanden untersucht. Was die Mediziner taten, war ganz einfach, sie gaben ihnen die doppelte Menge an Vitaminen und Mineralien, die doppelte Menge von dem, was die RDA, das ist in Deutschland so wie die Deutsche Gesellschaft für Ernährung, empfiehlt - und das ist immer noch eine geringe Menge. Die eine Gruppe bekam zum Beispiel Vitamin C - die empfohlene Menge der RDA sind 60 mg - es wurde verdoppelt auf 120 mg. Ein Herr namens Dr. Linus Pauling - nebenbei 2-facher Nobelpreisträger - behauptet, wenn Sie Krebs verhindern wollen, müssen Sie 10.000 mg täglich einnehmen. Wollen Sie mal schmunzeln? Alle Ärzte, die vor 35 Jahren mit ihm darüber gestritten haben, sind bereits tot. Heute ist Linus Pauling 94 Jahre alt, arbeitet 7 Tage die Woche, 14 Stunden pro Tag.

In einer Gruppe bekamen die Probanden z. B. Selen über einen Zeitraum von 5 Jahren: Der Tod – durch welche Ursache auch immer - wurde um 9 % reduziert. Jeder Zehnte, der statistisch in dieser Zeit gestorben wäre, überlebte. In Bezug auf Krebs, egal welcher Art, überlebten 13 %, die ansonsten gestorben wären. Und am bedeutsamsten ist, daß der Krebs, nämlich der Magen- und Speiseröhrenkrebs, der in der Hinan-Provinz am meisten verbreitet war, sich auf 21 % verringerte."

Dann berichtet er von einer Untersuchung über Arthritis, die am 24. September 1993 von der Harward-School und dem Boston Veteran Hospital veröffentlicht wurde:

„Man nahm Patienten, die auf keine herkömmlichen Arthri-

tismedikamente mehr ansprachen - wie Cortison usw.. - Die Probanden bekamen alle möglichen Medikamente, die sie eh schon ausprobiert hatten, auch physikalische Therapien. So, das Einzige, was den Patienten noch übrig blieb, waren operative Eingriffe. Was die Mediziner von Harward taten, war, diesen Leuten zu sagen, daß sie Patienten suchen, die bereit sind, vor diesem operativen Eingriff noch 90 Tage zu leiden. Für dieses Experiment meldeten sich 29 Freiwillige. Die Therapie bestand darin, daß die Patienten einen gehäuften Teelöffel von gemahlenem, getrocknetem Hühnerknorpel bekamen. Jetzt kommt`s: Nach 10 Tagen waren alle Schmerzen weg."

Dann geht er auf weitere Beispiele für Mangelernährung ein. Z.B. sei ein großes Verlangen nach Zucker und Schokolade ein Zeichen dafür, daß Chrom und Vanadium im Körper fehlen.

„Schon vor 50 Jahren wußten wir in der Veterinärmedizin, wie man Alzheimer im Frühstadium bei Tieren bekämpft. (...) Und zwar wurden hohe Dosen an Vitamin E mit kleinen Mengen von pflanzlichem Öl - wegen der Fettlöslichkeit des Vitamins - gemischt. 50 Jahre später, im Juli 1992, wurde von der Universität in San Diego, Kalifornien, veröffentlicht, daß Vitamin E den Gedächtnisschwund bei Alzheimer Patienten verringert. Damit sind die Humanmediziner in nur 50 Jahren zu den gleichen Erkenntnissen gekommen wie vordem die Veterinärmediziner. Vielleicht ist es insgesamt gesehen für Sie sicherer, zum Tierarzt zu gehen?

Dadurch, daß Kalzium aus den Knochen ausgelagert wird, wie eben bei einer Osteoporose, bekommen Sie Nierensteine. Will man bei Tieren Nierensteine verhindern, muß ihre Nahrung mit Kalzium angereichert sein. Sie benötigen außerdem mehr Magnesium, mehr Bor.

Im März 1993 veröffentlichte wiederum die Harward Medical School einen Bericht, in dem stand, daß Kalzium das Risiko, Nierensteine zu bekommen, verringert. Diese nicht nur in

Medizinkreisen veröffentlichte Studie - die das bisherige medizinische Wissen auf den Kopf stellt - zeigte, daß sich das Risiko, an Nierensteinen zu erkranken, bei Menschen mit einer kalziumreichen Nahrung verringerte. (...) Wieder brauchte die Humanmedizin fast 50 Jahre, um auf den Kenntnisstand der Veterinärmedizin zu kommen."

Er weist darauf hin, daß ausgerechnet die Leute, die einem ständig Ratschläge für ein gesundes Leben geben, nämlich die Ärzte, nur eine durchschnittliche Lebenserwartung von 58 Jahren haben, während die Lebenserwartung in Amerika sonst bei 75 Jahren liegt.

„Wiederum haben die Veterinäre schon im Jahre 1957 gelernt, daß Aneurysmen durch einen Mangel an Kupfer hervorgerufen werden. Dabei fand man heraus, daß Kupfermangel die Ursache von vielen Krankheiten ist. Angefangen bei Ergrauen der Haare, egal welchen Alters, deutet auf einen Kupfermangel hin. Oder Gesichtsfalten, weil die Elastizität abnimmt. Krampfadern werden ebenfalls hervorgerufen durch mangelnde Elastizität des Bindegewebes. Überhaupt Bindegewebeschwäche, die Brust fällt ab, unter den Armen sinkt die Muskulatur ab, genauso auch in den Beinen. Wenn man keine Autopsie macht, wird die Ursache Gehirnschlag oder Hirnbluten genannt, aber in 99 % der Fälle wird es durch ein geplatztes Aneurysma hervorgerufen. Ein deutliches Zeichen für Kupfermangel.

Kommen wir zu Stew Burger. Vielleicht haben Sie auch eines seiner Bücher über Gesundheit gelesen. Auch er war ein von Harward und Yale ausgezeichneter Arzt. Er schrieb die Bücher über die „Southhamton Diät für Gewichtsreduktion" „Forever Young". „20 Jahre jünger in 20 Wochen" Ha, und dann starb er mit 40 Jahren. Ist das nicht tragisch? Wollen Sie seinen Ratschlägen folgen? Er starb an Kardiomyopathie (vergrößertes, entzündetes und schwaches Herz) Und wissen Sie, was das eigentlich ist? Es ist ein Selenmangel!

Mineralien nun sind eine andere Sache, Pflanzen können sie nicht herstellen, im Boden sind sie kaum noch. Wenn Sie gehen, können Sie eine Kopie der US-Senatssitzung mit der Nr. 264 mitnehmen, in der es heißt, daß unsere Böden verarmt sind an Mineralstoffen. Und daß die Feldfrüchte ebenso entsprechend arm an Mineralstoffen sind."

Dazu kommt, daß Vieles in unserer Ernährung – z.B. raffinierter Zucker - uns noch Kalzium raubt. Eine dpa-Meldung vom 8.1.1997 sagt u.a., daß die bei Kindern beliebten Softdrinks wie Colagetränke und Limonaden reine Kalziumräuber zu Lasten des Knochengewebes seien und so schon viele Kinder Osteoporose haben.

Weiter Dr. Wallach: „*Kalziummangel ist die Ursache von ca. 140 verschiedenen Krankheiten. Sie haben verschiedene Namen oder sind nach Menschen benannt. So z. B. die Bell-Lähmung. Dabei handelt es sich um eine einseitige Gesichtslähmung. Dann gibt es Zahnfleischschwund, Parodontose. Zahnärzte werden Ihnen sagen, wenn Sie das verhindern wollen; Zähneputzen, Zahnseide und zwar nach jeder Mahlzeit. Also meine Damen und Herren, wenn Sie das glauben, dann verkaufe ich Ihnen im Schwarzwald ein Grundstück mit Meeresblick. Ich habe Hunderte von Tieren gesehen, verschiedenste von Mäusen bis zu Tigern, Und diese Tiere haben eins gemeinsam: Sie haben weder Zahnfleischschwund noch Karies. Und sie putzen die Zähne nicht. Schlechten Atem haben Sie, ja, aber keinen Zahnfleischschwund. (...) Denn bei Zahnfleischschwund handelt es sich nicht um mangelnde Mundhygiene, sondern um Osteoporose der Gesichts- und Kieferknochen.*

Dann PMS prämenstruelles Syndrom, dieses emotionale Zeug. Die medizinische Behandlung dafür ist die Gebärmutterentfernung. (...) Es werden jährlich 280.000 unnötige Gebärmutterentfernungen vorgenommen. Die Universität von San Diego kam vor 3 Jahren mit einer Studie über die emotionalen und physischen Symptome von PMS heraus, die besagte, wenn man die tägliche Einnahme von Kalzium verdoppeln würde, verringert man die emotionalen Effekte von PMS.“

Er beschreibt eine 20-jährige Studie, in der 5.000 Menschen mit Bluthochdruck untersucht wurden, wobei man Versuche mit der Reduzierung von Salz machte, was aber kaum eine Veränderung brachte.

„Dann hatten sie noch eine andere Kontrollgruppe, auch wieder 5000 Menschen mit hohem Blutdruck. Hier wurde die RDA Bestimmung bezüglich des Kalziums verdoppelt: dieser Versuch wurde nach 6 Wochen abgebrochen. Warum wohl, werden Sie jetzt fragen. Ganz einfach: Weil 85 % der Probanden keinen Bluthochdruck mehr hatten.“

Während wir auf der einen Seite durch unsere Ernährung also immer weniger natürliche Vitamine und Mineralstoffe zu uns nehmen, kommen immer mehr Zusatzstoffe in unser Essen, deren Wirkungen äußerst bedenklich sind.

Und selbst Ängste können durch Mangel an bestimmten Mineralien entstehen oder entsprechend durch Ausgleich des Mangels behoben werden. Und daß wir durch Konsum von Fleisch auch die Ängste der Tiere beim Schlachtvorgang als Schwingung mitessen, habe ich schon früher geschrieben. Wer viel mit Ängsten zu tun hat, sollte also auch im Bereich Ernährung vielleicht einmal Veränderungen vornehmen – aber nicht dort erneut Streß erzeugen, indem man sich etwas „hineinprügeln“ muß, was gesund sein soll, einem aber gar nicht schmeckt.

Zur Ernährung könnte man ganze Bücher schreiben, und es gibt sie natürlich auch. Ich kann mich hier nur auf ein paar Beispiele beschränken und jedem nur ernsthaft empfehlen, sich intensiver damit zu befassen, was er so alles in sich hineinstopft. Und auch hier gilt: Das, was wir zu wissen glauben, ist oftmals mit perfider Psychomanipulation eingepflanzt worden. Beispiel Bier: Sie denken, das deutsche Reinheitsgebot sei Garant dafür, daß unser Bier gesünder und natürlicher sei? Nun, tatsächlich sind Zuckerzusätze und Farbstoffe verboten, aber was das Bier ursprünglich mal war, hat mit dem Gerstensaft von heute nur noch wenig gemein. Bier enthielt ursprünglich sehr viele Naturkräuter mit Heilwirkung, die das Getränk nicht nur berauschend, sondern durchaus auch gesund machten. So wurde Bier, das schon die Ägypter als Hek kannten, früher mit der Alraunewurzel erzeugt, der man magische Heilkräfte zusprach. Die alten Germanen mischten Myrte, Eschenlaub und Eichenrinde oder auch Bilsenkraut und Sumpfporst – die heute zu Giftpflanzen gezählt werden - bei und verfeinerten das ganze mit (natürlichem) Honig.

Die Mönche, die selber gerne zechten, aber auch gutes Bier brauten, hielten jedoch nicht so viel von den Sinnenfreuden, die mit dem aphrodisierenden Bier einhergingen. Sie begannen, Hopfen beizufügen, das den „teuflischen“ Sexualtrieb besänftigte und heute Hauptbestandteil des nach dem Reinheitsgebot gebrauten deutschen Bieres ist. Hopfen wird in großen Monokulturen angebaut und natürlich, wie fast alles, reichlich mit Insektiziden besprüht. Das, was wir heute Bier nennen, hat jedenfalls mit dem ursprünglichen Trank, der heilende und entrückende Eigenschaften hatte, nichts mehr gemein.

Ein anderes Beispiel wäre die Margarine, die angeblich so viel gesünder als Butter sein soll, da sie kein Cholesterin enthält. Daß Cholesterin überhaupt Verursacher von Krankheiten ist, ist wieder einmal nur eine Behauptung einer Wissenschaft, die die Dinge aus dem Zusammenhang reißt und sich schließlich dazu benutzen läßt, uns etwas als gesund zu verkaufen, was im Grunde nichts weiter als leblose Chemie ist. Bei der Herstellung von Margarine kommen so viele schädliche Prozesse zum Wirken, wie Versetzung mit Phosphorsäure, Entsäuerung mit Natronlauge, Bleichen, Desodorierung, hohem Druck und Temperaturen usw. usw., daß von den ursprünglichen Pflanzenkernen kaum noch etwas übrig ist.

Eine Menge interessanter Artikel zu diesen Themen finden

Sie übrigens in der Kent Depesche „Mehr wissen, besser leben“, die regelmäßig erscheint und viele Anregungen und Aktionen enthält, wie man die Zustände selber verbessern helfen kann.

Der Geschmacksverstärker Glutamat, der heute in fast allen industriell hergestellten Nahrungsmitteln vorhanden ist, steht im Verdacht, neurotoxisch zu wirken. Wenn die Glutamatkonzentration im Gehirn den normalen Wert übersteigt, kann es die Nervenzellen irreparabel schädigen.

Zahlreiche Studien belegen, daß Farbstoffe nachweislich Auswirkungen auf die Hirnfunktion haben und zu Hyperaktivität führen können. Der Konservierungsstoff Zitronensäure ist in sehr vielen Lebensmitteln und in Süßigkeiten enthalten. Er fördert die Aufnahme von Aluminium und Blei und spielt eine Rolle beim Transport der Metalle in das Gehirn und kann Demenzerkrankungen fördern.

Eigentlich besitzt das Gehirn einen Schutzmechanismus, die sogenannte Blut-Hirn-Schranke. Durch Stoffe wie Glutamat und Zitronensäure kann diese Blut-Hirn-Schranke durchbrochen werden.

In einem Interview aus de Co´med 05/04 sagt Ulrich Grimm über Glutamat: *„Die nehmen dann offenbar irgendeinen Schadstoff wie Aluminium huckepack und transportieren ihn ins Gehirn - wie ein Trojanisches Pferd, sagt der Alzheimer-Spezialist Prof. Beyreuther. Der Körper denkt, daß es sich um normale Zitronensäure handelt, und läßt sie passieren. So wird das Aluminium mit in das Gehirn transportiert, kommt aber nicht mehr heraus.*

Es gibt auch Gehirngegenden, die nach Aussage mancher Wissenschaftler von der Bluthirnschranke gar nicht geschützt sind, wie der Hypotalamus, der unglaublich viele Körpervorgänge steuert, wie Wachstum, Hormonausschüttung, Sexualfunktion, Sättigung, Hunger, Appetit und so weiter. Für diese Funktionen ist Glutamat der wichtigste Neurotransmitter

(Botenstoff im Gehirn). (...)

Neueste Erkenntnisse der Hirnforscher zeigen, daß die persönlichkeitsbestimmenden Eigenschaften auch viel mit Chemie zu tun haben. Und dadurch mit dem, was die Menschen jeden Tag zu sich nehmen. Die zahlreichen chemischen Bestandteile in der täglichen Kost können dazu führen, daß die Körperchemie irgendwann verrückt spielt. Dann kann es zu Ängsten, aggressivem Verhalten oder gar zu Autismus kommen.

Verschiedene Untersuchungen zeigen, daß hyperaktive Kinder durch Ernährungsumstellung bereits nach wenigen Wochen wesentlich ruhiger werden. Man kann auf Psychodrogen wie Ritalin verzichten und statt dessen einfach keine Lebensmittel mit Geschmacksverstärkern, Konservierungs- und Farbstoffen kaufen."

Dies alles sind nur ein paar Beispiele, die Sie anregen sollen, sich weiter mit der Ernährung zu befassen, wozu es viele gute Bücher gibt. Entscheidend ist sicher die Ausgewogenheit und Natürlichkeit der Ernährung.

Kommen wir nun zu den seelischen Ursachen von Krankheiten. In vielen Bereichen der Medizin werden seelische Ursachen von Krankheiten in eine Behandlung mit einbezogen. Viele Ärzte bemühen sich um mehr Zeit für Gespräche mit ihren Patienten, stehen aber unter zeitlichem Druck und Rentabilitätsüberlegungen. Bei Krebs geht man gemeinhin von anderen Ursachen aus, und die Spezialisten haben sich auf das Bekämpfen von Metastasen und Tumoren verlegt. Daß auch hier seelische Ursachen eine Rolle spielen können, scheint zunächst weit hergeholt, doch behauptet ein medizinischer Außenseiter seit über zehn Jahren fest, daß jeder Krebsfall durch die Kenntnis der Abläufe geheilt werden könnte. Wenn diese Behauptung möglicherweise auch übertrieben ist, wollen wir einmal, unabhängig von der in den Medien emotional ausgetragenen Auseinandersetzung, versuchen, eine sachliche Darstellung der Behauptungen von Dr. Hamer zu bringen.

Die Leser meiner bisherigen Bücher werden vielleicht stöhnen, weil ich die Neue Medizin schon in allen bisherigen Büchern behandelt habe. Es ist aber ein eminent wichtiges Thema, da bei uns jedes Jahr Hunderttausende von Menschen an Krebs sterben, denen geholfen werden könnte, und man also gar nicht oft genug die Gelegenheit ergreifen kann, darüber aufzuklären.

Für Dr. Hamer sind Computertomographien das Diagnosemittel schlechthin; ein Blick auf ein Gehirn-CT läßt ihn, ohne Kenntnis der Krankengeschichte eines Patienten, Lokalisation, Ursache und Phase des Krebsgeschehens erkennen. Nach seinen „Eisernen Regeln des Krebses" bewirkt ein heftiger Konfliktschock, den der Patient seelisch nicht verkraften kann, eine Ableitung des Konflikts in den Körper, was als sinnvolles „Sonderprogramm" der Natur bezeichnet wird. Die Art des Konflikts spiegelt sich im Gehirn wieder, wo die Lokalisation in direkter Korrelation zum Konfliktinhalt steht und wiederum auch ein bestimmtes Organ von diesem Sonderprogramm betroffen ist. Je nach Phase des Krebsgeschehens sieht die Stelle im Gehirn anders aus, so daß Dr. Hamer auch den Zeitpunkt des Konfliktes sehr genau bestimmen kann. Der Patient braucht also nicht seine gesamte Vergangenheit nach einem solchen Konflikt zu durchsuchen, womit Fehldeutungen Tür und Tor geöffnet wären, sondern der Zeitpunkt des Konfliktes kann bis auf wenige Tage genau angegeben werden. Dann kann der Arzt versuchen, dem Patienten eine Hilfe bei der Konfliktlösung anzubieten, was wiederum mehr Zeit für das Patientengespräch erfordert und gegen Apparate- und Pillenmedizin spricht. In vielen Fällen ist der Konflikt bereits bewältigt und das Sonderprogramm durchlaufen, was die erstaunliche Behauptung enthält, daß Krebs von selber heilt, wenn der Konflikt bewältigt ist. Jedoch gibt es dann im Gehirn ein Ödem, einen Einschluß um die mit dem Konfliktinhalt korrelierende Stelle. Für den Schulmediziner Zeichen für einen gefährlichen Tumor, während es für Dr. Hamer ein bereits bewältigtes Krebsgeschehen ist. Kein Wunder, daß sich die Experten hier schwertun, all ihr bisher Erforschtes über den Haufen zu werfen und die „Spontanheilung" als eigentlichen Regelfall anzunehmen.

Nach Dr. Hamer bewirkt hauptsächlich die Vorsorgeuntersuchung, wobei die Einschlüsse im Gehirn falsch gedeutet werden, die fatale Zunahme von Behandlungen mit hochgiftigen Zytostatika, Bestrahlungen oder Amputationen, obwohl das Krebsgeschehen längst gelaufen ist.

Während in den Massenmedien jeder gestorbene Patient, der Dr. Hamer einmal konsultiert hat, als bösartige Fehlbehandlung des Scharlatans ausgelegt wird, sterben bei uns in der Onkologie jedes Jahr Hunderttausende wissenschaftlich anerkannt trotz – oder wegen - Chemotherapie, Bestrahlung und Chirurgie. Bei Dr. Hamers Gerichtsverfahren mußten sogar die Sachverständigen und die Staatsanwaltschaft zugeben, daß von den Patienten, die ihn konsultiert hatten, die meisten noch lebten, was sicherlich von den wenigsten Krebsärzten behauptet werden kann.

Placebos und die Wirklichkeit

In einer immer komplexer werdenden Welt stoßen wir oft auf Fragen, bei denen wir nicht wissen, was wir glauben sollen, was wahr ist und was einfach nur auf Glauben beruht. Daß manchmal das, was jemand glaubt, sich physisch in dem Sinne auswirken kann, daß man fast von einer anderen Wirklichkeit sprechen kann, sehen wir in der Placebo-Forschung: Es ist kaum noch ein großes Geheimnis, daß Ärzte sehr viel häufiger Tabletten ohne jeden Wirkstoff verschreiben und die Patienten im Glauben, vom Arzt ein Heilmittel bekommen zu haben, gesunden, als man annehmen würde. Wir werden aber noch auf sehr viel erstaunlichere Versuche stoßen, bei denen wir uns die Frage stellen müssen, ob sich nicht manchmal das, was wissenschaftlich exakt zu sein scheint, zu völlig anderen Realitäten verändert.

Nehmen wir die Versuche aus der Schmerzbehandlung: Forscher haben festgestellt, daß Menschen, die kein Morphium bekamen, sondern lediglich eine Spritze mit einer neutralen Lösung, tatsächlich meßbar weniger Schmerzen empfanden als ohne sie. Man machte Versuche, bei denen Testpersonen an einen Elektroenzephalographen angeschlossen waren, der die Veränderung der Nervenimpulse unter Schmerzen registrierte. Man erzeugte bei den Versuchspersonen mit einem Gerät kurze hohe Temperaturen auf einem Punkt am Arm, den sie als mehr oder weniger schmerzhaft empfanden, und das EEG zeigte die Intensität des Schmerzempfindens an. Man sagte ihnen, daß sie nun eine Morphiumgabe bekämen, spritzte ihnen jedoch nur Wasser. Und tatsächlich sanken sowohl die subjektiv empfundene Schmerzwahrnehmung als auch die entsprechenden Meßwerte in dem gleichen Maße wie bei richtigen Morphiumgaben.

Würde man also davon ausgehen, daß die chemische Zusammensetzung des Morphiums die Nerven für Schmerzen unempfindlicher machte, zeigen diese Versuche, daß der gleiche Effekt auch ohne die chemische Substanz erzielt werden kann – nur weil die Person es glaubt.

Diese Forschung kann man mit Erstaunen und leicht befremdet zur Kenntnis nehmen, aber eigentlich ergeben sich damit doch enorme Fragen über die Beschaffenheit von Wirklichkeit.

Im Endeffekt müßte ein Mensch demnach in der Lage sein, durch bloße Gedanken seine Schmerzschwelle herabzusetzen oder von Krankheiten zu genesen, wenn man diese Idee konsequent weiterverfolgt. So einfach scheint es aber nicht zu sein. Wir Menschen lassen uns so sehr von Lösungen im Äußeren bestimmen, daß schon der Arzt da sein muß, dem wir vertrauen. Wenn er uns sagt, er habe uns ein Schmerzmittel oder heilende Tabletten verabreicht, sind wir offenbar in der Lage, entsprechende Linderung zu erfahren, unabhängig davon, was er uns eigentlich an physischen Substanzen gegeben hat.

Ein anderes, fast noch unglaublicheres, Beispiel gibt es in der Behandlung von Parkinson-Patienten: Mit einem bestimmten Eingriff ins Gehirn kann man eine Besserung ihres Zustandes bewirken. Das Erstaunliche ist jedoch, daß es genügt, eine Gehirnoperation vorzutäuschen! Dies ist kein Scherz, sondern wird an der Presbyterian University of Colorado in Denver ernsthaft durchgeführt: Ein Schauspiel im Operationssaal, ein Ärzteteam mit grünen Kitteln, piependen Meßgeräten für die Körperfunktionen und die reine Vortäuschung eines heilenden Eingriffs. Die nur scheinbar operierten Parkinson-Patienten erfahren ebenso eine Besserung wie die tatsächlich operierten.

Noch mehr Aufsehen erregte ein medizinisches Experiment in Houston, Texas. Von 180 Patienten mit leichter Knie-Arthrose operierte der Orthopäde Dr. James Bruce Moseley zwei Drittel mit der herkömmlichen Technik. Die anderen kamen nur zum Schein unter das Messer. Bei den Patienten, die er wirklich operierte, schnitt der Orthopäde das Gelenk auf, spülte den Knochenabrieb aus und glättete die Knorpel mit einer feinen Fräse. Bei den anderen setzte er nur einige oberflächliche Schnitte. Kein Patient erfuhr, ob er wirklich operiert worden war oder nicht. Das Ergebnis: nach zwei Jahren waren 90 Prozent der Patienten beider Gruppen mit der OP zufrieden – unter den schmerzfreien Patienten waren die „scheinoperierten" sogar in der Mehrzahl. (Sendung Prisma 25.5.2004 NDR)

Dies ist mehr als ein Kuriosum, denn es erhebt sich doch die Frage, wieweit wir unsere Wirklichkeit nicht nur anders wahrnehmen, sondern auch sogar physisch verändern, nur durch das, was wir glauben.

Ein zutiefst esoterischer Gedanke wird dort rein wissenschaftlich erforscht und erfolgreich angewendet. Verfolgt man diese Gedanken, wären wundervolle Heilungen, wie jene, die man Jesus oder anderen Geistheilern zuschreibt, ebenso möglich wie die erfolgreiche Verabreichung eines Placebos durch einen Arzt. Was unterscheidet einen Parkinson-Patienten, der überzeugt ist, durch eine Gehirnoperation Besserung erfahren zu haben, obwohl er nur Teil einer glaubhaften Inszenierung gewesen ist, von einem Menschen, der das volle Vertrauen hat, daß ein Geistheiler ihn durch bloßes Berühren von Lepra oder Blindheit heilen kann?

Ja, warum gelingt es uns meistens nicht, selber so sehr daran zu glauben, eine Krankheit wieder loszuwerden, daß es sich unmittelbar auswirkt? Oder ist es nicht viel eher so, daß wir es manchmal tatsächlich tun? Da wir überzeugt sind, daß eine Grippe meistens nach ein paar Tagen vorbei ist, ist das im Allgemeinen auch der Fall. Was aber, wenn der Arzt, dem wir offenbar eine höhere Glaubwürdigkeit zubilligen als uns selber, uns eröffnet, daß wir eine schlimme Krankheit haben, wie Krebs oder HIV positiv sind? Sind nicht diese „schlechten Nachrichten" von einem Halbgott in Weiß so starke „Zauber", daß sie genauso Wirkung haben wie ein Todesurteil? Oder kann nicht ein guter Arzt in dieser Kenntnis, wenn er es nur glaubhaft genug vermittelt, jedem Patienten einfach sagen, daß er morgen gesund sein wird, und dieses Wirklichkeit werden kann?

Natürlich, es gibt die Patienten, die nicht geheilt werden wollen, die sich selber aufgegeben haben, die vom Arzt eigentlich nur die Absegnung haben wollen, daß sie - wissenschaftlich anerkannt - diese Inkarnation verlassen dürfen. Und natürlich steht ein Arzt heute unter dem Druck, nach anerkannten Methoden behandeln zu müssen. Einfach nur zu sagen, „Sie sind morgen gesund", könnte ihn vors Gericht bringen, wenn der Patient oder dessen Angehörigen nicht überzeugt sind.

Ist es nicht erstaunlich, wie viel Macht die Patienten dem Arzt geben? Wasser als Morphium getarnt, läßt sie Schmerzen besser ertragen, und eine vorgetäuschte Hirnoperation bessert Parkinson.

Jeder kann für sich aus dieser Forschungsrichtung seine eigenen Schlüsse ziehen: Ohne weiteres sollte es so möglich sein, mit der entsprechenden Bestimmtheit einem Kranken zu sagen, „Du bist morgen gesund" oder sogar sich selber unabhängig von allgemein anerkannten Krankheiten zu machen und so gesund zu sein, wie man selber sich überzeugen kann.

Die Frage ist, würde ein Kranker einem x-beliebigen Dahergelaufenen genügend glauben, daß er gesund würde, wenn dieser ihm einfach ein paar Zuckertabletten in die Hand drückte? Würde der Kranke sich nicht bei anderen Patienten oder Ärzten Zweifel „abholen", um nicht an seine eigene Kraft zur Gesundung glauben zu müssen? Würde es aber jemandem gelingen, wirklich diese Bestimmtheit zu entwickeln und sie „auszustrahlen", so wie wir es uns vielleicht von Jesus vorstellen können, die keinen Zweifel zuläßt, könnte er dann nicht ebenso erfolgreich Menschen heilen?

Ein Patient, der schon eher zu einem Heilpraktiker oder sogar zu einem Geistheiler geht als zu einem Schulmediziner, könnte auf einen Heiler stoßen, der nicht nur glaubt, daß es funktionieren könnte, sondern der es *weiß*. Der keine Zweifel hat, daß der Patient genauso die Kraft hat zu gesunden wie der Parkinson-Patient, der durch eine gespielte Hirnoperation Besserung erfährt.

Somit hätten wir unsere Wirklichkeit weitgehend selber in der Hand. Positives Denken wirkt sich anscheinend tatsächlich in der Realität aus. Aber wie schwer es ist, das in der Praxis umzusetzen, wird jedem klar, wenn er Kopfschmerzen oder eine Grippe hat: Dann fällt es schwer, das Leiden „wegzudenken". Leichter ist es, wenn dann jemand, dem man vertraut, sagt, das und das habe ihm bei Kopfschmerzen geholfen. Was im Grunde nur zeigt, daß wir meistens anderen mehr vertrauen als uns selber, oder schärfer ausgedrückt: Dingen außerhalb von uns mehr Macht einräumen als uns selber. Dabei wäre es in diesem Fall eine positive Art von Ich-Bezogenheit, wenn man sich selber die Macht gäbe, über sein Wohlbefinden zu entscheiden.

Haben wir also vielleicht deswegen im Herbst oft die Grippe, weil so viele es haben, und der Gedanke, daß die Grippe grassiert, „in der Luft liegt"? Altern wir vielleicht nur, weil es allgemein so geglaubt wird? Und ist vielleicht für denjenigen, der an Homöopathie glaubt, gerade diese Behandlung die erfolgversprechendste, weil er an sie glaubt, während ein anderer schwer davon zu überzeugen ist? Dies gilt natürlich für alle Heilmethoden, wodurch es dann auch kulturelle Unterschiede geben mag und in verschiedenen Teilen der Erde verschiedenen Heilberufen unterschiedlich viel „Heilkraft" zugestanden wird, philippinische Geistheiler genauso erfolgreich sein können wie die Medizinmänner bei den Naturvölkern. Und unsere westlichen Ärzte sind vielleicht hin- und hergerissen zwischen ihrem schulmedizinischen Wissen und den Zweifeln daran. Und ihre Erfolge schwanken ebenso.

Daß es ebenso Menschen gibt, die nicht geheilt werden wollen, die sich aufgegeben haben oder es genießen, daß sich jemand um ihr Wohlbefinden kümmert, muß alles mit einbezogen werden.

Warum wir uns selber so wenig zutrauen, unser Schicksal zu bestimmen und mehr äußeren „Autoritäten“ wie Ärzten usw., mag damit zusammen hängen, daß wir vielleicht selber in früheren Leben Machtmißbrauch betrieben haben und jetzt unsere eigene Macht unter unseren „Scheffel stellen“, aus Angst vor der großen Verantwortung, die mit Macht einhergeht.

Natürlich ist es schwer, sich von unserem Massenbewußtsein zu lösen, das geistigen „Wunderdingen“ zutiefst „aufgeklärt“, also ungläubig gegenübersteht. Wer es jedoch schafft, die Erkenntnisse dieser Placebo-Morphium-Hirnoperations-Ersatz-Forschung konsequent weiter zu denken, dem sollte letztlich das Unglaubliche möglich werden, da offenbar der Glaube Berge versetzt.

Krankheit ist eine Entscheidung. Sie ist nicht ein Ding, das dir geschieht, völlig ungebeten, etwas, was dich schwächt und was dir Leiden bringt. Sie ist eine Entscheidung, die du triffst, ein Plan, den du entwirfst, wenn die Wahrheit einen Augenblick lang in deinem eigenen irregeführten Geist aufsteigt und deine ganze Welt zu wanken scheint und sich anschickt zu zerfallen. Jetzt bist du krank, damit die Wahrheit weggehen möge und deine Einrichtungen nicht länger bedrohe.

Wie, glaubst du, daß Krankheit es vermöchte, dich von der Wahrheit abzuschirmen? Weil sie beweist, daß der Körper nicht von dir getrennt ist, also mußt du von der Wahrheit getrennt sein. Du leidest Schmerz, weil dein Körper das tut, und in diesem Schmerz wirst du eins mit ihm gemacht. So wird deine „wahre“ Identität bewahrt, und der sonderbare, quälende Gedanke, du könntest etwas jenseits dieses kleinen Häufchens Staubes sein, wird zum Schweigen gebracht und beschwichtigt. Denn sieh, dieser Staub kann dich leiden machen, deine Glieder verrenken und dein Herz anhalten, kann dir befehlen, daß du stirbst und aufhörst zu sein.

So ist der Körper stärker als die Wahrheit, die darum bittet, daß du lebest, aber deine Wahl, zu sterben, nicht überwinden kann. Und somit ist der Körper mächtiger als das immerwährende Leben, der Himmel fragiler als die Hölle, und dem Vorhaben Gottes zur Erlösung seines Sohnes widersetzt eine Entscheidung sich, die stärker als sein Wille ist. Sein Sohn ist Staub, der Vater unvollständig, und das Chaos sitzt triumphierend auf seinem Thron.

Solcherart ist deine Planung zu deiner eigenen Verteidigung. Und du glaubst, der Himmel erzittere vor solch verrückten Angriffen wie diesen und Gott werde geblendet von deinen Illusionen, die Wahrheit zu Lügen verdreht und das ganze Universum zum Sklaven gemacht von Gesetzen, die deine Abwehrmechanismen ihm auferlegen. Wer aber glaubt an Illusionen außer dem, der sie ersonnen hat? Wer sonst kann sie sehen und auf sie reagieren, als seien sie die Wahrheit?

Gott kennt nicht deine Pläne, seinen Willen zu verändern. Das Universum schenkt den Gesetzen weiterhin keine Beachtung, durch welche du es zu beherrschen dachtest.

(Aus „Ein Kurs in Wundern“)

Angstmedizin

Ängste spielen beim Thema Gesundheit eine viel größere Rolle, als uns bewußt ist. Ängste allein können krank machen. Angst schlägt uns auf den Magen, und wenn wir das nicht lösen, haben wir irgendwann das schönste Magengeschwür.

Viel schlimmer aber ist, daß heute fast unser ganzer medizinisch-industrieller-Komplex von Angst lebt: Nur ein Patient mit der Angst, krank zu werden, läßt sich freiwillig alle möglichen Behandlungen andrehen. Daß viele Behandlungen keineswegs heilen, sondern mehr Nebenwirkungen als Hauptwirkungen haben, ist den wachen Lesern sicher schon klar geworden. Daß wir aus Sorge oftmals gerade die Krankheiten heranziehen, vor denen wir Angst haben, weil wir mit unseren Gedanken Wirklichkeit schaffen, das muß auch noch einmal mit aller Deutlichkeit gesagt werden: Wenn Sie ständig darüber nachdenken, woran man alles erkranken könnte, manifestieren Sie irgendwann mindestens eine dieser Krankheiten. Kontrollieren Sie ständig Ihre Blutwerte, Cholesterin und was man sonst noch so alles machen kann? Glauben Sie auch, daß ein Mann ab 35 einmal im Jahr zur Prostata-Vorsorgeuntersuchung gehen sollte? Und eine Frau ab 35 regelmäßig zur Brustkrebsvorsorgeuntersuchung? Machen Sie HIV-Tests, wenn Sie jemand kennengelernt haben, mit dem Sie auch intim verkehren? Obwohl es bis heute keinen Existenzbeweis dieses Virus gibt?

Es ist sicherlich nicht falsch, auf seine Gesundheit zu achten, aber hier wird ja eher auf Krankheit geachtet, und das wirkt sich aus. Die Ärzte machen das nicht aus Bosheit – zumindest überwiegend. Sie denken, sie tun etwas Gutes, wenn sie ihre Kunden – sorry, Patienten - regelmäßig untersuchen.

Wir können das System verdammen, in dem jedes Jahr 500 Milliarden Euro Umsatz mit Krankheiten gemacht wird, können dieses System aber kaum ändern. Wir können aber die Patienten betrachten und damit bei uns selber anfangen: Wenn

Sie zum Arzt gehen und ihm sagen, daß Sie sich Sorgen um dieses oder jenes machen, von dem sie in irgendeiner Zeitschrift gelesen haben, wird der Arzt sie natürlich daraufhin untersuchen. Und wenn er den Eindruck hat, daß er Ihre Sorgen nicht beruhigen konnte, schickt er Sie vielleicht zum Spezialisten. Der hat vielleicht einen Apparat, mit dem man die Untersuchung XY machen kann, der knapp eine Millionen Euro gekostet hat. Und natürlich muß er.... Viele Geräte müssen amortisiert werden. D.h. wer ein Gerät z.B. zur Ultraschalluntersuchung angeschafft hat, wird es natürlich auch einsetzen, wo immer es möglich ist, damit es sich rentiert.

Dieses System lebt davon, daß die Menschen sich den ganzen Tag Sorgen machen. Und in unserer Welt der Informationsflut gibt es auch massenhaft Informationen über Krankheiten. Und wenn man sieht, was einem alles zustoßen könnte, dann kann man es wirklich mit der Angst bekommen. Und dieses System ist ja so raffiniert, daß das alles scheinbar gerecht verteilt über die Krankenkassen finanziert wird, so daß derjenige, der besonders teure Behandlungen benötigt, von der „Solidargemeinschaft" mitgetragen wird, also nicht mehr bezahlen muß als jemand, der fast nie krank wird. (Gerade solche, die gesundheitsbewußt leben, müssen jedoch oft noch Naturheilmittel selber bezahlen, weil sie vielleicht von den Krankenkassen nicht anerkannt werden.) Und wenn es etwas „umsonst" gibt, bzw. das volle Programm im Preis enthalten ist, nimmt man es natürlich auch gerne wahr.

Hätten wir eine Reparaturkasse für unser Auto, für die wir regelmäßig einen Beitrag zahlen, würden wir es wahrscheinlich auch ausnutzen, ständig wegen der kleinsten Kleinigkeit zur Werkstatt zu fahren, und es würden regelmäßige Untersuchungen angeboten, die ja von der Kasse bezahlt werden, und bald würde sich eine Struktur bilden, bei der ständig Berichte von neuen Gefahren für das Auto auftauchten. Und wenn es Berichte gäbe, daß bei einem von zehntausend Autos sich eine Gummidichtung am Vergaser löst und damit den Treibstoffverbrauch in die Höhe treibt, würden bald Millionen Autofahrer auf Kosten der Kasse zur Werkstatt pilgern, um eine Vergasergummidichtungsvorsorgeuntersuchung machen zu lassen.

Wir haben am Beispiel der Placebos gesehen, daß Krankheiten nur durch den reinen Glauben an die effektive Behandlung geheilt werden können. Genauso können Krankheiten aber auch durch den reinen Glauben daran entstehen. Es kann nicht oft genug gesagt werden: Wir sind schöpferische Wesen. Wir haben von unserem Schöpfer die Macht bekommen, selber schöpferisch tätig zu werden. Unsere Gedanken wirken sich nicht sofort aus – Gottseidank – aber sie wirken sich aus. Regelmäßig zur Vorsorgeuntersuchung gegen Krebs zu gehen, ist fast so gut wie Magie, mit einem regelmäßigen Ritual etwas heraufzubeschwören.

Wenn Sie also Angst vor Krankheit haben, gucken Sie genau hin: Wieviel Anlaß dafür gibt es konkret? Wenn Sie stark übergewichtig sind, okay, sollten Sie vielleicht etwas tun. Wenn Sie beginnende Schmerzen haben, sollten Sie die Hinweise ernst nehmen. Doch wenn Sie im Großen und Ganzen gesund sind, Sie an Ihren seelischen Problemen arbeiten und sich einigermaßen vernünftig ernähren, Ihren Körper ab und zu etwas bewegen, dann sollten Sie sich gar nicht damit befassen, was Ihnen alles anheimfallen könnte.

Unsere Medizin ist überwiegend darauf aufgebaut, daß man irgendwelche Erreger annimmt, die von irgendwoher kommen und unsere Gesundheit schädigen können. Diese Erreger werden bekämpft, obwohl man die ganze Sache auch anders sehen könnte, nämlich so, daß diese Erreger vielleicht gerade dann auftauchen, wenn bei einem Menschen etwas nicht in Ordnung ist und er einen Hinweis braucht oder aber diese Mikroben sogar dazu da sind, etwas wieder zu reparieren.

Die gesamte Neue Medizin nach Dr. Hamer geht davon aus, daß viele der uns bekannten Krankheiten reine Heilungsphasen sind. Daß Bakterien und Viren, die die Schulmedizin als Verursacher ansieht, in Wirklichkeit helfen, Gewebe wieder auf- oder abzubauen.

Achten Sie auf genügend Bewegung: Das Lymphsystem arbeitet nicht von alleine wie der Blutkreislauf. Nur durch die Bewegung des Gewebes werden Gifte über das Lymphsystem ausgeleitet. Also ist Bewegung wichtig. Und wenn Sie zu faul sind, wenigstens ein kleines bißchen Sport zu treiben oder wenigstens zum Einkaufen mit dem Rad zu fahren, dann kommt Ihnen ein Trampolin im wahrsten Sinne des Wortes auf halbem Weg entgegen, wenn Sie ihren Körper bewegen wollen.

Betrachten Sie Ihren Seelenzustand, denn irgendwann schlagen sich dauerhafte Probleme im Körper nieder. Angst, Ärger, Kummer, Haß, negative Gefühle, Streß... all das kann Sie langfristig krank machen. Also suchen Sie nach den Ursachen Ihrer seelischen Probleme, und gönnen Sie sich vor allem Phasen der Entspannung, wenn sich bestimmte äußere Umstände, wie Streß auf der Arbeit oder so etwas, nicht problemlos abstellen lassen. Denken Sie auch, daß das Leben Veränderung bedeutet. Wenn Sie sich nicht ändern, werden Sie verändert. Wenn Sie eine Arbeit haben, die Ihnen zwar gar nicht liegt, wo Kollegen Sie mobben und der Chef ständig Streß macht, Sie aber meinen, aus Angst vor Arbeitslosigkeit diesen Job behalten zu müssen, kann es sein, daß Ihnen das Leben dann irgendwann eine Veränderung aufzwingt. Und wenn Sie hartnäckig an Umständen festhalten, die Ihnen nicht guttun, wird irgendwann eine Krankheit eine Veränderung einfordern.

Wenn Sie aber auf dem besten Wege sind, sich selber positiv zu verändern – und die Lektüre dieses Buches legt nahe, daß Sie an sich arbeiten – warum sollte Ihnen dann eine Krankheit etwas aufzwingen, was Sie vielleicht selber in absehbarer Zeit in Angriff nehmen?

Vielleicht gibt es Dinge, die Sie hartnäckig vor sich herschieben. Manchmal erkennen Sie es selber nicht. Dann achten

Sie mal darauf, was andere Ihnen sagen. Wenn Sie Hinweise konsequent ignorieren, auch wenn Sie immer wieder kommen, denken Sie wenigstens darüber nach. Oder bitten Sie darum, daß Sie Hinweise darauf bekommen, was Sie in Ihrem Leben ändern sollten.

Bedenken Sie, daß es die unterschiedlichsten Entwicklungsstufen auf diesem Planeten gibt. Die überwiegende Mehrheit befaßt sich nicht mit dem, mit dem Sie sich befassen. Die überwiegende Mehrheit läuft Gefahr, durch Krankheit und Leiden zu Veränderungen gezwungen zu werden. Es gibt viele Menschen, die aufgrund ihrer negativen Gedanken krank werden.

Inwieweit Sie ein Aspirant für die eine oder andere Krankheit sind, kann ich nicht beurteilen. Aber betrachten Sie sich einmal selber; wo stehen Sie in der Entwicklung? Wieviel Negativität und Aggressivität ist noch in Ihnen? Wie gehen Sie damit um? Gönnen Sie sich selber ab und zu Gutes, oder meinen Sie, Sie müßten sich alles verkneifen, egal, ob aus religiösen Gründen oder weil Sie meinen, spirituelle Menschen müßten sich schöne Dinge verkneifen? Schauen Sie nach, woher Ihre Glaubenssätze kommen. Und nehmen Sie Hinweise von anderen ernst. Gehen Sie ruhig zu jemandem, der anbietet, Menschen zu behandeln. (Nein, nicht die mit dem weißen Kittel und dem Rezeptblock.) Die Richtung ist nicht unbedingt wichtig.

Wenn Sie die Entscheidung treffen, Hilfe in Anspruch zu nehmen, Dinge herauszufinden, die Sie selber nicht wahrnehmen (oder wahrhaben) wollen oder können, dann wird das Universum Sie dahin leiten, wo Sie Hinweise bekommen. Ein Außenstehender kann manchmal Dinge sehr viel leichter erkennen als Sie selber. (Weiß ich auch aus eigener Erfahrung.)

Aber lassen Sie sich nicht einfach irgend etwas andrehen. Die Esoterikszene ist voll mit Angeboten von Leuten, die in dieser Ecke das große Geschäft wittern und unsichere Leute ausnehmen. Sie können sich tausend informierte Chipkarten, Amulette, Kristalle oder Essenzen kaufen, an hundert Seminaren, Vorträgen und Kongressen teilnehmen und doch nur das gleiche machen, als wenn Sie zum Arzt mit dem Rezeptblock gehen.

Sie müssen vielleicht die eine oder andere Erfahrung machen, um nicht mehr auf Dinge hereinzufallen, die Ihnen nicht wirklich etwas nützen. Sicher, viele Dinge auf dem Esoteriksektor kann man nicht nachprüfen. Ob Kupferarmbänder oder Tachyonensocken Ihnen helfen, weiß ich nicht. Wenn Sie es nicht spüren, lassen Sie sich nicht alles andrehen. Achten Sie auf Ihr Gefühl. Wenn Ihr erster Impuls ist, nein, das ist Abzokke, dann nehmen Sie es ernst. Wenn Ihr Impuls ist, das ist in Ordnung, dann nehmen Sie ein Angebot wahr. Manches ist gar nicht so teuer, wie Sie denken, und oftmals sind gerade die Dinge, die wirklich gut sind, billiger als irgendwelche maßlos überteuerten Modeprodukte. Aber ein bißchen was darf Ihnen Ihr Fortschritt durchaus auch wert sein.

Bitten Sie um Hilfe. Achten Sie auf Hinweise. Sammeln Sie Erfahrung. Es braucht seine Zeit, eine gewisse Sicherheit und ein Gespür für das Richtige zu entwickeln. Im Grunde ist es einfach. Achten Sie auf den ersten Impuls. Wenn Sie anfangen, darüber nachzugrübeln, ist es schon zu spät.

Und Sie müssen sich auch nicht vorschreiben lassen, wie Sie leben müssen; es gibt tausend Richtungen, wie man sich gesund ernähren sollte, was man tun oder nicht tun sollte. Es ist überall was dran, aber man kann natürlich nicht alles befolgen und muß sein Leben auch nicht zur Qual machen, weil man irgendwelchen Anweisungen folgt, die andere Menschen als gesund (für sich) erkannt haben. Das Leben sollte auch Spaß machen, auch das Essen. Vieles, was uns Spaß macht, ist zwar schon manipuliert, da unsere Geschmacksnerven immer wieder betrogen werden und wir schon meistens süchtig nach Zucker und anderen Substanzen sind: Dennoch sollten wir die Freude am Leben wichtiger nehmen als Vorschriften, etwas „richtig“ zu machen.

Stellen Sie sich mit Ihrem Körperelementarwesen gut. Ja, auch hinter Ihrem Körper steht ein Naturgeist, wie hinter jeder Pflanze und allem, was lebt. Es braucht Nahrung, die der Körper verwerten kann, genauso wie Ihre Lebensfreude, die ebenso Energie bedeutet wie die Energie, die in der Nahrung steckt – und das hat wenig mit Kalorien, Cholesterin oder Vitaminen zu tun, sondern viel mehr mit dem Licht, das in der Nahrung enthalten ist. Davon ist in heutiger Industrienahrung nicht mehr viel enthalten. Im eigenen Garten Gewachsenes enthält sicher mehr davon, läßt sich aber nicht immer realisieren. Ihr Körper verzeiht viel mehr, als wir denken, und dafür sollten wir ihm auch mal danken. Stellen Sie sich Ihr Körperelementarwesen vor. Es hat Freude, wenn Sie Freude haben. Und wenn Sie Freude haben, ab und zu etwas zu essen, das eigentlich gar nicht „soo“ gesund ist, dann denken Sie nicht lange darüber nach. Wichtig ist die Ausgewogenheit, die Abwechslung, die Lebensenergie.

Ich kann in einem Buch nicht aufdecken, was für Sie persönlich das Beste ist. Ich bin kein Guru, ich habe keine Anhänger, (ich habe nicht mal eine Anhängerkupplung). Sie wissen in Ihrem Inneren selber, was anliegt. Sie müssen nur lernen, sich zu vertrauen. Deswegen sind Sie hier. Sie machen gute und nicht so gute Erfahrungen. Aber alle sind „gut“ in der Hinsicht, daß Sie Erfahrungen sammeln. Ein Buch wie dieses kann Ihnen nur immer wieder Beispiele dafür geben, daß das Leben dazu da ist, Erfahrungen mit Ihrer Schöpferkraft zu sammeln. Das Wichtigste ist dabei, Ihre Ängste vor dem, was Ihnen zustoßen könnte, zu erkennen und umzuwandeln. Wenn Sie Vertrauen in ein sinnvoll geordnetes Leben finden, verschwinden die Ängste ganz von selbst.

Besonders aktive Kinder

Viele Eltern fühlen sich heute von Kindern überfordert, die sich nichts mehr sagen lassen, ständig unruhig und wenig konzentriert sind. Da kommen Begriffe wie Hyperaktivität und Aufmerksamkeits-Defizit-Syndrom gerade recht als Bestätigung dafür, daß das Kind nicht „normal" ist und einer Behandlung bedarf. Zum Glück für diese Eltern gibt es pharmazeutische Produkte, die versprechen, all diese Probleme zu beheben, wie Ritalin oder Prozac. Dadurch, daß Wissenschaftler Erscheinungen menschlicher Vielfalt Fachbezeichnungen geben, ist schon vielfach die Lösung von Problemen erfolgreich verhindert worden. Das ist so bei AIDS und Krebs, einfache Begriffe für sehr komplexe und immer wieder unterschiedliche Krankheiten. Einige Leute sagen, der Krebs des Einen habe mit dem Krebs des Anderen nicht das Geringste zu tun. Und auch AIDS besteht bei uns aus 27 verschiedenen Krankheitssymptomen, die man durch den Sammelbegriff nun leicht einordnen zu können meint, obwohl doch jeder Einzelfall nach seinen vielfältigen Ursachen untersucht werden müßte.

Daß Kinder in der Schule unaufmerksam sind, hat es immer gegeben. Der Begriff Aufmerksamkeits-Defizit-Syndrom (ADS) macht diesen ganz üblichen Umstand nun zu einer Krankheit, der man meint, mit der chemischen Keule beikommen zu können. Die Frage ist jedoch, ob die Ursachen damit wirklich richtig erkannt sind und adäquat behandelt werden können.

Die Kinder, von denen wir hier sprechen, haben oftmals ganz besondere Eigenschaften und Fähigkeiten, auf die in unserem Schulsystem überhaupt nicht eingegangen wird. Tatsächlich kommen heute Kinder auf die Welt, die anders denken und anders wahrnehmen als wir. Der Begriff Indigo-Kinder geistert ebenso in den Köpfen rum wie der Begriff Hyperaktivität. Indigo ist die Farbe der Aura, die hellsichtige Leute bei solchen Kindern wahrnehmen können. Ob dieser Begriff nicht auch wieder ein vielfältiges Phänomen vereinheitlicht, sei dahingestellt, ich will ihn gar nicht weiter verwenden.

Es gibt inzwischen viele Bücher, die sich mit diesem Phänomen befassen, unter anderem „Kinder des neuen Jahrtausends" von Jan Udo Holey. In aller Welt fallen immer mehr Kinder durch besondere Fähigkeiten auf. Einige können hellsehen, andere unterhalten sich mit Elfen und Naturgeistern, wieder andere können Gedanken wahrnehmen, andere erinnern sich nachprüfbar an frühere Inkarnationen und an das „dazwischen".

Es wäre ein Fehler, dieses alles nun in eine Schublade zu stecken. Viele dieser Kinder haben eine besondere Kreativität, andere denken schneller, als wir es uns vorstellen können. Das Schulsystem fördert diese Talente nicht und geht auf veränderte Denkweisen nicht ein. So kommt es, daß die Kinder unaufmerksam werden, da das, was der Lehrer vorträgt, für sie langweilig ist und nicht ihren Fähigkeiten entspricht. Sie wissen nicht, wohin mit ihrer Energie, und schaffen es kaum, im Unterricht still zu sitzen.

Daß sie dann mit immer derberen Methoden versuchen, darauf aufmerksam zu machen, daß sie nicht ausgelastet sind, läßt sie für den oberflächlichen Beobachter als Störenfriede erscheinen. Wenn der Schulpsychologe dann noch so etwas wie ADS oder Hyperaktivität diagnostiziert, meint man, nun eine einleuchtende Erkenntnis zu haben und das Kind entsprechend behandeln zu müssen.

In Amerika bekommt schon jedes fünfte Kind regelmäßig Psychopharmaka. Das, was die Eltern in ihrem Leben machen, nämlich meinen, ihren Depressionen mit Valium beizukommen und ihre Wachphasen mit Schlafmitteln abends und „Hallo Wach" morgens der Arbeitswelt anzupassen, übertragen sie nun auf ihre Kinder. Da das meiste, was in Amerika „in" ist, etwas später auch bei uns ankommt, werden auch in Deutschland immer mehr Psychopharmaka für Kinder verschrieben.

Diese Mittel sollen die Kinder von ihren Gefühlen trennen. Einige Menschen glauben, daß Gefühle an allen Problemen in der Welt Schuld seien und daher kontrolliert werden müßten. Dabei ist das Gegenteil der Fall: Wir haben in uns eine geistige Verbindung mit dem gesamten Universum, eine leise Stimme, die uns sagt, ob etwas richtig oder falsch ist, das sogenannte Gewissen. Es ist ein Gefühl, das uns sagt, daß es nicht in Ordnung ist, wenn andere Wesen leiden und Schmerzen empfinden. Es ist das Mitgefühl, das bei den meisten Menschen verhindert, daß sie so ohne weiteres jemanden töten können. Selbst Soldaten und Polizisten müssen speziell darauf trainiert werden, im Ernstfall einen „finalen Todesschuß" zu geben, um anderen das Leben zu retten. Wer nicht darauf trainiert ist, schafft es oftmals nicht mal in Kriegssituationen zu töten.

Nun kann man natürlich üben, gut zu schießen, aber Menschen haben normalerweise eine Hemmschwelle, die bei Soldaten und Scharfschützen „wegtrainiert" werden muß. Ganz nebenbei die Anmerkung, daß Computerspiele heute sehr realistisch sind und viele Spiele gerade das „Abknallen" von „Bösewichtern" zum Ziel haben und somit die Kinder schon ein Training absolvieren, das den Simulationen ähnelt, die Soldaten und Polizisten zum Überwinden der natürlichen Tötungs-Hemmung anwenden.

Auch für Erwachsene kann es der Beginn der Entmündigung sein, sich in die Hände von Psychiatern zu begeben, die behaupten, Depressionen mit chemischen Giften und Elektroschocks – die auch heute noch angewendet werden – heilen zu können, ohne jemals den Beweis erbracht zu haben.

Wir leben in Zeiten, in denen vermehrt Kinder auf die Welt kommen und aufwachsen, die andere Fähigkeiten und Eigenschaften haben als frühere Generationen. Diese Fähigkeiten sind sozusagen ein „Geschenk des Himmels". Das bedeutet aber auch, daß viele Kinder spüren, ob die Erwachsenen oder die Lehrer etwas vermitteln, was wahr ist, oder eine Lüge. Sie könnten uns Auskunft geben über die geistige Welt, da sie sie wahrnehmen können. Sie könnten uns über Engel und Dämonen und das Leben nach dem Tod informieren. Aber nur wenige Erwachsene nehmen das ernst und hören zu. Die meisten unterdrücken diese ungewöhnlichen Talente und fordern die Kinder auf, still zu sein und nicht zu stören.

Da werden also besondere Fähigkeiten als „Fehlfunktionen" des Kindes diagnostiziert und auf chemische Weise das Kind von seinen geistigen Fähigkeiten getrennt.

Schon Impfungen sagt man nach, daß sie die geistigen Fähigkeiten von Kindern unterdrücken. Daß die meisten Eltern ihren Kindern, die Engel oder Monster wahrnehmen, sagen, daß das alles nur Einbildung sei, führt natürlich auch dazu, daß die Wahrnehmung verloren geht. Meistens ist der Eintritt in die Schule der entscheidende Schnitt, der die geistigen Verbindungen zum Verschwinden bringt.

Wenn Kinder dann noch anders denken und in schneller Techno-Musik adäquate Anreize finden, ist das für uns natürlich befremdlich. Ich meine nach wie vor, daß in einer klassischen Symphonie wesentlich mehr geistige Anreize sind als in jedem Techno-Stück, auch wenn es 180 Beats per Minute haben mag. Aber wenn die Kinder das anders wahrnehmen, können wir allenfalls anregen, sich auch mal Klassik „reinzuziehen". Allerdings ist auch verständlich, daß die Kinder kaum noch etwas von den Erwachsenen annehmen, wenn sie ständig erleben, wie diese mit ihrer Umwelt umgehen, wie gelogen und betrogen wird und jeder nur auf seinen eigenen Vorteil bedacht ist.

Also, mit dem Griff zur Ritalin Packung machen wir es uns zu leicht. Wir zerstören etwas in den Kindern, das sie zu Menschen macht. Wir sollten lieber hören, was sie uns zu sagen haben, auch wenn es unserem Weltbild den einen oder anderen Dämpfer verpassen mag.

Bei fast sämtlichen Amokschützen der letzten Jahre wurde bekannt, daß die Täter Psychopharmaka bekommen haben.

Am 28. April 1992 setzte Kenneth Seguin seine beiden 5- und 7-jährigen Kinder unter Drogen, fuhr sie zu einem Teich, schnitt ihre Pulschlagadern auf und warf sie ins Wasser. Anschließend erschlug er zu Hause seine schlafende Frau mit einer Axt. Er stand unter Psychodrogen.

Im November 1992 erschoß Lynnwood Drain in Kalifornien sechs Menschen, bevor er sich selbst das Leben nahm. Bei der Obduktion wurden die Psychopharmaka Fluctin und Valium gefunden.

Im Dez. 1993 erschoß Steven Leigh aus Chelasea, Michigan, seinen Schuldirektor und verletzte zwei andere Personen. Er stand unter Prozac.

1995 erstach der 16-jährige Brian Pruitt seine Großeltern. Ihm waren zuvor psychiatrische Drogen verschrieben worden.

Am 3. November 1995 versuchte der Polizist Steven B. Christian, eine Polizeistation mit der Waffe zu stürmen. Er verwundete einen Beamten und wurde erschossen. Man fand einen hohen Gehalt Antidepressiva in seinem Blut.

Am 19. Februar 1996 schnappte sich der 10-jährige Timmy Becton seine drei Jahre alte Nichte als Deckung und richtete ein Gewehr auf einen Sheriff. Er war einen Monat zuvor von einem Psychiater unter Psychodrogen gesetzt worden.

Am 25. Mai 1997 vergewaltigte und ermordete der 18-jährige Jeremy Strohmeyer ein 7-jähriges Mädchen in seinem Urlaub in Las Vegas. Er hatte das „Aufmerksamkeits-Defizit-Syndrom“ und hatte eine Woche zuvor begonnen, Psychopharmaka zu nehmen.

Am 27. September 1997 vergewaltigte und erdrosselte der 16-jährige Sam Manzine einen anderen Jungen. Er war in psychiatrischer Behandlung.

Am 6. März 1998 erschoß Methew Beck, Buchhalter aus Conneticut, vier seiner Vorgesetzten, bevor er sich selber tötete. Er stand unter dem Einfluß dreier verschiedener Psycho-Drogen.

Am 21. Mai 1998 erschoß der 14-jährige Kip Kinkel seine Eltern. Anschließend lief er in seine Schule in Springfield, Oregon, tötete zwei Menschen und verletzte weitere 22. Er stand unter Prozac und Ritalin.

Am 28. Mai 1998 ermordete Brynn Hartmann ihren Mann und beging anschließend Selbstmord. Sie hatte das Antidepressivum „Zoloft" verschrieben bekommen.

Am 20. April 1999 eröffnete Eric Harris, Anführer des Massakers an der Columbine Highschool in Littleton, das Feuer auf seine Mitschüler, wobei er 13 Schüler tötete. Er beging anschließend Selbstmord. Er nahm die Psychodroge „Luvoc".

Am 4. Mai. 1999 lenkte Steve Allen Abrams seinen Wagen auf einen Kinderspielplatz und tötete dabei zwei Menschen und verletzte fünf weitere schwer. Er stand unter der Psychodroge „Lithium".

Am 10. August 1999 war Buford Furrow aus Kalifornien durch Gerichtsbeschluß auferlegt worden, die verordneten antipsychiotischen Medikamente weiterhin zu nehmen. Eine Woche nach dieser Anordnung eröffnete er das Feuer auf Kinder des jüdischen Gemeindezentrums in Los Angeles.

Am 25. August 1999 tötete der 15-jährige Matthew Hardrick seine Eltern. Die Zeitungen schrieben, daß er unter Psychodrogen stand.

Der 42-jährige Michael McDermott, der am 26.12.00 ein Massaker in einer Internetfirma im US-Bundesstaat Massachusetts anrichtete und sieben Leute umbrachte, soll laut CNN in psychiatrischer Behandlung gewesen sein und Psychopharmaka bekommen haben. Er zeigte keinerlei Regung, als er dem Richter vorgestellt wurde.

Das sind nur ein paar Beispiele, die aufzeigen, daß Psychopharmaka für Kinder keineswegs harmlos sind. Man müßte sich viel mehr um die seelischen Belange der Kinder kümmern.

Eine DPA Meldung vom 26.6. 2002 gibt einen Hinweis darauf, daß Vitamine gegen unsoziales Verhalten helfen könnten: In der Jugendstrafanstalt Aylesbury machte man Versuche mit 230 Häftlingen, von denen einen Gruppe Vitamine und andere Nahrungsergänzungsstoffe bekam und die anderen nur Placebos bekamen. Die Straftaten bei den Vitaminprobanden gingen um 25 Prozent zurück, die Gewalttaten sogar um 40 Prozent.

Wann kapiert die Öffentlichkeit endlich, daß man mit chemischen Substanzen schwerwiegende Eingriffe in die Psyche auslösen kann und daß diese offenbar zum Verlust oder gelegentlichen Aussetzen normaler menschlicher Empfindungen führen können.

Zu der Thematik gehört leider auch, daß es immer wieder vorkommt, daß Menschen aus gutem Glauben, daß dort ihre seelischen Probleme gelöst werden können, in die Psychiatrie gehen und dort innerhalb kurzer Zeit zu seelischen Wracks gemacht werden, oder Menschen aus geringfügigen Anlässen eingewiesen werden und sogar schließlich entmündigt werden, wenn sie durch verabreichte Psychopharmaka sehr schnell den Eindruck einer verwirrten Person machen. Eine notariell beglaubigte Willenserklärung, nicht mit Psychopharmaka zwangsbehandelt werden zu wollen, kann jedem nur empfohlen werden, da es sehr schwierig ist, aus den Mühlen der Psychiatrie wieder herauszukommen, wenn man einmal hineingeraten ist. Und das geschieht sehr viel öfter, als man glauben würde.

Giftige Streifen am Himmel

Unglaublich aber wahr: Unter strenger Geheimhaltung werden seit etlichen Jahren von Flugzeugen chemische Substanzen wie Barium und Aluminiumstaub in die Atmosphäre gesprüht, die der globalen Erwärmung entgegenwirken sollen, aber ungeahnte gesundheitliche Folgen für die gesamte Menschheit haben werden.

Schon seit einiger Zeit geistert das Wort „Chemtrails" durchs Internet, was so viel bedeutet wie chemische Substanzen in den Kondensstreifen von Flugzeugen. Aber es sind nicht normale Kondensstreifen, und sie unterscheiden sich auch eindeutig von ihnen. Anders als diese lösen sie sich nicht rasch auf, sondern bleiben lange Zeit sichtbar. Zudem sieht es oftmals nach einer gezielten Besprühung bestimmter Gebiete aus, da teilweise die Muster kreuz und quer verlaufen und bei besonderen Witterungen auftreten, ohne daß es eine meteorologische Erklärung dafür gäbe.

Lange Zeit konnten Beobachter solcher Phänomene nur spekulieren, was das zu bedeuten hat. Besonders in den USA gibt es zahlreiche Internetforen, die versuchen, die Thematik zu dokumentieren und Erklärungen zu finden. Für die Meisten blieb es eine unbewiesene Verschwörungstheorie.

Zunächst wurde bei offiziellen Anfragen schlichtweg geleugnet, daß es solche Sprühaktionen gäbe. Als jedoch immer mehr Menschen darauf aufmerksam wurden, wurde behauptet, daß es zu einem „Project Shield" gehöre, das dazu diene, der Klimaerwärmung entgegenzuwirken. Auf einer chemtrailkritischen Internetseite (holmestead.ca) meldete sich ein wissenschaftlicher Mitarbeiter zu Wort, der zugab, an dem Projekt in Kanada beteiligt zu sein, und sich bereit erklärte, Fragen zu Chemtrails zu beantworten. Offenbar ist er selber davon überzeugt, daß das Shield-Project eine gute Sache sei, aber die Bevölkerung davon in Kenntnis gesetzt werden sollte. Nach seinen Aussagen sollen Chemtrails der globalen Erwärmung entgegenwirken. Die Verantwortlichen gingen davon aus, daß der Treibhauseffekt der Erde in den nächsten Jahren und Jahrzehnten enorme Probleme bereiten werde und sogar ein großer Teil der Menschheit innerhalb absehbarer Zeit Opfer der Folgen des Klimawandels werden wird. Alle Methoden des Umweltschutzes scheinen ihnen unzulänglich.

Man darf diese Erklärung aber nicht einfach glauben. Es ist wie bei allen Dingen, die geheimgehalten werden: Zunächst wird schlichtweg geleugnet, daß an einer Sache etwas dran ist, und wenn es sich nicht mehr verheimlichen läßt, wird eine Lüge aufgetischt, die das Ganze als positive und notwendige Bestrebung darstellt. Diesen Teil der Erklärung sollte man also nicht glauben, zumindest gibt es aber jetzt das Eingeständnis, daß dieses Projekt real ist.

Im Jahre 1991 gab es eine Patentanmeldung eines Forscherteams, das eine Verlangsamung der globalen Erwärmung versprach, wenn weltweit die Atmosphäre mit bestimmten Substanzen besprüht würde, die u.a. die UV-Strahlung reflektiere. Das sogenannte „Welsbach Patent" wurde von der Hughes Aerospace in Los Angeles den beiden chinesischstämmigen Forschern I-Fu Shih und David Chang abgekauft und angemeldet. Zeitgleich erschien eine Studie zur Erderwärmung, für die das Patent die optimale Lösung darzustellen schien. Ob es einen Zusammenhang zwischen der Studie und der Patenterteilung gibt, kann man nur vermuten, obwohl es auch Hinweise darauf gibt. Des weiteren erhebt sich die Frage, ob die Klimaveränderung eigentlich real ist oder auch nur eine Angstmache, die bestimmte Ziele hat. Denn auch über Treibhauseffekt und Ozonloch streiten sich die Experten. Vielleicht werden ganz andere Ziele verfolgt, über die man nur spekulieren kann.

Die nach dem Patent zu versprühenden Substanzen enthalten Bariumsalz, das in den höheren Schichten der Atmosphäre oxidiert und zu Bariumoxid wird und die Eigenschaft hat, Kohlendioxid zu binden (Kohlendioxid wird als Hauptfaktor des Klimawandels angesehen), und Aluminiumstaub, der die UV-Strahlung abhalten soll und zugleich zusammen mit dem Barium ein elektrisches Feld erzeugen kann, das mit ELF (extremely low frequency)-Wellen bestrahlt zu elektrostatischen Entladungen führen soll, wodurch Ozon erzeugt werden kann.

Dies alles klingt viel zu unglaubwürdig, als daß man sich vorstellen könnte, daß intelligente Menschen tatsächlich entscheiden könnten, solch ein Projekt weltweit durchzuführen. Jedoch zeigen außergewöhnliche Wetterphänomene in den letzten Jahren, daß diese Methode offenbar angewendet wird: Nicht nur äußerst ungewöhnliche Trockenperioden fielen in den vergangenen Jahren vermehrt auf, es gibt offenbar auch strategische Einsätze; Während des Kosovo-Krieges 1999 herrschte über ganz Europa weitgehend klares Wetter, während ausgerechnet über Serbien eine hartnäckige Wolkendecke zu hängen schien. Auch hatte Nordkorea während der letzten Jahre mehrfach Dürreperioden, während keines der Nachbarländer von diesen katastrophalen Witterungen betroffen war. Das sind zwei der Beispiele, die der Schweizer Autor Gabriel Stetter in einem Artikel im Januar Heft der Raum&Zeit beschrieb.

Das Welsbach-Patent wird offenbar seit einigen Jahren angewendet, und zwar nicht nur in den USA, sondern weltweit. Die Chemtrail-Substanzen werden Flugzeugen mitgegeben, die es in hohen Atmosphäreschichten versprühen. Militärische Flugzeuge – die u.a. in Deutschland ohne irgendein Mitspracherecht der Deutschen weitgehend unkontrolliert fliegen können – scheinen gezielt ganze Gebiete flächendeckend zu besprühen und dabei verräterische Zickzackmuster über den Himmel zu ziehen, die jedermann beobachten kann. Aber auch zivile Flugmaschinen scheinen an dem weltweiten Projekt beteiligt zu sein. Eine Unterabteilung der WHO wurde extra für die Durchführung der globalen Sprühvorhaben gegründet.

Chemtrailaktivist Tobias Fritz schreibt dazu: *`Welsbach-Partikel` sind Metall-Oxyde, welche die Hitze, die durch Treibhausgase am Entweichen aus der Erdatmosphäre gehindert werden, in Erdnähe in Infrarotwellen umwandeln. Diese Wellen werden dann in den Weltraum abgeleitet, so daß der gewünschte Kühlungseffekt entsteht. (...) Chemtrail-Kostenanalysen von Livermore ergaben Aufwendungen von etwa 1 Milliarde Dollar pro Jahr weltweit...*

Zum Startschuß dieses weltweit wohl einmalig dreisten, sowie hochriskanten Unternehmens dürfte es gekommen sein, als sich schließlich Dr. Edward Teller, Gründer des besagten Livermore Laboratory, sowie der Welt bekannt als `Vater der Neutronenbombe`, noch ins Zeug legte. Von 1994 bis 1998 betrieb Teller intensives Lobbying für seine Livermore-Schützlinge und deren `Methode der biophysikalischen Reduktion der globalen Erwärmung` und empfahl umfassende Pilotversuche; zuerst über eigenem (US-)Gebiet, dann über denjenigen `befreundeter Staaten`.

Gemäß Journalist William Thomas wurde noch im Mai 2000 das Welsbach-Patent dem IPCC, einem ausgewählten internationalen Panel von beinahe 3000 Wetterforschern erläutert und von einer Mehrheit als erfolgversprechend abgesegnet. Das schwerwiegendste Bedenken, welches vom IPCC vorgebracht wurde, betraf einen farbästhetischen Aspekt, der nach Meinung des IPCC die Geheimhaltung der Klimamanipulation gefährden könnte: das auffällige Ausbleichen des Himmels an den Spray-Folgetagen. Diese deutliche Weißfärbung, insbesondere gegen den Horizont hin, würde vor allem Umweltaktivisten auffallen und somit evtl. das Projekt als Ganzes gefährden. Zur Zeit der IPCC-Konferenz lief - zumal in den USA - der Feldversuch von Hughes Aerospace jedoch schon auf Hochtouren.

Offizielle Stellungnahmen gibt es dazu nicht, obwohl in einer Studie zum Treibhauseffekt die Methoden der Chemtrails als Lösung angepriesen werden. Im Internet ist eine Studie namens „Policy Implications of Greenhouse Warming" einsehbar unter http://books.nap.edu/books/0309043867/html/index.html

Im Internet haben sich inzwischen auch Zeugen aus der zivilen Luftfahrt gemeldet, die berichten, daß sie eines Tages zu einer Sitzung gerufen wurden, in denen ihnen das Projekt „Cloverleaf" vorgestellt wurde, wonach Angestellte von Fluggesellschaften – nach intensiven Sicherheitschecks – von Offiziellen der Regierung darüber informiert wurden, daß die Regierung die Fluggesellschaften dafür bezahlen würde, daß ihre Flugzeuge spezielle Chemikalien versprühen sollten. Kritische Fragen wurden zurückgewiesen. (www.anomalies-unlimited.com/chemtrails/Witness_2.html)

Wird von der Bevölkerung argwöhnisch bei offiziellen Stellen nachgefragt, gibt es diverse Standardantworten, von der naiven Kondensstreifen-Erklärung über unbekannte Phänomene, seltene Wolkenbildungen bis hin zu Geheimhaltung aus Gründen der nationalen Sicherheit.

Es gibt inzwischen zahlreiche Analysen, die von Proben aus Chemtrail-Rückständen gemacht wurden. Dabei wurden neben den bereits genannten Aluminiumverbindungen und Bariumsalzen folgende Substanzen festgestellt:

Äthylendibromide (Dibromethane) – ein im Jahr 1984 von EPA verbotener krebserregender Treibstoffzusatz und Insektizid. Riecht chloroformähnlich.

Pseudomonas aeruginosa – Eine robuste Bakterienart, die in Schmutz vorkommt, jedoch auch für verschiedene Zwecke genetisch hergestellt wird. Ebenso Pseudomonas fluorescens.

Enterobacteriaceae (Darmbakterien) – enthalten E.coli und Salmonellen, Verursacher von Lebensmittelvergiftungen.

Serratia marcescens – ein gefährliches Pathogen, kann Lungenentzündung verursachen.

Streptomyzin – wird für die Herstellung der meisten Antibiotika benutzt.

Ein einschränkendes Enzym, das in Forschungslabors benutzt wird, um DNS zu zerschneiden und zusammenzufügen.

Sowie Bakterien und Schimmelpilze, die Herzerkrankungen, Enzephalitis (Gehirnentzündung), Meningitis (Gehirnhautentzündung) sowie akute Beschwerden der oberen Atemwege und Magen/Darmbeschwerden verursachen können. (http://www.carnicom.com/bio1.htm)

Die gesundheitlichen Folgen sind besorgniserregend. Natürlich läßt sich kaum vorhersehen, was für Auswirkungen die Chemtrails langfristig haben werden, aber die WHO schätzt die Zahl der Todesopfer durch das „Shield-Project" auf jährlich 40 Millionen, also Milliarden Tote für die kommenden Jahrzehnte. Andere Studien vermuten noch deutlich mehr Tote. Dennoch sieht man diese im Verhältnis zu den Opfern durch die globale Erwärmung als geringeres Übel an. Was für eine unglaubliche Impertinenz! Nirgendwo wurde irgendeine Öffentlichkeit gefragt, ob sie diese Maßnahmen für gerechtfertigt hält. Internationale Umweltschutzabkommen werden gebrochen – und Stetter vermutet, daß George Bush das Kyotoer Umweltabkommen deswegen nicht unterzeichnete, weil er möglicherweise in der bereits durchgeführten Besprühung der Erdatmosphäre eine Freikarte für die Verlängerung der Ausbeutung der Erdressourcen ohne Rücksicht auf die Umwelt sah. Er stand also der weiteren Vergiftung der Atmosphäre durch Treibhausgase im Sinne seiner profitgierigen Sponsoren aus der Wirtschaft nicht im Wege.

Die Folgen für die Umwelt sind unabsehbar. Unmittelbare

Folgen von Sprühaktionen bei Menschen sind aber durchaus bekannt: Kopfschmerzen und chronische Müdigkeit kennt sicher jeder aus eigener Erfahrung. Atemnot, Gleichgewichtsstörungen und Verlust des Kurzzeitgedächtnisses, Grippewellen, Bindehautentzündung und Asthmaanfälle kommen als bekannte Symptome hinzu – von den unbekannten ganz zu schweigen. Und ob in Zukunft nicht auch andere Substanzen beigemischt werden können – z.B. um die besorgte Bevölkerung ruhig zu stellen und willenlos zu machen – kann man nur vermuten.

Dies ist ein Phänomen, das von dem größten Teil der Bevölkerung noch unbemerkt abläuft. Aber jeder kann es beobachten, wenn er es weiß: Die Sprühaktionen hinterlassen am Himmel deutliche Spuren, die von normalen Kondensstreifen eindeutig unterscheidbar sind. Außerdem bleiben sie lange in der Luft hängen, ohne sich aufzulösen. Daraufhin sinkt meistens die Temperatur, der Himmel trübt sich ein und bleibt für einige Tage ungewöhnlich milchig, aber meistens regenfrei.

Der in Südafrika lebende Chemtrailaktivist Georg Ritschl schreibt dazu: *Am 31. Dezember 2003 sahen wir eine gigantische künstliche Nebelbank, die die Autobahn N3 ungefähr 80 km vor Marken (von Johannesburg aus) kreuzte. Diese Nebelbank war klar aus parallelen gesprühten Linien zusammengesetzt. Man konnte sogar klar die „Ausgangsbahn" erkennen, wo das Sprühflugzeug das gesprühte Feld verlassen haben muss.*

Das Sprühfeld lag in großer Höhe, da es schon aus etwa 30 km Entfernung als unnatürlich gerade Nebelbank sichtbar war. Die Ausdehnung war etwa 5-6 km in der Breite und reichte, so weit das Auge blicken kann, in der Länge.

Wenn Barium mit Wasser reagiert und dabei Bariumhydroxyd - ein Trocknungsstoff - entsteht, wird durch diese Reaktion eine Menge Hitze freigesetzt.

Eine US Militärstudie von 1996 „The weather as a force multiplier" spricht von „owning the weather by 2025" (Be-

herrschung des Wetters bis 2025). Dabei muß darauf aufmerksam gemacht werden, daß alle geheimen Technologien dem Publikum immer als etwas weit in der Zukunft liegendes vorgestellt werden, um öffentliche Reaktionen zu testen.

Die oben genannten Technologien zur Wetterzerstörung haben eins gemeinsam: Sie führen zu positiver Ionisierung der Atmosphäre, die immer gemeinsam mit dem von Dr. Wilhelm Reich DOR (Deadly Orgone Energy) genannten Phänomen auftritt: Dem Gegenteil von Lebensenergie, nämlich TODESSTRAHLUNG. Das Resultat: Verstärkte Wüstenbildung, Artensterben, Trockenheit, reduzierte Fruchtbarkeit der Böden, Tiere, Pflanzen und Menschen, verstärktes Auftreten allgemeiner und insbesondere degenerativer Krankheitsformen.

Die oben beschriebenen Dinge werden weltweit beobachtet. Am meisten in den USA, Westeuropa und Australien, aber zunehmend auch in Drittweltländern (einschließlich Südafrika). Aus diesem Grunde kann eine unilaterale Aggression eines Landes gegen den Rest der Welt ausgeschlossen werden.

Die Zerstörung der lokalen Farmer (kommerzieller und ethnisch traditioneller) sowie die endgültige Vernichtung „nichtmonetärer" Wirtschaftsformen (traditionelle Stammeskultur in Afrika z.B.) sind ein willkommenes „Abfallprodukt" der weltweit erzwungenen Dürre. Globale Erderwärmung und andere Bedrohungen (Terrorismus) werden weltweit aufgebaut, um ein Bedürfnis nach weltweiter Regierungskontrolle und die Preisgabe nationaler Souveränität zu erzeugen.

Systematische Reduzierung der „unerwünschten Esser" ist das einzige Szenario, das die Hinzufügung von biologischen Kampfstoffen zum Chemtrailmix erklären kann.

Und Tobias Fritz ergänzt: *An diese hohe, unnatürliche Konzentration von DOR haben wir Menschen uns natürlich (zwangsläufig) gewöhnt. Wir kennen den anderen, gesunden Zustand gar nicht mehr.*

Durch die Chemtrails „fallen" Nanobakterien zu uns her-

ab, die da eigentlich gar nicht hingehören (diese leben in ca. 6000m Höhe, und eines ihrer Lieblingsfutterstoffe ist Aluminium. Dann werden sie „dick und rund“ und fallen runter). Die Folge dieser Nanobakterien ist, daß diese sich an einen biologischen Organismus „anheften“ und das Individuum an der persönlich schwächsten Stelle angreifen.

Auf der Basis von Wilhelm Reichs Wetterbeeinflussung wird inzwischen versucht, den Effekten der globalen Sprühaktionen entgegenzuwirken. Dazu Ritschl:

Wie schon oben erwähnt, haben alle wetterzerstörenden Technologien den gemeinsamen Nenner, (elektrisch) positive Ionisierung zu fördern, die mit dem Vorherrschen von DOR (Todesstrahlung) assoziiert wird. Wilhelm Reich widmete den letzten Teil seines Lebens der Erforschung dieses Phänomens.

Er demonstrierte in den 1940er Jahren auf seinen berühmten „Cloudbusting" Expeditionen erfolgreich die Revitalisierung der Wüste von Nevada. Reich's Technologie basierte auf der Absorption und „Erdung" der schädlichen DOR-Energie durch die Hohlraumresonanz von großen „Paketen" richtbarer Kupferrohre, die mit dicken Kabeln mit genügend großen Wasserkörpern verbunden sein mußten.

Orgonit ist eine weiterführende Erfindung von Herrn K. Welz in den 1980er Jahren, die von Don Croft in seinen Experimenten aufgegriffen wurde. Es hat die Eigenschaft, DOR zu absorbieren und als gesundes Orgon wieder in die Umgebung abzugeben. Diese Technologie erlaubt die Heilung großer Gebiete mit geringem finanziellen Einsatz und ohne große technische Apparaturen.

Mehr über die weltweite Chemtrailgemeinde und Cloudbuster und verschiedene andere Apparaturen findet man auf den Internetseiten von www.orgonise-africa.net, auf www.chemtrails.de und verschiedenen anderen, wo es auch Anleitungen gibt, wie man Cloudbuster selber herstellen kann.

Die offizielle Erklärung, Chemtrails wären eine Abwehrmaßnahme gegen die Klimaerwärmung, ist jedenfalls lächerlich. Über Wüstengebieten wird nämlich nicht gesprüht, sondern hauptsächlich über dichtbesiedelten Gebieten. Da ja die gesundheitlichen Auswirkungen auf alle Fälle sehr bedenklich sind, würde man so etwas ja am ehesten über wenig besiedelten Gebieten machen, wo es im Sinne des Klimaschutzes den selben Effekt hätte. Man muß also von einer boshaften Aktion ausgehen, die gegen die Bevölkerung gerichtet ist.

Das sind natürlich Dinge, die Angst machen, berechtigterweise. Denn wir können als Einzelne nicht viel dagegen unternehmen. In Bezug auf die Gifte, die dort versprüht werden, muß man aber auch sagen, daß der Mensch extrem anpassungsfähig ist und viele Gifte überstehen kann. Auch kann Beten immer etwas bewirken, wenn wir sonst keine andere Möglichkeit sehen.

Übrigens zeigen sich manchmal auch sehr wunderschöne Sylphen – Geister der Luft – die sich in filigranen Wolkengebilden offenbaren, wenn man einen Cloudbuster aufgestellt oder geistig um Reinigung der Atmosphäre gebeten hat.

Dennoch sollten diese Aktionen so schnell wie möglich beendet werden. Und da kann wahrscheinlich nur öffentlicher Druck etwas bewirken. Da die meisten Menschen zu träge sind, selber aktiv zu werden, habe ich einen Brief vorformuliert, mit dem Sie eine Chemtrailsichtung Ihren Politikern und öffentlichen Stellen melden können. Sie können die Seite vergrößert fotokopieren, einscannen oder abtippen und beliebig verbreiten oder selber umformulieren. Je mehr Menschen solche Sprühaktionen melden, desto eher kann sich etwas verändern.

Möglicherweise haben diverse Veröffentlichungen und Aktivitäten der Chemtrailkritiker schon etwas bewirkt: Viele Sprühflüge scheinen schon in die Nacht verlegt zu werden, da die Sprühmuster tagsüber immer häufiger zu kritischen Anfragen führen.

An:__________________ Abs.: ______________________

_______________________ ____________________________

_______________________ ____________________________

Ort, Datum

Sehr geehrte Damen und Herren,

ich konnte am __________ in der Zeit von _______ bis ______ Uhr
eine starke Chemtrailaktivität über ___________________ beobachten.
Ich habe

- o diese fotografisch dokumentiert
- o die Zeugen ____

Aus verschiedenen Veröffentlichungen weiß ich, daß es eine gezielte, jedoch geheimgehaltene, internationale Aktivität gibt, die Atmosphäre aus Flugzeugen mit Aluminiumstaub und Bariumsalzen, sogenannten Welsbachpartikeln, zu besprühen. Daß die Chemtrailspuren sich von normalen Kondensstreifen unterscheiden, ist deutlich an den graphischen Mustern der Besprühung zu sehen, die durch keinerlei regulären Flugverkehr erklärbar sind, durch die langsame Auflösung der Streifen, die Veränderung der Farbe des Himmels, sowie in der Folge Temperaturabfall und Wetterverschlechterung in den folgenden Tagen.
Ich protestiere gegen diese Vergiftung unseres Lebensraumes, über den weder die Bevölkerung, noch die gewählten Vertreter unseres Volkes demokratisch entscheiden konnten oder überhaupt nur informiert wurden.
Diese Sprühaktionen sind daher als Feindaktionen zu bezeichnen. Unsere politische Führung hat geschworen, Schaden vom Volk abzuwenden.
Ich fordere Sie daher auf, geeignete Maßnahmen zu ergreifen, daß solche Chemtrailvergiftungen beendet werden. Die Folgen für die Gesundheit der Menschheit, der Natur und des gesamten Planeten sind unabsehbar und alles andere als harmlos.
Bitte ersparen Sie mir nichtssagende Antworten, in denen Sie diese Sache als Kondensstreifen, unbekanntes Naturphänomen oder unwichtige Sache abtun. Es gibt genügend Beweise für die Planung und Durchführung dieser weltweiten Vergiftung.
Setzen Sie sich dafür ein, daß die Vergiftung unserer Lebenssphäre beendet wird!

Mit freundlichen Grüßen

Sie bekommen Hilfe

Ich weiß es selbst; es gibt Zeiten, da fühlt man sich absolut allein gelassen, von allen Seiten angegriffen und fragt sich, wie das Leben weitergehen soll, wenn alles scheinbar schlechter wird. Doch es gibt viele Möglichkeiten der Hilfe, auch da, wo wir sie nicht vermuten.

Da unsere Wahrnehmungsorgane ja nur die physische Welt aufnehmen, kann es wirklich Angst machen, was in dieser Welt abgeht. Da ist es dann sinnvoll, sich bewußt zu machen, daß es sehr viel mehr Ebenen über unserer physischen Welt gibt. Daß es auch negative Wesenheiten in feinstofflichen Ebenen über unserer Welt gibt, aber daß es darüber immer höhere Ebenen gibt, und daß wir Anteile in all diesen Ebenen haben. Auch wenn wir diese Ebenen nicht wahrnehmen, so *sind* wir doch Teil von ihnen, ja, ist das, mit dem wir uns bewußt sind, daß wir *sind*, überhaupt nicht physisch und kann somit auch nicht durch die schlimmste Katastrophe, die uns in dieser physischen Welt widerfahren kann, zerstört werden.

Die höchste Ebene ist die Göttliche Ebene, und die will ganz gewiß nicht, daß wir leiden.

Und wenn wir uns bewußt machen, daß die scheinbaren Leiden unserer Welt nur unsere eigenen Schöpfungen sind – kollektiv und individuell – können wir uns auch über diese Ängste erheben, indem wir uns aus der Ebene betrachten, auf der wir bewußt sind.

Negative Wesenheiten, die wir selber mit unseren Gedanken geschaffen haben, die uns kontrollieren wollen, haben keine Anteile in den göttlichen Ebenen und versuchen auch, uns davon zu überzeugen, daß es diese Ebenen nicht gibt. Und für sie ist es ja auch wahr. D.h., einige werden uns vielleicht in völliger Überzeugung sagen, daß es nichts Göttliches gibt, und sie können das aus ihrer Wahrnehmung heraus auch absolut überzeugend vermitteln. Aber für uns, die wir Schöpfungen des

Göttlichen sind, ist es nicht wahr.

Diese Wesen haben es geschafft, auch viele – ja, fast die meisten – Menschen unserer ach so zivilisierten Welt davon zu überzeugen, daß geistige Ebenen nicht existieren und wir nur auf der Basis materieller Beweise unser Weltbild aufbauen sollten. Und so ist unsere gesamte aufgeklärte Welt darauf aufgebaut, nur das zu glauben, was man sehen und messen kann. Und da der überwiegende Teil der Menschheit von Natur aus leichtgläubig ist und das Denken über philosophische Fragen lieber anderen überläßt, gilt es heute als „uncool", an Naturgeister, Engel oder sonstige Geistwesen zu glauben.

Es gibt aber Menschen, die diese wahrnehmen können. Zu einigen Zeiten wurden solche Menschen verfolgt und umgebracht. Man denke nur an die Hexenverfolgungen. Heute werden Menschen, die solche Ebenen wahrnehmen können, zumindest lächerlich gemacht, wenn sie in die Öffentlichkeit treten, oder ihnen wird mit bürokratischen Hindernissen das Wirken zur Hilfe für andere schwer oder unmöglich gemacht.

Die Illuminaten rufen Dämonen zur Hilfe an, aber die tun natürlich nichts, ohne nicht etwas dafür zu bekommen. Es gibt aber ebenso Wesenheiten, die Sie um Hilfe rufen können, die nichts dafür erwarten, die Freude daran haben, dem Leben zu dienen.

Es ist interessant, von Menschen zu hören, die mit Engeln und Naturgeistern Kontakt aufnehmen, diese sehen und hören können. Und wir sollten zumindest die Möglichkeit einbeziehen, daß es um uns herum eine Vielzahl von feinstofflichen Wesen gibt, die uns teilweise helfen, teilweise behindern oder einfach nur bestimmte Aufgaben erfüllen. Tatsächlich haben die meisten dieser Geistwesen keinen freien Willen wie wir, sondern erfüllen ihren Auftrag, den sie im Schöpfungsplan inne haben. So gibt es Wasser- und Luftgeister, Schutz- und Hausgeister, die sich um das Funktionieren der Vorgänge in der Natur oder sogar in Ihrem Haus kümmern. Sie sehen vielleicht aus, wie wir sie manchmal in älteren Märchenbüchern oder auch einigen wenigen Spielfilmen finden, aber sie sind nicht wirklich an eine feste Form gebunden, und manchmal erscheinen sie uns nur in dieser oder jener Form. Ob Engel Flügel haben, ob sie wie Menschen in dunklen Mänteln aussehen, wie im Film „Stadt der Engel", oder ob sie gar keine Form haben oder wie eine Lichtkugel oder ätherische Wolke aussehen, das ist wohl überwiegend Nebensache. Wenn wir uns ein Bild von ihnen machen wollen, erscheinen sie manchen Menschen vielleicht auch mal in der Art, wie sie sie sich vorstellen.

Wichtig ist, daß es sie gibt und daß sie uns helfen können. Da sie aber keinen freien Willen haben, können sie nicht frei entscheiden, was sie tun. Wenn wir sie aber bitten, uns zu helfen, kann das sehr wirkungsvoll sein. Natürlich können sie in der Welt der dreidimensionalen Materie nicht physisch eingreifen, obwohl Menschen schon scheinbare „Wunder" erlebt haben, die jeder physischen Erklärung Hohn sprechen. Menschen, die Unfälle überlebt haben, haben das vielleicht dem Wirken ihres Schutzengels zu verdanken, und manche haben das auch so wahrgenommen. Da scheinen wirklich manchmal die Grenzen der Physik aufgehoben zu werden.

So erzählt Virgil Armstrong, der sich ja sonst mehr mit – irdischen und außerirdischen – Ufos befaßt, daß er einmal mit dem Auto mit hoher Geschwindigkeit einem großen Felsbrokken nicht mehr ausweichen konnte und den Unfall nicht hätte überleben können, statt dessen aber einfach durch den Felsen hindurchfuhr, als sei er für eine Sekunde nicht physisch vorhanden gewesen.

Jeder von uns hat einen Schutzengel, der sich jedoch im Laufe unserer Lebensjahre zunehmend entfernt und uns unsere eigenen Erfahrungen machen läßt, aber manchmal durchaus lebensrettend eingreifen kann, wenn wir dieses Leben noch nicht durch einen dummen Unfall beenden sollen. Sich ab und zu bei seinem Schutzengel zu bedanken und ihn auch um Hilfe zu bitten, wenn wir uns in einer schwierigen Lage „von allen guten Geistern“ allein gelassen fühlen, kann sicherlich nicht schaden.

Es kann auch nicht schaden, sich einmal bei seinem Hausgeist zu bedanken. In vielen Ländern der Erde werden den Geistern täglich Opfergaben dargebracht, und es gibt Gegenden, da müssen sie bei Schritt und Tritt aufpassen, nicht in so ein kleines Opferschälchen (aus Pappe und mit in Massen gefertigten Geschenken) hineinzutreten, die täglich erneuert werden.

Wenigstens einmal in Ihrem Leben einen Gedanken an die Geister in Ihrer Umgebung zu „verschwenden“, wäre für diese schon eine besondere Sache, und um so freudiger helfen sie Ihnen.

Sehr wohl habe ich im Laufe der Jahrhunderte beobachtet, wie wichtig der Dienst geordneten Gebetes ist. (...) Denn das Gesetz ordnet es an, daß die himmlischen Heerscharen von irgend jemandem aus der Menschheit zu Hilfe gerufen werden müssen einzugreifen, bevor es ihnen erlaubt wird, sich für die Menschheit einzusetzen. (St. Germain)

In unserer Welt wäre es natürlich ziemlich „uncool“, so etwas zu tun, und die deutschen Gartenzwerge werden von den meisten schon abschätzig betrachtet. Bedenken Sie aber einmal, wie sich solche Geistwesen in einer Welt aus Beton fühlen, wo es nur gerade Wände, wenig Grün, Zäune und „Betreten verboten“-Schilder gibt. Und wenn sich die Naturgeister nicht wohl fühlen, können sie auch kaum einen positiven Einfluß auf ihre Umgebung haben. Es gibt in unseren Einkaufszentren aber auch vielerlei Artikel, die man als „Schnickschnack“ bezeichnen könnte, aber über das eine oder andere würde sich vielleicht eine Elfe oder ein Gnom durchaus freuen. Es gibt zwar viel Kitsch, aber auch mal nett gemachte Ziergegenstände, wie z.B. diese kleine Laube, die ich für kleines Geld in einem Schnäppchenmarkt fand, und ich stelle mir vor, daß kleine Elfen vielleicht Spaß an so etwas haben könnten. Lächerlich?

Uncool? Vielleicht. Aber ich glaube, daß wir viele Dinge vergessen haben, die sehr real sind. Ich kann Naturgeister nicht wahrnehmen – bis jetzt – aber bin überzeugt, daß es sie gibt.

Engel helfen Ihnen, so weit sie können, und wenn sie darum gebeten werden. Es gibt für jede nur denkbare Hilfestellung kleine oder große Hilfsgeister, und wenn sie auch keine Planierraupe aufhalten können, so vielleicht doch die Planer eines Projekts in einer stillen Stunde im Inneren berühren, so daß diese vielleicht das eine oder andere noch mal überdenken.

Heute gibt es viele Filme, die ansatzweise darstellen, was in der geistigen Welt möglich ist. Zauberer und Hexen, die miteinander kämpfen usw. Und das, was im Film bildlich dargestellt ist, kann im Feinstofflichen durchaus real sein, auch wenn wir es nicht sehen können. Und so kann es durchaus etwas bewirken, sich etwas geistig zu visualisieren, was uns helfen könnte. Z.B. den Lichtschutzmantel, der uns umhüllt, den wir uns nur visualisieren müssen und dabei auch jederzeit die Engel um Hilfe bitten können.

Sie haben Magenschmerzen? Bevor Sie zum Doktor rennen und sich (meist schädliche) Medikamente verschreiben lassen, überlegen Sie, woher das kommen könnte. Wahrscheinlich fressen Sie etwas in sich hinein. Vielleicht hat es etwas mit dem Solar Plexus zu tun, der energetisch für Macht (und Ohnmacht) steht. Gibt es etwas, das Sie ärgert, auf das Sie aber keinen Einfluß haben? Ein Gerichtsprozeß oder etwas anderes, wo über Sie entschieden wird, ohne daß Sie allzuviel Einfluß haben? Oder haben Sie nur Angst vor diesen Entscheidungen, daß sie nicht immer gerecht sind? Das Gefühl der Ohnmacht kann Ihnen solche Schmerzen verursachen.

Ich gebe hier keine umfassenden Anleitungen, wie Sie geistig heilen können, dafür gibt es genügend andere – und sicher bessere – Bücher. Aber ich will ja, daß Sie selbständig zu denken beginnen. Also: Stellen Sie sich vor, wie das aussehen könnte, was Ihnen da im Magen liegt. Vielleicht ist es wie eine schwarze Substanz. Stellen Sie sich vielleicht vor, wie sie sich sammelt, sagen wir in einer Kugel, die das Zeug aufsaugt. Können Sie es sehen? Und nun... was machen wir mit dem Zeug? Auf ins Licht damit. Stellen Sie sich vor, wie die Kugel mit dem schwarzen Zeug aufsteigt, hüllen Sie sie in Licht ein, bitten Sie darum, daß dieses Zeug umgewandelt wird.

Besonders hilfreich dabei ist das Violette Feuer. Von den sieben Strahlen, die aus dem Kosmos auf die Erde kommen, ist der siebte Strahl violett. Dieser bewirkt eine Reinigung und Umwandlung. Da wir Menschen Liebe, Macht und Wille Gottes auf der Erde repräsentieren können, können wir auch diese Strahlen benutzen. Unsere Gedanken wirken sich auf den feinstofflichen Ebenen aus. Und die feinstofflichen Ebenen wirken sich wiederum auf die physische Welt aus - wenn auch nicht so direkt wie physische Ursachen. Aber sie wirken, (und manchmal gibt es dann Erdbeben oder Gewitter oder sonst was, was mehr bewirkt, als man vermutet.)

Am besten klappt das mit Visualisieren. D.h. man stellt sich so gut es einem möglich ist, ein loderndes, Violettes Feuer vor. Dabei kann man es mit seinen Worten bekräftigen, je kräftiger die Gedanken (vielleicht auch die Stimme), desto kraftvoller die Wirkung.

Als Musik eignet sich dazu gut Wagners „Walkürenritt“. (Wirkt sehr kraftvoll, und man kann sich das „Durchfegen“ des Violetten Feuers gut vorstellen.)

Vielleicht so: „Im Namen meiner heiligen Christus Gegenwart bitte ich Euch, geliebte Meister des Lichts und des Siebten Strahls: Laßt das Violette Feuer durch diesen Raum lodern.

(Am besten 9 mal wiederholen. Die Musik bietet genug Zeit dazu. Und schön visualisieren.) Laßt das Feuer alle negative Energie, alle Täuschung, allen Haß, alle Angst umwandeln in positive Energie, in Liebe, Licht, Freiheit, Freude, Kraft, Gesundheit (oder was auch immer für Qualitäten Sie an einem Ort haben wollen).

Dies kann man nun beliebig sprachlich verstärken, die Musik läßt genug Zeit. „Wandelt sie um, wandelt sie um, wandelt sie um... Reinigt, reinigt, reinigt usw. usw."

Das Violette Feuer kann man natürlich auch an andere Orte lenken, alles, was man sich vorstellen kann.

Ich weiß, daß einige sich dabei lächerlich fühlen und nicht besonders wohl. Aber wenn man so etwas mal wirklich mit Überzeugung und kraftvoller Energie gemacht hat, wird man sehr schnell eine Veränderung der Energie feststellen können.

Wichtig ist bei allen Anrufungen, daß man sie mit Überzeugung macht. Wer zweifelt, daß es klappt, manifestiert diesen Zweifel. Wer *weiß*, daß wir diese Energien lenken können, kann einiges bewirken.

Und jede Anrufung mit Dankbarkeit für die unterstützenden Kräfte abschließen. Schließlich machen wir auch etwas lieber für jemanden, der sich bedankt und seiner Freude und Anerkennung Ausdruck gibt.

So gibt es also viel Hilfe von außerhalb von Ihnen, aber noch eine viel faszinierendere Möglichkeit haben Sie in sich selber. Es gibt eine Instanz in Ihnen, die mit den höchsten Ebenen verbunden ist. Diese ist Teil von Ihnen, und Sie müssen also gar nicht zu teuren Therapeuten oder Ärzten, um Probleme zu klären. Wenn Sie eine Frage haben, ist die Antwort schon da. Wir trauen uns das nur nicht zu und würden kaum glauben, daß es so ist. Es ist aber ganz einfach, es zu probieren, denn es ist sowas wie ein Selbstgespräch. Kinder machen das oft, aber dann entdecken sie, daß Erwachsene das nicht machen oder daß es als „uncool" gilt.

Vielleicht kennen Sie die Bücher von Neale Donald Walsh, „Gespräche mit Gott“, von denen es inzwischen etliche gibt. Ich habe sie sehr gerne gelesen und würde sie Ihnen empfehlen. Und natürlich habe ich mich auch gefragt: „Spricht wirklich Gott mit ihm, oder was passiert da?“ Und die nächste Frage: „Warum kann Walsh etwas, was ich nicht kann?“

Natürlich denkt man, daß Walsh irgendwelche Stimmen hört, und vielleicht ist es auch so. Aber im Kopf kann man nicht „hören“. Hören kann man nur Schallschwingungen von außen. Im Kopf aber können wir uns Stimmen vorstellen oder Musik. Wir „hören“ sie also nicht, aber wir können durchaus einen bestimmten Musiktitel im Kopf „abrufen“ oder die Stimme von Mister Spock oder von Sabine Christiansen oder sonst jemandem.

Und nun versuchen Sie folgendes: Sie definieren Ihr Höheres Ich als etwas, mit dem sie sich im Kopf unterhalten können. Sie können diesem „Ich Bin“ die deutsche Stimme von James Bond zuweisen oder irgendeine andere Stimme. Es ist im Grunde egal.

Nun können Sie einen inneren Dialog führen. Wenn Sie natürlich schwere Fragen stellen, wie z.B., was die Dritte Wurzel aus dem Geburtsjahr Ihrer Schwiegermutter ist, werden Sie so fest daran zweifeln, daß dieses Wissen in Ihnen ist, daß Sie keine Antwort kriegen werden. Ich empfehle Ihnen also, nicht gleich Fragen zu stellen, bei denen Sie überzeugt sind, daß Sie es nicht wissen.

Sie können aber durchaus manche Probleme klären, indem Sie sich vorstellen, Sie unterhalten sich mit einem guten Therapeuten, mit Mister Spock oder mit Jesus. Wen Sie nehmen, ist egal. Stellen Sie sich einfach jemanden vor, von dem Sie meinen, daß er Ihnen helfen kann. Ihrem Therapeuten opfern Sie ja auch regelmäßig eine Stunde Ihrer Zeit und bezahlen noch dafür. Und wie wir bei den Placeboheilungen gesehen haben, kann der Glaube, daß der Arzt Sie operiert hat, tatsächlich sogar physische Probleme in Ihrem Körper lösen.

Also: Stellen Sie sich meinetwegen diesen Arzt vor oder Dr. Brinkmann oder jemanden aus „Emergency Room". Wen Sie nehmen, ist egal. Nun stellen Sie sich vor, was dieser „Therapeut" Sie fragen würde. Erzählen Sie ihm von Ihrem Problem. Was würde er darauf antworten? Er würde wahrscheinlich erst mal weitere Fragen stellen, um sich ein Bild zu machen. Er würde es aus anderer Warte betrachten. Er wäre emotional unbeteiligt und käme vielleicht auf Ideen, auf die Sie selber gar nicht gekommen wären. Und in Ihrem inneren Dialog kommen Sie vielleicht jetzt auf diese Dinge. Probieren Sie es. Niemand wird davon erfahren. Sie brauchen kein Buch über „Gespräche mit wem auch immer" schreiben. Aber vielleicht können Sie doch das eine oder andere Problem durchsprechen, ohne jemanden dafür bezahlen zu müssen. Und vielleicht kommen Sie zu ganz erstaunlichen Einsichten.

Wie gesagt: Strapazieren Sie nicht Ihr Vertrauen daran, daß es funktionieren könnte, indem Sie gleich die ganz großen Fragen des Universums durchgehen. Versuchen Sie einfach, was dabei herauskommt, wenn Sie Ihren inneren Therapeuten, Jesus oder Ihr höheres Ich mal zu Wort kommen lassen. Es kann interessant werden, glauben Sie mir!

Was bleibt

Wir schaffen uns unsere Lebensumstände selber. Das ist etwas, das schwer zu glauben ist, und auch ich zweifle immer wieder gerne daran, wenn ich mein eigenes Leben betrachte. Aber im Endeffekt ist es das einzige, was wirklich Sinn macht.

Sie glauben, „die da oben“ sorgen dafür, daß es Ihnen schlecht geht? Denken Sie darüber nach. Sicherlich tragen ja die globalen – also die nicht von uns geschaffenen - Umstände in der Welt zu unserem Zustand bei. Schließlich erschaffen wir nicht nur individuell, sondern auch kollektiv. Und wenn wir nicht glücklicher sind, hat das sicherlich auch damit zu tun, daß wir es anderen möglicherweise selber nicht gönnen, glücklich zu sein.

Sie meinen, es könnte Ihnen ja etwas Schlimmes zustoßen, etwas, für das Sie nichts können? Ja sicherlich, ein Erdbeben könnte Ihr Haus vernichten oder Ihr Dorf von Fluten weggerissen werden. Okay. Das ist sicherlich bitter, aber auch eine Erfahrung, aus der Neues erwachsen kann. Mir wurde mein Fahrrad geklaut. Ich habe mich geärgert. Nun habe ich ein besseres gekauft, mit Nabendynamo und Federung.

Sie meinen, es gibt Dinge, die einfach nicht gerecht sind, z.B. landet jemand unschuldig im Gefängnis oder in der Psychiatrie. Gut, das kann passieren. Jemand wird vergewaltigt. Leicht, da zu sagen, er oder sie hat sich diese Umstände selber geschaffen. Ich will keineswegs etwas behaupten, was ich schwer beweisen und ebenso schwer selber glauben kann.

Aber denken Sie einmal darüber nach, wie sehr wir mit unseren Gedanken tatsächlich Ereignisse anziehen. Durch die Angst allein ziehen wir das an, vor dem wir Angst haben. Je mehr wir uns Situationen vorstellen, die wir *nicht* haben wollen, desto eher nimmt das Universum an, daß wir diese Situation haben wollen, da wir sie ja offenbar immer wieder vor unserem geistigen Auge visualisieren.

Oder stellen Sie sich Situationen vor, in denen Sie es einem „Bösewicht" mal so richtig zeigen? Wie Sie heldenhaft einen Verbrecher schnappen? Nun, ich gebe zu, daß auch ich ab und zu solche Gedanken gehabt habe. Nur, daß in der Wirklichkeit kaum jemand nachher als Held da steht. Schließlich sind alle Situationen dazu da, daß wir etwas voneinander lernen. Und James Bond, der, cool und gutaussehend, mit seiner Walther PPK einen ganz fürchterlich bösen Mann bedroht, der die Welt zerstören will, gibt es im wirklichen Leben nicht. Wenn Sie die Waffe in der Hand halten, kann es ganz rasch zu ganz unheldenhaften Situationen kommen. Und Sie werden vielleicht lernen, daß es keineswegs immer so ist wie in Ihren Träumen, daß Sie „gut" und der andere „böse" ist. Denn der andere denkt garantiert auch, daß er „gut" ist oder zumindest das Beste versucht.

Sie meinen, Ihre Lebensumstände werden immer schlechter? Sie haben kein Geld, verlieren Ihre Arbeit, weil irgendeine große Firma mal eben 5000 Leute entläßt? Sie können nichts dafür? Sicher nicht. Aber es sind Veränderungen angesagt. Das ganze Leben ist Veränderung. Wer sich nicht verändert, der wird verändert.

Wie viele Menschen verändern sich ab dem fünfundzwanzigsten Lebensjahr nicht mehr? Wie viele meinen, wenn sie einen sicheren Job, ein Haus, ein Auto, eine Frau (bzw. einen Mann) haben, ein berechenbar steigendes Gehalt und fleißig in die Rentenkasse eingezahlt haben, brauchen sie sich für den Rest ihres Lebens keine Sorgen mehr zu machen. Nun, sie machen sich trotzdem Sorgen. Ja, es gibt Massenentlassungen. Nicht mal mehr im Bankgewerbe hat man einen sicheren Job. Dahinter steckt auch eine Absicht. So wird jedem klargemacht: Sei froh, wenn Du eine Arbeit hast, und selbst, wenn noch weniger bezahlt wird und Du noch härter arbeiten mußt, sei froh, daß Du überhaupt Arbeit hast.

Von bestimmten Kräften wird tatsächlich geplant, daß alle

Menschen im Grunde versklavt werden, wenngleich sie auch eine „eigene" Wohnung haben können und Freizeit. Aber sie sollen gerade nur so viel verdienen, daß sie sich selbst versorgen können, damit es die „Sklavenhalter" leichter haben, und die Sklaven nicht merken, daß sie ihr Leben lang arbeiten müssen, nur um zu leben.

Okay, dafür können Sie nichts. Aber andererseits würde das alles ja nicht funktionieren, wenn nicht alle mitmachen würden. Derjenige, der Sie entläßt, ist nicht zwangsläufig ein Illuminat, die Politiker, die sozialen Abbau mittragen, auch nicht alle. Es sind Gegebenheiten, die wir kollektiv zugelassen haben. Vielleicht, weil wir zu leichtgläubig und zu gutmütig sind und dies von gewissen Kräften ausgenutzt wird.

Aber gut: Wie viele Menschen gibt es, die sich damit abgefunden haben, in einer ganz kleinen Wohnung zu leben und ein altes Auto zu fahren und nie genug Geld zu haben, um sich mal etwas Schönes leisten zu können? Aber: Diese Menschen schaffen sich ihre Umstände auch selber. Sie denken Mangel, und sie erschaffen ihn. Sicher, ich kann das auch. Auch ich muß immer wieder gucken, daß ich nicht irgend jemand anderes für meine Lebensumstände verantwortlich mache, sondern in letzter Konsequenz wahrscheinlich meinen Status Quo selber geschaffen habe. Auch ich habe Angst. Angst, ich könnte das verlieren, was ich habe, ich könnte ins Gefängnis kommen, obwohl ich doch nichts Unrechtes tue. Und immer wieder denke ich negativ, mache mir Sorgen. Und im Grunde schaffe ich auf diese Weise die Umstände meines Lebens selber. Und wenn ich weiß, daß das, was ich ins Leben gebe, zu mir zurückkommt, kann das sehr ernüchternd sein, wenn ich mich beschwere, daß ich zu wenig Liebe im Leben zu haben meine. Denn dann ist es ja das, was ich ins Leben gebe. Ja, ich schreibe nicht nur Schlaues für Sie, sondern ich schließe mich selbst davon nicht aus, und das ist sicherlich nicht immer bequem.

Leichter ist es, zu sagen, daß „die da oben" oder irgendwelche Leute, die mir nicht wohlgesonnen sind, mir das Leben schwer machen wollen. Ja, und natürlich gibt es sie. Aber vielleicht schaffe ich es irgendwann, ihnen nur so viel Macht über mein Leben zu geben, wie ich ihnen zugestehen will. Schließlich will ich ja etwas lernen. Darum sind schwierige Lebensumstände nicht immer schlecht.

Also, wovor kann ich Angst haben: Letztlich davor, daß es doch keine höhere Gerechtigkeit gibt! Daß mir irgend etwas zustößt, für das ich nicht das Geringste kann. Nun, ich kann das nicht ausschließen, aber ich bin davon fest überzeugt, daß es dann wenigstens immer auch eine Gelegenheit ist zu lernen. Und je besser ich das gelernt habe, desto freudigere Lebensumstände sollte ich mir doch eigentlich schaffen, bzw. „herbeidenken“.

Vielleicht ist es ratsam, sich eher die Dinge vorzustellen, die Sie in Ihrem Leben haben wollen. Ja, genau das ist das Geheimnis derjenigen, die scheinbar mühelos in allem, was sie planen, erfolgreich sind. Sie manifestieren durch ihre unerschütterliche Vorstellung das, was sie haben wollen.

Wie wir uns fühlen, hat sehr damit zu tun, wie wir die Dinge um uns herum wahrnehmen. Ja, zugegeben, in dieser Welt gibt es viel, viel Deprimierendes. Und sicher können Sie sich ein idealeres Leben vorstellen. Durch die modernen Medien, Fernsehen, Kinofilme usw. haben wir ja auch Einblicke in andere Lebensbereiche. Nur, daß es natürlich nirgendwo so ist wie im Film, die Menschen nicht so sprechen und nicht so handeln und es überhaupt alles nicht so spannend, romantisch, aufregend ist.

Wenn es hier grau und regnerisch ist, denken Sie daran, daß in manchen Dürregebieten der Erde die Menschen Freudentänze veranstalten würden, wenn Sie unseren Regen hätten. Sie sind unglücklich, weil Sie allein sind? Sehen Sie das Positive: Sie sind frei und brauchen keine Rücksicht auf jemand anderes zu nehmen. Manch einer in einer Beziehung würde sie vielleicht darum beneiden.

Sehen Sie Ihr Leben mal so, wie ein Schriftsteller oder Filmemacher es betrachten würde; Ihr Haus ist in keiner besonders schönen Gegend, Ihre Wohnung ein Loch? Vielleicht würde ein Regisseur gerade Ihr „Loch" als ideale Kulisse, Ihre Umgebung gerade wegen der passenden Stimmung aussuchen. Sie wollen entspannen, aber draußen tobt der Verkehrslärm, und spielende Kinder nerven Sie? Ein Toningenieur vom Film könnte vielleicht gerade draußen mit seinem Mikrofon, Aufnahmegerät und Kopfhörer stehen und versuchen, genau die spielenden Kinder und den Verkehrslärm einzufangen. Es klingt immer wieder anders. Jeder Wagen macht sein eigenes Geräusch. Ein Lastwagen klingt anders als ein Bus, ein Mofa anders als ein Motorrad, das Abrollgeräusch der Reifen bei Regen anders als bei Trockenheit.

Es ist Ihre Entscheidung, wie Sie Ihr Leben wahrnehmen. Lauschen Sie der Symphonie des Straßenverkehrs. Betrachten Sie die Schattierungen von Grau aus Ihrem Fenster. Es kann sinnvoll sein, sich seiner Umgebung mal mit einer Kamera, einem Tonbandgerät, Videorecorder oder auch mit Pinsel und Leinwand zu nähern, um sein Leben bewußter wahrzunehmen und vielleicht die Faszination und Vielfalt des Lebens zu erkennen.

Glauben Sie, daß Sie glücklicher wären, wenn Sie in der Südsee an einem Strand leben würden? Nun gut, wenn Sie es wirklich wollen, haben Sie die Möglichkeit, dahin zu fliegen. Geben Sie Ihre Arbeit auf, und setzen Sie Ihren Traum um. Sie haben kein Geld? Vielleicht würden Sie jemandem, der auf Bali lebt, als sehr, sehr reicher Mensch erscheinen, obwohl Sie Ihr Leben als armselig betrachten. Was würden Sie mit Ihrem Leben machen, wenn Sie eine Bambushütte auf Bali hätten? Würde es vielleicht auch irgendwann langweilig?

Sind Sie bereit, Ihr Leben zu ändern, wenn Sie mit Ihrem jetzigen unzufrieden sind? Es gäbe vieles in der Welt zu verbessern. Und Sie können wenigstens in Ihrem eigenen Umfeld versuchen, die Dinge zu verbessern. Und Sie können sie einmal anders wahrnehmen. Wenn Sie ständig fernsehen und die Zeitung lesen, wird Ihre Wahrnehmung der Welt zwangsläufig negativ sein, denn so wird sie ständig dargestellt. Es ist Ihre Entscheidung, ob Sie die Welt so wahrnehmen wollen, wie sie der Rest der zivilisierten Welt wahrnimmt, oder ob Sie sich einmal zurücklehnen und Ihr Leben von oben betrachten.

Aus „Handbuch für Wunderheiler": *Schau nochmals auf deinen Feind, den du zu hassen statt zu lieben wähltest. Denn so wurde der Haß geboren in die Welt und dort die Herrschaft der Angst errichtet. Höre nunmehr, wie Gott zu dir spricht durch ihn, der seine Stimme ist und deine ebenso, um dich daran zu erinnern: Es ist dein Wille nicht zu hassen und Gefangener der Angst zu sein, des Todes Sklave, ein kleines Geschöpf mit einem kleinen Leben. Dein Wille ist grenzenlos; es ist dein Wille nicht, daß er gebunden sei. Was in dir liegt, hat sich mit Gott selbst verbunden in der Geburt der ganzen Schöpfung. Erinnere dich an ihn, der dich erschaffen hat und der durch deinen Willen alles schuf. Es gibt kein erschaffenes Ding, das dir nicht danksagt, denn durch deinen Willen wurde es geboren. Kein Licht des Himmels scheint außer für dich, denn es war dein Wille, der es an den Himmel setzte.*

Was hast du denn für einen Grund zum Ärger in einer Welt, die lediglich auf deinen Segen wartet, um frei zu sein? Wärst du ein Gefangener, könnte Gott selbst nicht frei sein. Denn was ihm angetan wird, den Gott so sehr liebt, das wird Gott selbst angetan. Glaube nicht, daß er dich binden will, der dich mit sich zugleich zum Mitschöpfer des Universums machte.

Vielleicht ist es manchmal ganz gut, die Dinge einfach anders auszudrücken, um zu erkennen, daß auch Sie einen Anteil daran haben. Es ist sinnvoll, jedesmal, wenn Sie sich sagen; „Die" manipulieren uns und lenken uns ab, das einfach mal umzudrehen, um Ihren Anteil daran bewußt zu machen. „Ich laß mich oft manipulieren und lenke mich auch gerne ab." Ja, ich schalte gerne den Fernseher an oder gehe ins Internet, weil ich oft überhaupt keine Lust habe, mit meinen Gedanken alleine zu sein und immer wieder über alles nachzugrübeln. Und so werde ich natürlich mani.... sorry, so lasse ich mich auch manipulieren. Wenn mir das bewußt ist, ist das der erste Schritt zur Änderung.

Natürlich sehen „die da oben" uns als dumme Schafe oder als Vieh an, was eine ziemliche Arroganz ist. Aber wenn wir uns so verhalten und uns so behandeln lassen, dürfen wir uns beschweren?

Die Außerirdischen kommen nicht, um Sie zu evakuieren, und Jesus nicht, um Sie zu erlösen. Auch ich ziehe Sie nicht aus dem Schlamassel. Den entscheidenden Schritt – bzw. die Entscheidung – müssen Sie selber machen. Wollen Sie sich weiterhin als Opfer betrachten? Wollen Sie weiterhin Gedanken manifestieren wie „es geht mir schlecht", „ich werde krank", „man kann ja nichts machen" oder „wir werden schleichend vergiftet", oder wollen Sie in Zukunft positive Gedanken manifestieren?

Es ist doch überwiegend sehr einfach. Vielleicht so einfach, daß wir es nicht glauben können. Zu sagen: „Es geht mir jeden Tag immer besser und besser", soll etwas verändern? Glauben Sie nicht? Soll ich Ihnen beweisen? Kann ich nicht. Ich gebe zu, daß ich all die Dinge, die ich hier schreibe, wie man falsch manifestiert, auch selber ganz gut kann. Ich schreibe darüber nicht als jemand, der über den Wassern schwebt, weil er all diese Dinge überwunden hat, sondern weil ich mitten drin stekke in dem Schlamassel, aber felsenfest davon überzeugt bin, daß wir Schöpferkräfte haben und nicht einen Deut weniger Macht bekommen haben als die Illuminaten, Bilderberger, Templer, Freimaurer, Rosenkreuzer, die Reichen und Erfolgreichen, die Mächtigen und die Macher. Ich glaube auch nicht, daß „die" glücklicher sind, und daß sie es auch nicht sein werden, wenn sie alle Macht der Welt haben.

Wenn wir hier sind, um uns als das zu erfahren, was wir sind, dann kann unsere Umwelt nur ein Spiegel dessen sein, was in uns ist. Und, seien wir ehrlich, es gibt auch finstere Stellen in uns. Auch wir sind oftmals immerhin etwas angezogen von den finsteren Dingen. Geben Sie zu, daß, wenn Sie Berichte über sexuellen Mißbrauch und rituelle Tötungen hören, Sie doch schon ganz gerne genauer erfahren möchten, was da abgeht. Und fasziniert Sie der Krieg nicht auch? Naja, wenigstens im Film? „Apocalypse Now"? Ist doch abschreckend und faszinierend zu gleich, oder nicht? Der Anblick der Hubschrauber vor dem Sonnenaufgang, die von Napalm in Brand gesetzten Wälder, das Grauenscamp des Major Curtz? Hat es nicht seine Faszination?

Also: Können wir leugnen, daß diese Welt ein Spiegelbild unseres Inneren ist? Es ist leicht, mit dem Finger auf irgend jemanden oder irgendwelche finsteren Mächte zu zeigen. Aber drei Finger zeigen dabei immer auf Sie.

Wenn wir bedenken, daß sehr viele Prophezeiungen von Zerstörungen und Katastrophen bislang nicht eingetreten sind, sieht man, daß es durchaus nicht so schlecht um unsere Welt bestellt ist, wie es schlimmstenfalls sein könnte. Wenn wir bedenken, daß einige Kräfte verzweifelt daran arbeiten, den Dritten Weltkrieg zu starten, müssen wir doch sehen, daß trotz all der Kriege bisher der schlimmste Fall noch nicht eingetreten ist. Provokationen hat es genug gegeben.

Geplant war der dritte Durchgang zwischen der jüdischen und der arabischen Welt. Jedoch ist dort das Wissen um die Weltkriegspläne bekannt, und bisher hat sich die arabische Welt nicht zu einem größeren Konflikt provozieren lassen. Wenn man bedenkt, welche Demütigungen sie durch die Behauptungen, Schuld an den Anschlägen vom 11. September zu sein und die darauf folgenden verheerenden Feldzüge in Afghanistan und dem Irak, erlebt haben, muß man das ruhige

Verhalten durchaus würdigen. Denn schon lange hätten die arabischen Länder sich zusammen tun und militärisch gegen die westlichen Allianzen vorgehen können, was dann zweifellos ein neuer Weltkrieg geworden wäre. Das ist bisher nicht geschehen.

Es wird immer schwieriger für die Illuminaten werden, Kriege zu rechtfertigen, nachdem die Begründungen für die Notwendigkeit des Irakkrieges sich überwiegend als Lügen herausgestellt haben. Nachdem die Folteroffenbarungen durch amerikanische Soldaten gezeigt haben, daß die Befreier keineswegs edler und ethischer vorgehen als einige Diktatoren, daß bei Gefangenen die international anerkannten Rechte nicht eingehalten werden und die Amerikaner sich weigern, den Internationalen Gerichtshof anzuerkennen. Wie will man den nächsten Krieg rechtfertigen?

Im Buch „Der Bibelcode" wurde ein atomarer Holocaust für das Jahr 1995-1996 prophezeit. Hierzu muß man sagen, daß dieser Bibelcode natürlich keineswegs eine Botschaft Gottes ist, aber durchaus von einigen Menschen so gesehen und als Richtschnur angesehen wird. Und diese wollen unbedingt, daß sich die Prophezeiungen der Bibel und des Bibelcodes erfüllen, da es ein Scheinbeweis dafür wäre, daß ihr Gott sich in ihren Schriften offenbart hat und die Apokalypse planmäßig „durchzieht". Und so arbeiten sie daran, daß sich diese Voraussagen erfüllen. Aber wie wir sehen, ist diese Prophezeiung des Bibelcodes nicht eingetreten.

Insofern geht es uns also noch ganz gut, trotz der Anschläge vom 11. September und der daraus folgenden Einschnitte in die Freiheit und die ausgelösten Ängste. Viele der damals getroffenen Maßnahmen werden schon öffentlich kritisiert und teilweise zurückgenommen. Und das ist sicher nicht im Plan der Illuminaten, die ja viel lieber schon viel totalere Kontrolle über jeden von uns hätten.

Wir müssen uns auch darüber klar sein, daß es Eingriffe

von Außerirdischen in die Entwicklung der Menschheit auf der Erde gab und wir Menschen genetisch zu Arbeitssklaven gemacht worden sind. Auch in dieser Hinsicht haben wir doch eine enorme Verbesserung unserer Zustände, oder nicht? Die meisten von uns müssen zwar im Endeffekt ein Leben lang arbeiten, wofür ihnen gerade so viel bleibt, daß sie sich Wohnung, Nahrung und ein bißchen darüber hinaus leisten können, aber im Vergleich zum Arbeitssklaven haben selbst unter ärmlichen Verhältnissen lebende Menschen noch enorm viel Freiheit, ihr Leben selber zu gestalten.

Es gibt Gegenden auf der Erde, wo ein Menschenleben fast nichts zählt, wo tatsächlich noch Versklavung stattfindet. Denken Sie an chinesische Arbeiter und Arbeiterinnen, die für nicht mal einen Dollar am Tag in dunklen Gebäuden mehr als 12 Stunden täglich stumpfsinnige Arbeiten verrichten oder Mädchen aus dem Osten Europas von Schleppern ein neues Leben im reichen Westen versprochen wird, wo sie dann in die Prostitution gezwungen werden. Auf der anderen Seite haben viele Menschen die Möglichkeit, selber zu entscheiden, was sie aus ihrem Leben machen, wenngleich die Bedingungen, sich aus der üblichen Leistungswelt zu befreien, sozusagen als Lebenskünstler, meistens weniger luxuriös sind.

Wenn Sie in Ihrer Firma wegen etwas angesprochen werden, für das Sie keine Verantwortung haben, sagen Sie vielleicht: „Entschuldigung, ich arbeite hier nur." Vielleicht sehen Sie Ihr Leben, wenn es Ihnen mal zu schwer erscheint, von dieser Seite: „Entschuldigung, ich bin hier nur inkarniert!" Sie müssen nicht die globalen Probleme lösen und sich auch nicht Sorgen um das ganze Universum machen.

Wir dürfen nie vergessen, daß die Erde ein lebendiger, bewußter Organismus ist, der derzeit sehr unter den Menschen leidet. Das morphogenetische Feld der Menschheit stört das Feld dieses Planeten; das negative Denken, die Lebensenergie, die stark geschwächt ist und kaum noch Freude an der Natur ausdrückt, ist eine starke Belastung für die Erde. Wenn auch die Massen kein Bewußtsein dafür haben, so sollten doch wenigstens die erwachenden Menschen beginnen, die Erde wieder als Lebewesen anzusehen, sie zu ehren, mit ihr Kontakt aufnehmen. Laufen Sie öfter mal barfuß über Gras oder Sand, nehmen Sie Verbindung auf mit den Naturgeistern und dem Geist der Erde.

Wenn wir die galaktische Geschichte betrachten, aus der hervorgeht, daß dieser Planet ein Experiment ist, der Versuch, was passiert, wenn die verschiedenen Rassen zusammenleben, die sich immer bekämpft haben, dann sollten wir dieses Experiment doch zum Erfolg bringen, oder nicht?

Es gibt bei uns Wissen aus den unterschiedlichsten Bereichen, das es uns ermöglicht, uns zumindest geistig zu befreien. Wir haben zumindest Vorstellungen von dem Leben in anderen Welten und können selber schöpferisch tätig sein. Der Zugriff auf hochstehendes Wissen ist heute leichter denn je. Wenn das „wertvolle" Wissen zwar in der Masse des gewollten Informations- und Unterhaltungsschrotts fast untergeht, kann man es doch finden. So wie Sie und ich. Warum haben Sie dieses Buch gekauft und Ihr Nachbar vielleicht nicht? Wurde es Ihnen aufgezwungen oder Ihr Nachbar davon abgehalten, es zu lesen? Oder auf welchem Wege fand dieses oder anderes Wissen den Weg zu Ihnen? Per Zufall? Oder haben Sie die Resonanz geschaffen, damit dieses Wissen in Ihr Leben kommen konnte? Jedenfalls ist das doch sicher mehr, als einem Arbeitssklaven jemals zugestanden worden wäre, meinen Sie nicht?

Selbst das Wissen, daß „die da oben", die Illuminaten haben, sickert zu uns durch, wobei das größte, das entscheidende, Geheimnis ist, daß wir Schöpferkräfte haben. Sie wenden sie an und halten uns das Wissen darüber vor. Aber dennoch hat dieses Wissen mich erreicht und auch Sie. Was wir damit machen, ist jedem selber überlassen. Denn wir haben von unserem Schöpfer die Freiheit der Wahl bekommen.

Die größte Angst ist wahrscheinlich die vor unseren eigenen Schöpfungen. Und da wir über viele, viele Leben vielleicht auch oftmals selber Mißbrauch mit unserer Schöpferkraft getrieben haben, haben wir uns vielleicht nun ein Leben ausgesucht, in dem wir weniger Macht haben, um nicht wieder in die Versuchung zu kommen, diese zu mißbrauchen. Aber wenn uns das bewußt ist, können wir uns auch wieder trauen, nun bewußt positiv zu schöpfen, und unsere Macht, die die gleiche ist, die „denen da oben" gegeben wurde, wieder zu gebrauchen.

Es gibt ein paar wunderschöne Worte von Marianne Williamson (später von Nelson Mandela zitiert), die ich Ihnen ans Herz legen möchte, da man es besser kaum ausdrücken kann:

Unsere tiefste Angst ist nicht,
daß wir unzureichend sind.
Unsere tiefste Angst ist,
daß wir maßlos sind in unserer Kraft.
Unser Leuchten ist es, nicht unsere Dunkelheit,
was uns am meisten erschreckt.
Wir fragen uns: Wer bin denn ich, daß ich strahlend, großartig,
begabt und sagenhaft sein dürfte?
Allerdings: Wer bist denn Du, daß Du es nicht sein dürftest?
Du bist ein Kind Gottes.
Dich herunterzuspielen, nützt der Welt nichts.
Dich zurückzuziehen, damit die Menschen um Dich herum
nicht unsicher werden, daran ist nichts Weises.
Du wurdest geboren, um den Glanz Gottes, der in Dir ist, in der
Welt sichtbar zu machen.
Bist Du frei von Deiner eigenen Furcht, wirkt Dein eigenes
Sein ganz von allein befreiend auf andere.

Vielleicht müssen Sie noch durch viele Ängste hindurchgehen, aber vielleicht können Sie sich nun ab und zu mal zurücknehmen und sich die Sache nüchtern betrachten, ob auch Ihre negativen Erlebnisse nicht dazu beigetragen haben, daß Sie gewachsen sind, daß Sie stärker wurden, unempfindlicher, selbständiger, verantwortungsbewußter.

Glauben Sie, daß Ihnen irgendeine Krankheit zufliegen kann, die Sie völlig unschuldig und unerwartet trifft und gegen die es keine Heilung gibt? Haben Sie Angst, Krebs zu bekommen, oder wenn Sie in den Urlaub nach Indonesien fliegen, haben Sie dann Angst, sich mit SARS zu infizieren oder mit Malaria? Ich kann Ihnen diese Ängste nicht nehmen. Ich kann Ihnen auch nicht beweisen, daß Krebs geheilt wird, wenn Sie den zugrundeliegenden Konflikt bewältigen können. Das heißt, es liegt nicht in meiner Macht, Ihnen irgendeine Angst wegzunehmen oder Ihnen zu beweisen, daß Ihre Angst unbegründet ist. Ich möchte Ihnen nur aufzeigen, daß es verschiedene Ansätze gibt. Es ist Ihre Entscheidung, ob Sie Angst vor den Unwägbarkeiten des Lebens haben wollen oder nicht.

Es muß nochmal gesagt werden, daß Gott sich durch uns erfährt. Und daß wir all diese Dinge tun, um zu verstehen, *warum* wir sie tun.

Ich kann Ihnen nicht sagen, was die Zukunft bereit hält. Ob die neue Weltordnung kommt, Klimakatastrophen, ein Komet die Erde trifft, Überschwemmungen, Brände oder persönliche Verluste ins Haus stehen. Auch ich habe gelegentlich Angst. Ich habe das Thema Angst für dieses Buch gewählt, da auch ich Zeiten hatte, in denen ich morgens aufwachte und Angst hatte vor dem, was der Tag bringen mochte.

Nicht dieses Buch wird Sie verändern, sondern die Gedanken, die es in Ihnen bewirkt. Ich kann Ihnen Ihre Ängste nicht nehmen und würde es auch nicht tun wollen, wenn ich die Macht dazu hätte... Oder doch? Ich weiß es nicht. Ist es nicht eine große Gefahr, wenn man die Macht hätte, anderen leidvolle Erfahrungen zu ersparen? Ich möchte es so gerne. Aber das Ganze funktioniert nur, wenn Sie sich verändern und sich dadurch unangenehme Erfahrungen ersparen. Wenn man alles in unserer Welt plötzlich schön und friedlich machte, die Menschen sich aber nicht verändert hätten, dann würden sie die Welt in Kürze wahrscheinlich wieder in das verändern, was wir heute haben. Denn die Welt, wie sie ist, ist ein Spiegelbild der Dinge, die wir denken und tun. Vielleicht, ja sehr wahrscheinlich, brauchen wir all die Probleme, die es ringsum gibt, um zu erkennen, daß es anders gehen müßte. Vielleicht muß es erst noch schlechter gehen, bevor es besser werden kann.

Noch mal grundsätzlich: Ich sehe eine große Ordnung überall im Universum. Alles in der Natur ist sinnvoll geordnet. Alles greift ineinander. Es gibt Kreisläufe und abwechselnde Rhythmen. Und wenn das alles Sinn macht und die Planeten und Sonnen nicht einfach chaotisch durch das Universum eiern, warum sollte dann ausgerechnet das, was Ihnen zustößt, chaotisch und ohne Sinn sein? Auch, wenn es schwerfällt, sich die ordnenden Kräfte vorzustellen, die uns das zurückgeben, was wir in die Welt setzen, glaube ich doch, daß dieses Prinzip das einzige ist, das Sinn macht.

Ich schreibe diese Bücher in der Hoffnung, Ihnen leidvolle Erfahrung durch Erkenntnisse ersparen zu können. Sie können sich verändern durch innere Erkenntnisse, oder Sie werden von außen verändert.

Von der Angst zum Sein

Was die Zukunft für Sie bringen wird, kann ich nicht sagen. Es gibt viele Dinge, die darauf hinweisen, daß eine große Zeitenwende bevorsteht, die anderswo schon ausführlicher beschrieben wurde. Viele gechannelte Aussagen weisen auf das Jahr 2012 hin, der Mayakalender endet dort, und Zeitexperimente im Rahmen des Montauk-Projekts wiesen auf Probleme beim Überschreiten des Jahres 2012 hin. Vielleicht halten Sie all diese Projekte für unglaubwürdig. Vielleicht glauben Sie aber, daß es kosmische Kreisläufe gibt, daß es altes Wissen gibt, das vom Ende des „Kali Yuga", des finsteren Zeitalters, berichtet.

Es gibt viele, viele Prophezeiungen, die sich auf unsere Zeit beziehen, und viele, viele Prophezeiungen sind nicht eingetreten. D.h. obwohl umwälzende Katastrophen, Kriege, Armageddon schon für das Ende des letzten Jahrtausends vorhergesagt waren, hat sich die Menschheit offenbar doch positiver entwickelt als erwartet, sodaß sie noch einen Aufschub erhalten hat, bzw. die Umwälzungen schonender vonstatten gehen. (Siehe „Bis zum Jahr 2012" von Hannes Holey)

Sie haben immer noch Angst, daß die Zukunft für Sie unwägbare Härten bereithält? Nun, für viele Menschen wird es sicherlich so sein, daß sie nur auf die harte Tour lernen. Nehmen Sie einen starken Alkoholiker oder einen stark Drogenabhängigen. Wenn aufgrund seiner Süchte nicht zu erwarten ist, daß er in diesem Leben noch positive Fortschritte machen wird, wird die Seele beschließen, diese Inkarnation zu beenden und eine neue anzufangen. Es mag auch viele anders gelagerte Fälle von Menschen geben, die nicht bereit sind, sich zu verändern. Das Leben aber ist Veränderung! Punkt! Wo also möchten Sie sich da einordnen? Verändern Sie sich? Keine Sorge: Sie müssen nicht bestimmte Dinge tun, weder wie ein tibetischer Mönch leben, noch den Weg von irgend jemand anderem gehen. Sie gehen Ihren Weg. Wenn Sie dieses Buch gelesen haben, meinen Sie, daß es Sie angeregt hat, etwas in Ihrem Leben zu verändern? Oder legen Sie es weg und denken; So ein Schwachsinn, die Zeit hätte ich wirklich besser verbringen können? Ich denke, wenn Sie bis hierhin durchgehalten haben, haben Sie zumindest so viel „Durchblick“, daß Sie die Zukunft auf diesem Planeten durchaus unbeschadet überstehen können, da Sie mit Ihren Talenten und Fähigkeiten sicherlich dazu beitragen können, daß die Menschheit in ein neues Zeitalter übergehen kann. Wie immer das aussehen mag: Machen Sie sich keine Sorgen. Sie haben es bis hierher geschafft und sind an Ihren Aufgaben und Schwernissen gewachsen.

Osho schreibt in seinem Buch „Emotionen“, daß die grundlegendste Angst ist, sich selbst zu verlieren. Und am merkwürdigsten sei, daß nur diejenigen Angst haben, sich selbst zu verlieren, die sich selber gar nicht haben.

Ein interessanter Gedanke, nicht wahr? All diese Ängste, daß uns etwas zustoßen könnte, daß wir jemanden verlieren, den wir lieben oder daß wir allein sind oder sterben oder krank werden, zeigt, daß wir Angst haben zu verlieren, was wir sind, und dabei wissen wir gar nicht, was wir sind. Was willst Du einmal werden, fragt man kleine Kinder. Nun, Polizist, Astronaut, Taucher, vielleicht Schriftsteller...

Einfach zu *sein*, ist das allerschwierigste. Wir haben Angst, uns selbst zu verlieren, ohne zu wissen, was wir sind.

Der Reiche mag den jungen Bettler beneiden, weil er vielleicht einen schönen Körper und ein hübsches Gesicht hat, während der Reiche alt und häßlich ist. Dabei ist der Reiche weder Reichtum, noch ist der Schöne Schönheit. Und auch ich weiß nicht, was ich bin, wenn all das wegfällt, worüber ich mich definieren kann. Sicher, Sie lesen meine Worte, meine Bücher, geben mir Anerkennung und werden sagen: Der Jo Conrad, das *ist* jemand, und dabei wissen weder Sie noch ich, was ich wirklich bin.

Und wir alle – mich eingeschlossen – haben Angst, all das zu verlieren, über das wir uns definieren können. Und je mehr wir versuchen, uns dagegen zu versichern, irgend etwas zu verlieren, über das wir uns definieren können, desto weniger leben wir. Was würde bleiben, wenn wir all das weglassen würden? Das, was wir erreicht haben: Unsere Wohnung, Auto, Beruf, meine Bücher, meine Erfolge, mein Körper,... was bliebe noch? Haben wir letztlich so viele Ängste, weil wir nicht wissen, was übrig bleibt, wenn wir mal alles weglassen, was wir gar nicht *sind*? Vielleicht bleibt dann nur ein kleiner Lichtfunken übrig, wenn wir wenigstens das glauben. Sehen Sie, die meisten Menschen wissen ja gar nichts davon, daß Sie ein Lichtfunken, ein Teil Gottes sind. Wenn Sie von diesen Menschen alles abziehen, über das sie sich definieren, bliebe ihnen gar nichts, zumindest hätten sie unendliche Angst, das alles zu verlieren, was sie haben, weil sie nicht wissen, was sie *sind*. Sie und ich wissen vielleicht schon etwas mehr. Nämlich, daß wir letztendlich Licht sind. Aber wir haben noch dieselben Ängste wie all diejenigen, die das nicht wissen oder nicht mal glauben. Also akzeptieren Sie, daß Sie diese Ängste haben bzw. hatten. Denn wer sagt, daß Sie sie behalten müssen?

Von klein auf hat unsere Gesellschaft uns in ein Schema zu pressen versucht, worüber wir uns definieren können. „Was willst Du einmal werden?“ anstatt einfach zu akzeptieren, daß jemand *ist*. Und so begannen unsere Ängste, nämlich daß wir etwas *tun* müßten, um etwas zu *werden*. Daß wir zur Schule müssen, etwas lernen, einen Beruf, Arbeit haben, Geld verdienen, ein Haus bauen, und dann haben wir immer mehr Ängste angehäuft, das alles zu verlieren, was wir erworben haben, um etwas zu werden. Wir haben diese Ängste angehäuft, und sie sind zur Gewohnheit geworden.

Wenn Ihnen irgendwann klar wird, daß sie doch etwas sind, nämlich ein Lichtfunke, der sich entschieden hat, Erfahrungen in dieser Welt der Dualität zu machen, dann können Sie *sein,* selbst wenn Sie all das verlören, über das Sie sich all die Jahre und Jahrzehnte definiert haben. Das bedeutet nicht, daß Sie alles verlieren *müssen*, um wieder zu *sein*, sondern nur, daß Sie Ihre Ängste verlieren können, irgend etwas von dem zu verlieren, was Sie ohnehin nicht sind.

Betrachten Sie Ihre Ängste, ganz nüchtern. Sie sind da, Sie sind real. Und Sie sind nicht der einzige, der welche hat. Im Gegenteil. Betrachten Sie die Angst, als wäre es ein interessantes Phänomen. Denn das ist sie tatsächlich. Bedenken Sie, daß Sie durch Angst gewachsen sind, daß Ängste Ihnen geholfen haben, im Leben zurecht zu kommen. Daß Sie aus Angst, einen Unfall zu haben, immer bei Rot an der Ampel gehalten haben, was ja auch recht sinnvoll war.

Sie haben dieses Buch nicht wirklich gebraucht, denn das, was Sie sind, sind Sie schon immer gewesen, auch ohne schlaue Worte von irgendeinem Schriftsteller. Aber vielleicht hat es Ihnen geholfen, genauso wie es mir geholfen hat, es zu schreiben, weil ich gezwungen war, meine eigenen Gedanken zu meinen Ängsten zu ordnen.

Man könnte es auch so sehen, daß wir ein winziger Tropfen im Ozean sind, von dem Ganzen, das riesig ist. Und wir haben Angst, als einzelner Tropfen im Ozean verloren zu gehen. Aber wir sind immer ein Tropfen im Ozean gewesen, und wir können noch so viel um uns herum bauen, um uns über etwas zu definieren, wir werden trotzdem ein Tropfen im Ozean sein, und wir können nicht verloren gehen, da der Ozean aus Tropfen besteht. Wovor also Angst haben? Davor, daß unser Leben unbedeutend ist? *Ist* es unbedeutend? Definitiv nicht. Wenn es keine Bedeutung hätte, würde es nicht existieren. Es gibt nichts, das keine Bedeutung hätte, und niemanden.

Wir sagen schon aus Gewohnheit lieber, daß es uns nicht so gut geht. Etwas Klagen kann nicht schaden, dann haben andere Mitleid mit uns, und wir fühlen uns nicht so allein. Aber wenn wir es so definieren, daß es uns nicht so gut geht, dann geht es uns auch nicht so gut. Es ist unsere Entscheidung. Wir können ebensogut sagen, daß es uns gut geht. Und so ist es! Denn wir haben Schöpferkräfte. Wir sind hier, um diese Macht, die wir bekommen haben, kennenzulernen. Nicht mehr sagen, mir geht es schlecht, ich bin allein, ich bin krank, ich hab Angst, sondern: Mir geht es gut. Okay. Ich weiß, das klappt einen Augenblick, und morgen um dieselbe Zeit geht es Ihnen wieder schlecht. Ich kenne das. Das ist Gewohnheit. Ja, schauen Sie, wie lange Sie es gewohnt waren zu sagen, daß Sie kein Glück in der Liebe haben oder zu wenig Geld oder Angst, die Arbeit zu verlieren. Es ist Gewohnheit. Also sagen Sie sich immer wieder, daß es Ihnen gut geht, und am besten: „Es geht mir täglich besser und besser“, und: „Ich mag mich so, wie ich bin“. Sie werden zweifeln, daß es funktioniert, weil Zweifeln zu unserem Konzept der Welt gehört. „Wenn es so einfach wäre, würden es ja alle machen.“ Eben nicht! Macht keiner.

Sie sind hier, um sich als das zu erfahren, was Sie sind. Und seien Sie sicher: Sie *sind* kein Postbote und kein Automechaniker, und ich *bin* kein Schriftsteller. Das ist das, was ich tue. Warum ich das tue? Um selber rauszufinden, was ich bin. Das Leben in dieser Inkarnation ist die Erinnerung an das, was Sie sind. Nehmen Sie das an. Es ist okay. Das Leben beinhaltet das Höchste und das Niedrigste, aber ohne das Niedrigste könnten wir das Höchste nicht wahrnehmen. Gott will sich erfahren, und Sie sind Teil davon.

Sie sind als Tropfen im Ozean unabdingbar dafür, daß es den Ozean gibt. Es gibt keine Versicherung dagegen, nicht mehr Tropfen zu sein, weil niemand auf solch eine hirnrissige Idee käme. Sie sind nicht unbedeutend, egal, wie unbedeutend Ihnen Ihr „Job“ oder Ihre Arbeitslosigkeit vorkommt. Und Ihre Ängste, das zu verlieren, wodurch Sie versuchen, Ihrem Leben eine Bedeutung zu verschaffen, sind Gewohnheiten. Entscheiden Sie sich zu *sein*. Akzeptieren Sie Ihre Ängste als Wegbegleiter, von denen Sie etwas gelernt haben. Und haben Sie keine Angst davor, großartiger zu sein als alle anderen, nur weil die nicht angstfrei sind. Selbst wenn alles zerstört wird, über das Sie sich definieren, bleibt immer noch das übrig, was Sie *sind.*

Daß Leben oder Sterben oftmals viel weniger mit dem Funktionieren des Körpers zu tun hat als mit einer Entscheidung der Seele, zeigen Nahtoderfahrungen, über die es auch etliche Bücher gibt. Eine der faszinierendsten Erlebnisse dieser Art hatte der Künstler Mellen-Thomas Benedict 1982. Er hatte sich in den siebziger Jahren sehr mit den ökologischen Problemen unseres Planeten befaßt und sah die Menschheit letztlich als „Krebsgeschwulst der Erde" an. Anfang der Achtziger bekam er genau diese Diagnose von seinem Arzt: Krebs, und angeblich hätte er nur noch wenige Monate zu leben. Er sagt: *„Ich sah in allen Menschen Krebszellen, und so bekam ich auch Krebs. Das tötete mich. Achtet darauf, wie ihr die Welt betrachtet. Es kann auf euch zurückfallen, besonders wenn eure Sicht der Welt negativ ist. Meine Perspektive war in der Tat sehr negativ. Das brachte mich auf den Weg, der zum Tod führte. Ich versuchte alle Arten von alternativen Heilmethoden, aber nichts half."*

Als Künstler hatte er keinerlei Krankenversicherung, gab sein letztes Geld für Arztbesuche aus und war schließlich mittellos, landete in einem Hospiz, in dem er nur noch seinen Tod erwartete. Mit einer Pflegerin konnte er sich gut unterhalten und bat sie, wenn er gestorben sei, noch ein paar Stunden zu warten, bis sie den Leichenwagen riefe, da er davon gehört hatte, daß zum Zeitpunkt des Todes oftmals erstaunliche Dinge geschehen.

An dem Tag, an dem er spürte, daß es sein letzter war, verabschiedete er sich von allen seinen Freunden und legte sich hin. Seine „Reise" begann wie viele Nahtoderfahrungen: Sein Bewußtsein löste sich vom Körper, er konnte sich selber im Bett liegen sehen, durch das Gebäude schweben, über das Haus und darüber hinaus. Als er das Licht sah, das ihn einlud, wurde ihm klar, daß es sein physischer Tod sein würde, wenn er dort hindurch ging, so verlockend es auch war. Und da zögerte er und begann, Fragen zu stellen. Er war nie gläubig gewesen, hatte als „Informationsfreak“ aber auch alle möglichen spirituellen Dinge gelesen, und nun erlebte er, daß sie viel wahrer waren als die materialistische Weltsicht, die er geteilt hatte. Und er merkte, daß er sich auch hier noch entscheiden konnte, wie es weiter ginge. Das Licht nahm verschiedene Formen an wie Jesus, Buddha, Krishna, Mandalas, archetypische Bilder und Zeichen. Er fragte das Licht: „Was ist hier eigentlich los? Bitte, Licht, erkläre dich mir gegenüber.“

„Die Information, die ich erhielt, war, daß die eigenen Glaubensvorstellungen die Art des Feedbacks bestimmen, das man vor dem Licht erhält. Wenn man Buddhist oder Katholik oder Fundamentalist ist, bekommt man eben ein entsprechendes Feedback. Man hat die Chance, es anzusehen und zu überprüfen. Aber die meisten machen das nicht. Aus den Enthüllungen des Lichts ging klar für mich hervor, daß das, was ich sah, die Matrix unseres eigenen Hohen Selbstes war.“

Und er machte eine phantastische Reise durch die Sphären, in der er das Werden und Vergehen von Universen beobachten konnte, das Kleine und das Große, und ihm der Sinn von Allem schlagartig klar wurde.

„Da sprach das Große Licht - und es klang wie ein Trompetenstoß, der von einem Schauer spiraliger Lichter umgeben war: „Erinnere dich daran, und vergiß es nie: du rettest, erlöst und heilst dich selber. Du hast das immer getan und wirst es ewig tun. Als du geschaffen wurdest, erhieltest du die Kraft vor dem Beginn der Welt.

“In diesem Moment erkannte ich sogar noch mehr. Ich erkannte, daß WIR SCHON GERETTET SIND, und wir retteten uns, weil die Selbstkorrektur zu unserer Ausstattung gehört, wie alles im göttlichen Universum.“

Die Beschreibung seiner Erfahrungen ist bewegend und kann auf www.klarerblick.de/paranormal/durchdaslicht.html nachgelesen werden.

Nachdem er Einblicke in die Zusammenhänge des Lebens bekommen hatte, von denen die meisten von uns wohl nur träumen können, entschied er sich, daß er wieder inkarnieren wollte, und zwar nur an einem einzigen Ort des Universums: auf der Erde! Und nicht mal in ein neu entstehendes Leben, sondern er kam zurück in seinen von Krebs zerfressenen Körper, der in einem Bett in einem Sterbehospiz lag.

Als er wieder zu sich kam, erfuhr er, daß sein Körper eineinhalb Stunden lang klinisch tot gewesen war. Die Medizin geht davon aus, daß ein Wiederbeleben nach dem Aufhören der Körperfunktionen nur einige Minuten lang möglich ist, manchmal etwas länger, aber eineinhalb Stunden ist nach jeglichem medizinischen Wissen fast ausgeschlossen.

Er begann jedenfalls ein neues Leben, überwand den Krebs und gibt seine Erkenntnisse weiter: *„Der Körper ist das großartigste Lichtwesen, das es gibt. Der Körper ist ein Universum von unvorstellbarem Licht. Der Geist drängt uns nicht, diesen Körper aufzulösen. Darum geht es nicht. Hört auf zu versuchen, Gott zu werden; Gott entwickelt sich auf euch zu. Hier.“*

Ich füge diese Geschichte, die ich noch kurz vor Drucklegung des Buches als e-mail bekam, in Kurzform ein, um aufzuzeigen, daß erstens das Funktionieren des Körpers nicht entscheidend dafür ist, ob wir leben oder sterben, sondern die Entscheidung der Seele, und zweitens, daß dieser Mann, obwohl er eins mit dem gesamten Universum war und hingehen konnte, wohin er wollte, entschied, *hierher* zurück zu kommen, in einen kranken Körper, bar jeder finanziellen Mittel, in ein Leben, das jeder von uns als kaum noch lebenswert und erbärmlich einstufen würde. Vielleicht sollten wir unser Leben doch mehr achten!

Es ist noch ein weiter Weg – auch für mich – all das im täglichen Leben umzusetzen und die Einheit wirklich zu erkennen und erfahren. Aber immerhin sind Sie auf dem Weg. Und ich wollte Ihnen helfen, ein Stück des Weges leichter voranzukommen, und vielleicht verspüren auch Sie den Wunsch, anderen zu helfen. Und vielleicht schaffen wir es, nur noch Dinge in die Welt zu setzen, vor denen niemand Angst haben muß. Und so wird sich die Welt ganz allmählich zum Guten wenden.

Literaturverzeichnis

Benjes, Hermann, Wer hat Angst vor Silvio Gesell, Selbstverlag, ISBN 3-00-000204-9
Blüchel, Kurt G., Heilen verboten, töten erlaubt, Bertelsmann
Brauneis, Mark, Sieben, Extrem Verlag, ISBN 3-935054-31-9
Bröckers, Mathias, 11.9., 2001-Verlag, 3-86150-456-1
Bröckers, Mathias, 11.9. Band 2, , 2001, 3-86150-604-1
Burns, Dr. Cathy, Masonic and Occult Symbols Illustrated, Sharing,1-981117-12-2
Coleman, Dr. John, Das Komitee der 300, Edition LibLit
DeGard, Leo H. Armageddon, Kopp, 3-930219-71-9
Drosnin, Michael, Der Bibel Code, Heyne, 3-453-15167-4
Eggert, Wolfgang, Israels Geheimvatikan, Edition Hermetika, ISBN 3-935845-03-0
Ein Kurs in Wundern, Greuthof Verlag ISBN: 3923662181
Grandt, G.u.M. Satanismus, Patmos, 3-491-72427-9
Gerschitz, Oliver, Verschlußsache Philadelphia-Experiment, Kopp-Verlag, ISBN 3-930219-78-6
Haase, Dieter J. 006 - der Spion, der sich liebte, Klaus-Bielefeld-Verlag, ISBN 3-89706-799-4
Haase, Dieter J. Mein Name ist Haase, ich weiß ... zuviel?, VirPriV-Verlag ISBN 3-935327-22-6
Holey, Jan Udo, Die Kinder des Neuen Jahrtausends, Amadeus-Verlag ISBN 3-9807106-4-5
Holey, Joh. Bis zum Jahr 2012, AmaDeus, 3-9805733-7-0
H.M. v. Stuhl. 334 Promille Lüge, Libri BOD 3-89811-811-8
Hochmuth, Volker, Mit Bleistift und Papier, BOD, ISBN 3-8311-4946-1
Jürgenson, Johannes, Das Gegenteil ist wahr, Argo, ISBN 3-9808206-1-0
Koestler, Frank, Verdeckte Ziele, Ahead and Amazing-Verlag ISBN 3-933305-18-7

Krefting, Inge Zeitreise ins 3. Jahrtausend, Turmalin-Verlag, ISBN 3-929380-75-7
Lammer, H.+M., Verdeckte Operationen, Herbig-Verlag, ISBN 3-7766-2004-8
Moore, Michael, Stupid White Men, Piper, 3-492-04517-0
Moore, Michael, Volle Deckung, Mr. Bush, Piper, ISBN 3-492-04614-2
Morpheus, Matrix-Code, Trinity-Verlag, ISBN 3-9501801-5-X
O´Brian, Cathy, Mark Phillips, Die Transformation Amerikas, Mosquito Verlag, 3-928963-05-8
Osho, Emotionen, Arkana, 3-442-21560-9
Spalthoff, Douglas Wenn Flugzeuge vom Himmel fallen, Argo, ISBN 3-9808206-0-2
Sass, Zsolt Der CIA-Informant, Extrem Verlag, ISBN 3-935054-05-X
von Buttlar/Meyl, Neutrino Power, Argo, 3-9806584-8-1
van Helsing, Jan Hände Weg von diesem Buch, Amadeus Verlag, ISBN3-9807106-8-8
Walsh, Neale Donald, Neue Offenbarungen, Arkana-Verlag, ISBN 3-442-33695-3

Zeitschriften und Magazine:

Raum und Zeit, Ehlersverlag, Wolfratshausen, ehlersverlag,de
ZeitenSchrift, Ballwill, Schweiz, Zeitenschrift.com
Magazin 2000+,, Marktoberdorf, magazin2000plus.de
Aufklärungsarbeit, Schorndorf. Aufklaerungsarbeit.de
Matrix 3000, Peiting, matrix3000.de
Kent Depesche, Stuttgart, psychopolitik.de

„Entwirrungen“ darf ohne Zweifel schon als Bestseller bezeichnet werden. Der Untertitel „Über kosmische Gesetzmäßigkeiten und warum sie uns vorenthalten werden“, deutet an, was den Leser erwartet; unterdrücktes Wissen über existentielle Dinge hat Jo Conrad in lockerer Schreibe in ein faszinierendes Buch gepackt. Er hinterfragt die Bibel ebenso wie den Urknall, die Schulmedizin ebenso wie die Politik und zeigt auf, welche Interessengruppen Einfluß auf unsere Gedankenwelt erlangen konnten.

ISBN 3-9804586-5-2

In seinen nachfolgenden Büchern schafft er es, noch klarer zu machen, wie wir uns seelisch weiterentwickeln können, obwohl alle Welt uns manchmal davon abzuhalten scheint. Die Vorstellung eines Gottes, von dem wir Teil sind, wird noch deutlicher, Reinkarnation als Voraussetzung für unsere Entwicklung, ebenso die Eingriffe von Geheimgesellschaften in die Entwicklung der Menschheit und Alternativen zu den schulmedizinischen Ansichten.

ISBN 3-933718-00-7

Jo Conrads Bücher bieten dem Neuling einen Schnelleinstieg in Wissen, das normalerweise sorgsam vor den profanen Massenmenschen verborgen wird, und demjenigen, der schon Vieles kennt, immer wieder neue und interessante Betrachtungsweisen. Diese Bücher können Ihr Leben verändern, nicht per aufgedrücktem Glauben, sondern durch die Anregung, das als bekannt Vorausgesetzte zu hinterfragen und zu einem eigenverantwortlichen Menschen zu werden.

ISBN 3-933718-01-5

Je 240 Seiten, brochur, € 15,-

BIGNOSE MEDIA
27726 Worpswede,
Fax/AB: 04792-3537
WWW.JOCONRAD.DE

BIGNOSE MEDIA

DIE NASA AKTE

Ein 78 Minuten langer Low-budget-Spielfilm, der in der Gegend von Bremen und mit Amateurschauspielern der Freilichtbühne Lilienthal gedreht wurde.
Musik und Regie: Jo Conrad.
Der Film handelt von einem Fernsehmoderator, der eines Tages einen Anruf von einem ehemaligen NASA-Mitarbeiter erhält, der behauptet, Bilder von der Mondlandung seien gefälscht. Zunächst hält er ihn für einen Spinner, dann entdeckt er Unstimmigkeiten auf Aufnahmen und macht sich auf die Suche nach weiteren Informationen.

Kaufcassette VHS € 18,- Bignose Media

Vortragsvideo VHS ca. 3 Stunden Vortrag von Jo Conrad, € 18,-

Inkarnationsvertrag 10 Poster Din A3, farbig offset, incl. Porto € 12,-

„Die wunderbare Welt des Jo Conrad", CD mit 40 Minuten Musik und CD-Rom Teil mit kleinen Videos, vielen texten und Bildern. € 10,-

www.joconrad.de/shop

BIGNOSE MEDIA

Buchvertriebe:

Andromeda, Anke Herrmann, Fürth, 09126-290725 Fax 726

Osiris Buchversand, Schönberg, 08552-91100, Fax 91102

Osirisbuch.de

Kopp-Verlag, Rottenburg, 0180-5309294, kopp-verlag.de

Aldebaran-Versand, Köln, 0211-737000 Fax 737001